定金制度论

张金海 著

中国法制出版社
CHINA LEGAL PUBLISHING HOUSE

目录 CONTENTS

第三章　定金法律关系的创设

第四章　定金的效力（一）：立约定金、成约定金与解约定金

绪论

一、定金制度概述

大陆法系的定金制度起源于闪米特法律圈。在闪米特法律圈中，买卖等交易只能是现金交易，将来进行交易的约定没有拘束力。如果交付了定金，不遵守约定者或者丧失定金，或者须双倍返还定金，约定得到遵守的可能性因而得以提升。该定金属于立约定金范畴，此制度后来传入希腊，又于公元前3世纪传入罗马。凭借交付本身或者交付后可得适用的定金罚则能促成多种目的的实现，故证约定金、违约定金、成约定金、解约定金等定金类型也先后出现。近代以来，大陆法系国家民法对定金均作了规制，但被纳入规制范围的定金类型并不多，定金制度也不具有举足轻重的意义。现今在德国等国家，定金制度已很少得到采用。

中国古代有"定金""定洋""定钱"之制，其兼有成约定金与预付款的性质，类型单一，规则亦不复杂。清末修律之后，大陆法系的定金制度对我国产生了影响。1925年民国《民律草案》[1]首次对定金作了规定。

新中国成立后，我国关于定金的规定始于1981年《经济合同法》。该法第14条对违约定金设有简单的规定。1995年《担保法》第89—91条对违约定金作了规定，三个条文分别涉及违约定金的效力、定金合同的要式及要物要求、定金的比例限制。2000年的《最高人民法院关于适用〈中华人民共和国担保法〉若干问题的解释》（以下简称《担保法解释》）第115—122条对定金作了规定，八个条文分别以立约定金、成约定金、解约定金、定金的认定、多交少交及拒绝接受定金的处理、适用定金罚则的违约行为形态、超出比例限制的约定的效力、违约定金责任的归责原则为规制对象。此外，《合同法》、《最高人民法院关于审理商

---

[1] 详见张晋藩主编:《中国法制史》（第二版），高等教育出版社2007年版，第318页。

品房买卖合同纠纷案件适用法律若干问题的解释》（以下简称《商品房买卖合同司法解释》）、《最高人民法院关于审理买卖合同纠纷案件适用法律问题的解释》（以下简称《买卖合同司法解释》）等也对定金作了规定。《民法典》第三编“合同”第一分编“通则”第八章“违约责任”以三个条文（第586—588条）对违约定金作了规定，分别涉及违约定金法律关系的创设、违约定金的效力，以及违约定金与违约金、违约损害赔偿的关系。相比较而言，我国关于定金的法律条文数量较多，明确规定的定金类型也较为齐全。在我国的法律实务中，定金制度得到采用的频率较高，定金纠纷也时有发生。[1]由此可见，定金制度在我国民法中是不容忽视的存在，在法律实务中具有重要意义。

二、定金制度的研究意义

关于定金的法律条文多，定金实际得到采用的频率高，这说明了定金的制度价值与应用价值。通过对学术资料及实务资料进行梳理可以发现，关于定金制度的诸多问题存有争议，对于某些问题的处理或理解或许未必妥当。因此，对定金制度做全面、系统的研究具有重要意义。兹将相关主要问题整理如下。

（一）定金制度的一般问题

1.定金合同的要式要求与要物要求

定金法律关系的创设对于当事人有重要影响，比如：拒绝订立本约者会遭受定金不利益；解约定金使得主合同的拘束力松动；在一方违约并且要件具备时将适用定金罚则，进而可能导致违约方遭受的不利益高于债权人遭受的损失。因此，对定金合同的有效成立提出更高

[1] 笔者于2020年4月21日在无讼网（http：//www.itslaw.com/bj）以“定金合同纠纷”为主题词检索到裁判文书21964份，其中民事裁判文书18641份。

要求是合理的。值得考虑的是，如何提出要式、要物要求？是提出要式、要物双重要求还是仅提出要式或要物要求？是否应当对各种定金均提出此类要求？

2. 交付的法律后果

在定金合同被规定为要物合同的背景下，交付定金则定金合同成立，定金法律关系得以创设。如果未被规定为要物合同，不交付定金不影响定金合同的有效成立，但会使定金罚则不具备适用条件。与定金交付相关的问题还有：交付的定金多于或少于约定的数额视为变更定金合同是否妥当？交付后标的物的所有权是否发生移转？交付后标的物的利息或其他孳息应归属于哪一方？对于这些问题有不同认识，从而须加探讨。

3. 定金的特征

一般认为定金有一方交付性、预先交付性、比例限制性、标的物可替代性、作用机制的双向性等特征。需要注意的是，对于定金特征的概括是以传统定金制度、多数定金类型为依托的，有的特征实际上未必有普遍性。比如，德国法上的定金以及成约定金、证约定金无作用机制的双向性可言，比例限制性不应适用于成约定金，双方均为交付实际上也并无不可。

4. 定金与相关制度的关系

定金（主要指违约定金）与预付款、违约金、押金、保证金、订金等制度有一定的相似性。关于定金与这些制度有何差异，总体上能形成共识，但也有不同见解，比如：少数学者认为违约定金实际上是预付的违约金；关于交付后押金的所有权是否移转，论者见解不同，进而在交付后标的物所有权移转与否是否为定金与押金的差异的问题上结论不同；关于订金应如何理解、其与定金有何差异也有多种观点。

（二）各类定金的问题

1. 立约定金

第一，定金罚则适用的条件。传统的立约定金适用罚则的条件甚为简单，一方无正当理由拒绝订立本约即应遭受定金不利益。此外，根据《商品房买卖合同司法解释》第4条规定，如因当事人一方原因未能订立本约，该方受定金罚则制裁。其标准不同于拒绝订立标准。二者当以何者为是，抑或这两个标准适用场合不同，值得探讨。

第二，缔约过失责任问题。有观点认为，如对方的损失大于定金数额，遭受定金罚则制裁者尚应承担缔约过失责任，赔偿对方的信赖利益损失。另有观点认为，立约定金具有预定损害赔偿的性质，因此，适用定金罚则后，无论对方有无损害或损害多少，均以定金额为损害赔偿额。须加探究的问题是，在立约定金场合有无缔约过失责任问题可言；如不须赔偿对方的信赖利益损失，理由为何。

2.成约定金

第一，成约定金发生作用的条件。一般认为，交付成约定金本身就能使目标合同有效成立；也有学者认为，成约定金的交付是主合同有效成立的必要条件而非充要条件。二说当以何者为是可作讨论。另外，如果约定的收受定金方拒绝受领定金，目标合同是否有效成立不无疑义。

第二，对于成约定金是否须特殊对待。成约定金发挥作用依赖的是交付而非适用定金罚则，因此比例限制及标的物应为金钱或其他可替代物是否应适用于成约定金可作讨论。另外，成约定金的交付是当事人给目标合同的有效成立增添的要求。如果对成约定金合同提出要式或要物要求，目标合同有效成立的障碍就减少了。故此，要式或要物要求是否适用于成约定金当作斟酌。

第三，成约定金有无其他作用。有学者认为，主合同成立后，成约定金转为违约定金。另有学者认为，在交付成约定金使主合同成立或生效后，应将成约定金视为损害赔偿担保金。倘若成约定金兼有其他作用，自然有以一种制度促成多种目标实现的效益，但如此会对合同双方的利益造成较大影响，或者片面地有利于收受定金方，未必合理。

第四，成约定金的处理。交付之后目标合同成立或生效，成约定金即告目的达成。在未约定成约定金兼有违约定金或其他性质的情况下，交付定金方在交付之后能够要求返还，但若允许交付后立即主张返还的话，定金的交付徒具形式意义。因此，应权衡双方的利益，确定成约定金应如何处理。

3.解约定金

第一，定金罚则的适用条件。传统上认为，一方当事人决定解除合同即应遭受定金不利益，但也有学者认为，只有当一方当事人违约并构成法定解除合同的原因，对方当事人根据法律规定解除合同时，才可以处罚解约定金。此外，具有实际意义的问题是，收受定金方是否仅在已经双倍返还的情况下才能解除合同。

第二，解除权的丧失时间。对于基于解约定金的解除权的存续时间，我国未作规定，有立法例规定在相对人着手履行后不能再解除合同。除相对人着手履行时外，还有解除方履行时、履行期届满时等多个备选时点。究以哪个时点为佳，可根据诚实信用原则以及相对人的信赖保护加以定夺。

第三，解除相对人能否请求赔偿。有观点认为，在一方行使基于解约定金的解除权后，相对人可以要求解除方承担包括损害赔偿在内的违约责任。如此，解约定金的意义在于排除实际履行。不实际履行而是以损害赔偿为责任形式对于债务人有时会有实益，但解约定金的本意是否如此尚可讨论。

4.违约定金

第一，关于性质的争议。通说认为，违约定金兼有债权担保手段和违约责任形式的性质。也有学者认为，由于数额受到了限制，违约定金替代给付主债务的能力极其有限，其既未扩大责任财产的范围，也未使责任财产特定化，因此，违约定金欠缺担保机能。另外，我国台湾地区一些学者认为，定金尤其是违约定金是债的确保。违约定金究竟有无担保功能以及确保说是否妥当，可作商榷。

第二，适用定金罚则的违约行为形态。对此问题有三种见解。狭义说认为，仅在债务人不能履行时方可适用定金罚则；广义说认为，各种不履行行为均可引发定金罚则的适用；居中的观点则认为，在债务人根本违约时应适用定金罚则。当以何种见解为是，须加分辨。此外，如采根本违约说，根本违约应如何认定？

第三，违约定金责任的归责原则。我国法上违约责任归责原则以严格责任为一般，过错责任为例外。基于体系解释，违约定金责任当采严格责任。由于违约定金可能具有惩罚性，值得探讨的问题是，违约定金责任是否宜采放松的严格责任，即除不可抗力外，意外事件也能阻却违约定金责任成立。

第四，与其他违约责任形式的关系。关于违约定金与实际履行、违约损害赔偿、违约金的关系，均有不同见解。违约定金与违约金，法律规定只能择一适用。违约定金与违约损害赔偿，法律规定损失高于定金数额时可请求赔偿超出部分。有观点原则上赞同对于两个问题的规定，但认为应承认例外情形。违约定金与其他违约责任形式是否为择一关系对于双方有重要影响，故须作分析。

第五，不适用罚则时定金的处理。关于定金究竟应抵作价款还是收回，有优先抵作价款说与交付定金方决定说之别。如依前说，当事人之间法律关系的处理较为便捷。如依后说，交付定金方有单方决定之权。究如何为宜，须以定金的标的物为何为标准，区分情形而论。

5. 证约定金以及定金的证约效力

我国通说认为证约定金是定金的一个类型。另外，有学者认为立约定金等四种定金或者除立约定金外的三种定金均有证明当事人之间有合同关系的效力。实际上，证约定金是否为定金的类型不无疑问，解约定金等定金类型有多少证明作用也可探讨。

三、本书的结构安排

本书采制度史研究、比较法研究、类型化研究等方法分析、探讨定金制度，结构安排如下：

绪论。此部分重在说明定金制度的研究意义。定金制度功能多样，类型繁多，在我国法律实务中使用频率较高，但在一般规则及具体类型方面，均有一些争议或者容有误认的问题，故此，对定金制度作全面的、体系化的研究并提出改进建议很有必要。

第一章，“制度史与比较法视角下的定金”。本章一方面对定金做了制度史研究，论述了五种类型的定金的产生及其历史背景；另一方面对我国法上的定金制度以及大陆法系代表性立法例中的定金制度进行了比较。

第二章，“定金制度的基本问题”。本章涉及定金的概念与特征、定金的类型、违约定金的性质、定金与其他制度的比较等问题。对于存有争议或容有误认的问题点，如作用机制的双向性等特征是否具有一般性、是否应承认证约定金为定金的一个类型、违约定金是否为债权担保的方式等，做了详细的评述，以期能有助于形成共识。

第三章，“定金法律关系的创设”。本章有两方面内容，即定金合同以及定金的交付。创设定金法律关系，当事人须订立定金合同。现行法规定，定金合同为要物合同，之前亦曾规定为要式合同。在这一背景下，定金合同的成立以定金的交付为前提，不交付定金即无从创设定金法律关系。在交付方面，尚有交付的模态、多交少交应如何处理、交付后所有权是否移转、利息或其他孳息的归属等问题。

第四章，“定金的效力（一）：立约定金、成约定金与解约定金”。本章的内容是立约定金、成约定金、解约定金的效力，重点探讨了有争议的问题。比如立约定金适用罚则的条件；除适用定金罚则外拒绝订立本约者是否承担缔约过失责任；成约定金发生作用的条件；成约定金是否兼有违约定金或损害赔偿担保金的性质；成约定金的处理有何特殊性；解约定金适用罚则的条件；解除权的时间限制；解除方是否应承担违约责任。

第五章，“定金的效力（二）：违约定金”。本章探讨违约定金的效力，从三个方面进行论述：不适用定金罚则时的处理；定金罚则的适用；违约定金与其他违约责任形式的关系。违约定金的效力堪称定金制度中最为重要的问题，有争议的问题点也较多。因此，对于违约定金责任的归责原则、适用定金罚则的违约行为形态、违约定金与其他违约责任形式的关系等问题的不同见解，本章详加分析并提出了自己的观点。

第六章，“定金法律关系的消灭”。本章对定金法律关系的消灭事由进行了整理，区分了两类情形，即基于自身原因而消灭、受目标合同影响而消灭，其中前者涵盖了适用定金罚则后消灭、不适用定金罚则而消灭、因时间经过而消灭、基于当事人的意思而消灭四种情况。

第七章，“总结与建议”。本章总结了本书的主要观点，另外提出了定金制度改进建议。建议包括一般规则与具体定金类型两方面内容，前者涉及定金合同、定金数额两个方面的问题，后者涉及立约定金等定金类型的规则设计。所提建议之后均有理由说明。

第一章 制度史与比较法视角下的定金

第一节　大陆法系的定金制度

一、大陆法系定金制度的源头

（一）闪米特法律圈中的定金

定金制度产生于闪米特法律圈。[1]在该法律圈中，买卖只被理解为现金交易，交易时货物与价款立即交换。在此背景下，人们使用定金以给将来交付的买卖（Lieferungskäufe）或信贷买卖（Kreditkäufe）约定一定的拘束力。在将来交付的买卖的场合，买方交付定金给自己建立了一种拘束，其在不遵守买卖约定的情况下将丧失定金。如此卖方也受到了拘束，其在不遵守自己诺言的情况下至少要返还其所受领的定金，随着时间的推移则通常须双倍返还定金。[2]

关于定金制度的产生原因，德国学者克努特尔（Knütel）推测，定金与违约金在起源上均与誓言性的允诺有关。誓言对于早期法来说是重要的强化手段（Bekräftigungsmittel），它可能伴随有象征性的强化形式。比如，定金的标的物在早期乃至后来通常是一枚戒指，最初是“以自己为人质”（Selbstvergeiselung）的象征，随着时间的推移演变为独立的责任标的，并且此后可以以金钱替代。这种发展过程必然导致，在打算以间接的路径来强制不具有拘束力的给付的情况下，人们会借助先行的“牺牲品”——定金。[3]

---

[1]　罗马法与希腊法中的定金一词arra、arrha或arrabo即来自闪米特语中的定金。

[2]　Knütel，Stipulatio poenae，Böhlau Verlag，1976，S. 11.

[3]　Knütel，Stipulatio poenae，Böhlau Verlag，1976，S. 12.

（二）希腊法中的定金

在腓尼基人（闪米特人的一支）与希腊人的海上商业交易中，定金被用作商人在买卖合同中给买方提供的信用担保（Sicherung）：买方着眼于所负担的买价交付定金（倘若其嗣后不支付价款，将丧失定金）使腓尼基商人不用担心其作为外国人会与希腊人发生法律纠纷。闪米特人的定金制度以此途径传入了希腊。在公元前4世纪的希腊法律制度中，定金为价金请求权提供了保障。如果买方不支付价金，其即丧失定金。[1]

定金制度在希腊具有重要意义，因为希腊法上自始至终无合意合同可言。买卖协议（agreement to sell and buy）与买方通过支付价金所引发的实际买卖（actual sale）有明确的区分。在达成了买卖协议之后，当事人的允诺（undertakings）是买方支付价款，卖方适当地转让所出售的物。如果标的物是土地、奴隶、役畜等重要的物，一份书面的转让文件会使财产转让给买方，如果是不太重要的物，习惯做法是进行非书面的交易，在受领价金的同时实际转让物即可实现这种交易。但如果当事人之间只有买卖协议，该协议没有拘束力。[2]正是因为合意合同未被认可，定金在希腊法律实务中被广泛采用。定金的交付可以给买卖协议以间接的效力。嗣后如果不支付价款或者不支付余款（定金通常以金钱支付），交付了定金的买方将丧失定金。起初，与买卖协议的非债务性质相一致，如果卖方违反了协议，其可能并无责任，只需要返还之前收受的定金。在成熟之后的希腊法律制度中，卖方也受定金罚则的影响——如果不交付标的物，卖方须双倍返还定金。定金交易事实上给当事人施加了责任，以此来避免买卖协议不具有可执行性的后果，从而提供了一种达成未来

[1] Nelson/Manthe，Gai Institutiones Ⅲ 88-181，Dunker & Humblot，1999，S. 255.

[2] Thomas，Arra in Sale in Justinian's Law，*24 Tijdschrift voor Rechtsgeschidenis*（1956），253，254.

的买卖或信用买卖的方法。[1]值得注意的是，在整个希腊化时期，虽然受到了罗马合意合同的影响，在东部原属希腊的地区，定金规则似乎仍然是买卖的真正制裁。买卖约定是否得到遵守显然取决于定金的价值是否较大。[2]

概括而言，定金制度起源于闪米特法律圈，并因为腓尼基人与希腊人有频繁的商业交易而传入希腊。在闪米特人的法律制度及希腊法中，定金均为立约定金（当然，制度背景、作用机制与后世有别）。其意义在于，在单纯的协议不具有拘束力的情况下，以定金罚则促使双方当事人按照协议行事，从而提升了协议得到遵守的概率。

二、罗马法中的定金制度

（一）前古典法时期

受希腊法的影响，公元前3世纪定金制度进入了罗马的交易实践。[3]关于前古典法时期的定金，可以依托的资料甚少，主要是古罗马剧作家普劳图斯（Titus Maccius Plautus，约公元前254年至公元前184年）在一些喜剧中的描述。普劳图斯的所有戏剧都是对某希腊戏剧母本的改编和翻译，其中关于定金的内容是否可信、所描述的是希腊的还是罗马的定金均不无疑问。故此，关于前古典法时期的定金的属性、适用情况等问题，论者见解不同。

第一，德国学者普林斯海姆（Pringsheim）认为，普劳图斯戏剧中

[1] Thomas，Arra in Sale in Justinian's Law，*24 Tijdschrift voor Rechtsgeschidenis*（1956），253，256.

[2] Zulueta，*The Roman Law of Sale*，Oxford University Press，1945，p. 23.

[3] Nelson/Manthe，Gai Institutiones Ⅲ 88–181，Dunker & Humblot，1999，S. 255.

描写的本质上是纯粹的希腊定金，[1]亦即在普劳图斯的时代，定金在罗马法律实务中并不经常采用。反对者则认为，普劳图斯戏剧中的买卖几乎均涉及定金的处理这一复杂问题，因此，倘若希腊类型的定金并未成为罗马法制度，那么，多次在戏剧中重复提及外国的制度，即使有喜剧效果，也不会太大。[2]

第二，英国学者沃森（Watson）认为，普劳图斯戏剧中涉及法律的部分可以分为三种情况：针对罗马法的法律笑话；描述罗马法制度的精心制作的场景；在法律上并无笑料可言，但是能够以不那么重要的方式推动剧情发展。这种情况下涉及的法律可能是希腊法，也可能是罗马法。[3]在对涉及定金的普劳图斯戏剧作了分析后，沃森指出，普劳图斯时代，罗马法中的定金不是希腊式的定金，没有法律惩罚性质。当时合意合同已经具有可诉性，定金没有特别的法律意义。不过，沃森也指出不能忽视定金的社会价值。即使定金没有法律效力，卖方仍会希望买方交付数额较高的定金。如果买方不希望完成交易，卖方可以简单地扣留定金，这样就给买方造成了提起法律程序的麻烦。对于买方，特别是尚未准备好全部价款的买方来说，定金会实际地担保卖方不会将物另行处分。定金甚至能引发一个本来不会订立合同的卖方订立合同。引入定金的具体时间无法确定，但在买卖不再总是现货现款交换之时，定金制度有其社会需求（socially desirable）。[4]另外，对于普通人来说，在交付定金的情况下，合意合同拘束力更强，即使他意识到了在法律上交付定

[1] McAuley，One Thousand Years of Arra，*23 McGill Law Journal*（1977），693，695.

[2] McAuley，One Thousand Years of Arra，*23 McGill Law Journal*（1977），693，696.

[3] Watson，*The Law of Obligations in Later Roman Republic*，Oxford University Press，1965，pp. 46–47.

[4] Watson，*The Law of Obligations in Later Roman Republic*，Oxford University Press，1965，pp. 49–50.

金与否并不会使合同有所不同。[1]

第三，美国学者克鲁克（Crook）认为，一旦罗马法发展出了合意合同，由于合意即足以使合同成立并且为诉讼提供基础，罗马就不再需要定金扮演重要角色。希腊式的定金在罗马前古典法时期实际上得到了采用，并且在普劳图斯的戏剧中有大量描写，也许是因为这些戏剧是在合意合同得到完全承认之前写的。[2]法国学者康尼尔（Cornil）的观点与克鲁克相仿。其认为，在普劳图斯的时代关于出售与购买的交互允诺不具有拘束力，定金的交付遂占据了后来的法锁（vinculum inris）的地位，充当买方执行其合同的担保（pledge）。[3]

第四，英国学者麦考利（McAuley）认为，希腊法上的定金制度在前古典时期的罗马法中被采纳了，在合意合同出现之前或者向合意合同过渡的时期，定金在法律上能够得到执行，双方都会因为未履行约定遭受定金罚则制裁。在古典法中，司法裁决不会判令卖方丧失定金，更不用说双倍返还。但是希腊法会允许这种裁决，因为在完全支付价款之前，合同并未完成。将普劳图斯的戏剧分成两类（一类是希腊的定金，一类是罗马的定金）难以操作。[4]

根据定金制度的作用机制、功能、罗马前古典法时期的合同制度以及前述学者见解，可以推导出以下几点结论：

首先，前古典法时期，罗马人实际采用了定金制度，普鲁图斯的戏剧中所描述的定金不可能仅为希腊法的情况。在其戏剧的某些片段中，定金制度是剧情具有喜剧效果的关键，而仅在罗马观众熟悉定金的情况

[1] Watson, *The Law of Obligations in Later Roman Republic*, Oxford University Press, 1965, p. 51.

[2] Crook, *Law and Life of Rome*, Cornell University Press, 1967, p. 220.

[3] McAuley, One Thousand Years of Arra, *23 McGill Law Journal* (1977), 693, 696.

[4] McAuley, One Thousand Years of Arra, *23 McGill Law Journal* (1977), 693, 698.

下，普鲁图斯所希冀的喜剧效果才会出现。

其次，沃森、克鲁克等人发生歧见的原因在于，他们对于在普鲁图斯生存的年代合意合同是否已经得到承认有不同认识。在古典法上，有四种合同被认为是通过合意缔结的：买卖、租赁、合伙和委托。在共和国末期以前，它们很可能就已经存在，并且全部出现在西塞罗（公元前106年至公元前43年）引自其师Q.穆齐所列举的诚信裁判的清单上。但是，只要《爱布兹法》以前的程序法的历史仍然模糊，就不能详细地了解合意逐渐被承认的各个阶段。[1]因此，无论在普鲁图斯时期合意合同是否已经确立，由于在共和国末期以前合意合同很可能已经存在，大体上可以确认，在前古典法后期，希腊式的定金制度在罗马不会有多大的生存空间。倘若单纯的合意即具有拘束力，借助立约定金来增强协议得到遵守的可能性是没有必要的。至于定金的所谓社会层面的意义，在缺乏充分证据的情况下也无法加以否定。

最后，在合意合同出现之前，定金在罗马前古典法时期的意义不像在希腊法中那么重要。毕竟在罗马前古典法上尚有要物合同、文书合同与口头合同（其中具有重要意义的是要式口约）。如果说要物合同（仅有消费借贷、使用借贷、寄存、质押四种合同）与文书合同适用范围狭隘，不足以满足交易需要，那么要式口约则具有一般性。通过它，任何许可的给付在任何许可的条件下都可以成为可诉允诺的内容。[2]因此，与闪米特法律圈及希腊法的情况不同，不借助立约定金，前古典法时期的罗马人也可以以要式口约的方式进行交易，而不必担心所做的允诺没有拘束力。在引入希腊法定金制度之后，罗马人当然也可以不借助要式口约，而是凭借交付定金为不具有拘束力的协议的履行提供保障。

---

[1] ［英］乔洛维茨、尼古拉斯：《罗马法研究历史导论》，薛军译，商务印书馆2013年版，第373页。

[2] ［德］马克斯·卡泽尔、罗尔夫·克努特尔：《罗马私法》，田士永译，法律出版社2018年版，第98页。

（二）古典法时期

关于罗马古典法时期的定金的状况，法学家盖尤斯（Gaius，约130年至约180年）的两处论述是权威凭据。《盖尤斯法学阶梯》（Gai. 3. 139.）中称：当人们商定价金时，买卖达成，即便尚未支付价金甚至尚未给付定金（arra）；实际上，以定金名义给付的钱款是对买卖已达成的证明。[1]另外，盖尤斯在《论行省告示》中论述道，在买卖中交付定金这一普遍的做法不表明不交付定金就没有合同，而是有助于证明就价款达成了协议这一事实。[2]有研究者认为，盖尤斯论述的定金规则在西罗马帝国沿用到了5世纪，罗马法学家和皇帝在希腊化地区的定金案件中也会适用该规则。[3]

由盖尤斯的论述可见，在罗马古典法中，定金并非立约定金，定金的交付只能证明当事人达成了协议，该种定金因此被称作证约定金（arra confirmatoria）。关于《盖尤斯法学阶梯》中的表述，克鲁克认为它听起来似乎在告诫，要提防这样一种人们（比如罗马帝国东部地区的人）易于产生的错误观点。[4]在定金被确定为证约定金的背景下，有两个方面的问题值得关注。一则，证约定金的定位是强制性还是任意性。如果是强制性的定位，则当事人不得再约定立约定金。如果是任意性的定位，则证约定金只是推定规则而已，当事人仍可创设立约定金法律关系，在发生争议的情况下举出证据推翻证约定金。就笔者能力所及，没有资料介绍这方面的情况。二则，在定金为证约定金的情况下，从法律技术的角度看，当事人交付定金没有多少意义，如有证人或者书面凭证，当事

[1] ［古罗马］盖尤斯：《法学阶梯》，黄风译，中国政法大学出版社1996年版，第246页。

[2] Gaius，Provincial Edict，book 10；D. 18. 1. 35. pr. See Watson ed.，*The Digest of Justinian*，Vol. 2，University of Pennsylvania University，1985，p. 60.

[3] McAuley，One Thousand Years of Arra，*23 McGill Law Journal*（1977），693，699.

[4] Crook，*Law and Life of Rome*，Cornell University Press，1967，p. 221.

人之间的法律关系能够得到更好的证明。不过，有学者认为，除了可以作为合同关系的证据外，定金还具有社会意义，这使得罗马人愿意采用它。比如，依照英国学者祖鲁埃塔（Zulueta）的见解，在共和国晚期，合意合同产生，可以以单纯的进行买卖的允诺为根据进行诉讼。在此之后，没有借助交付定金提供制裁的一般需求。但是允许通过单纯的口头达成的合意订立合同有时会带来疑问，即当事人是否已经过磋商环节达成了确定的协议。习惯上的程序（customary formalities）提供了一个便于判断的标准，比如握手或者交付并受领戒指、硬币或其他象征物。罗马古典法赋予定金的就是这种功能。[1]

在明确了古典法时期的定金的性质后，值得探讨的问题有：定金的标的物为何，以及定金的处置。关于前一个问题，祖鲁埃塔认为，除了证据的目的，定金不需要具有任何重大价值，通常的定金是戒指。[2]普林斯海姆也认为定金通常是戒指。[3]英国学者汤姆森（Thomson）则认为普林斯海姆的观点似乎是基于对一些非法律性质的古典文本的误解。虽然有时使用戒指当定金（如D. 14. 3. 5. 15.,《学说汇纂》），古典法律文本也提到了金钱定金。此外，没有理由认为定金的数额微不足道。即使使用的是戒指，它的价值也可能很大。若非如此，乌尔比安就不会关注戒指的返还（如D. 19. 1. 11. 6）。[4]就定金的处理来说，在定金被确定为证约定金的背景下，如果买方履行了合同，他可以索回定金，除非所交付的为金钱，金钱通常作为价款的一部分贷给对方。合同撤销时，买方也能索回定金，但是如果卖方根据解除约款（lex commissoria）解除了合同，则不得要求返还。[5]在不支付的情况下，卖方可以选择保留定

[1] Zulueta，*The Roman Law of Sale*，Oxford University Press，1945，p. 23.

[2] Zulueta，*The Roman Law of Sale*，Oxford University Press，1945，p. 23.

[3] Thomson，Arra in Sale in Justinian's Law，*5 Irish Jurist*（1970），179，184.

[4] Thomson，Arra in Sale in Justinian's Law，*5 Irish Jurist*（1970），179，184-185.

[5] Zulueta，*The Roman Law of Sale*，Oxford University Press，1945，p. 23.

金或者提起卖物之诉（actio vendito）。卖方能够加以选择，但买方不能通过不支付价款迫使卖方接受其违约，并满足于只得到定金。不存在后悔权（ius poenitendi），而只有补救违反在罗马法中已经具有拘束力的买卖合同的替代模式。[1]

（三）优士丁尼法

关于优士丁尼（东罗马帝国皇帝，约482年至565年）法中的定金制度，最为重要的资料有二：一是优士丁尼于528年颁布的法令，二是于533年公布的《法学阶梯》（以下称《优士丁尼法学阶梯》）中的相关论述。

1.《优士丁尼法典》中的定金制度

（1）C. 4. 21. 17. 1.的规定及其制度背景

《优士丁尼法典》涉及定金的条文是第四章第二十一节第17条。此条乃优士丁尼于528年颁布的法令，内容分两部分，通常分别称作C. 4. 21. 17. 1.和C. 4. 21. 17. 2.。前者详细地规定了在不具备形式要求的情况下，（意定的）要式合同无拘束力。具体来说，关于买卖、互易以及不需要登记的赠与，定金的交付以及以其他为标的的合同，如果根据约定应采用书面形式，或者关于和解的合同，如果根据约定应做成证书，在将合同内容写成书面文件并且由双方当事人签字确认之前，合同不发生效力。在使用公证人将合同做成证书，由公证人执行公证并最终由双方当事人宣布已全部完成的情况下，如果程序尚未完成，凭书面备忘录（无论其由一方还是双方书写）或者未制作完毕并宣布完成的公证书，任何人不能基于该合同或和解享有某项权利。在以书面等形式订立买卖合同的情况下，不能说确定价格后，卖方必须，或者履行买卖合同，或者赔偿买方遭受的损害。[2]

---

[1] Thomson, Arra in Sale in Justinian's Law, *5 Irish Jurist*（1970）, 179, 186.

[2] Otto u.a. hrsg., Das Corpus Juris Civilis, Band 5, Verlag von Karl Focke, 1832, S. 577.

C. 4. 21. 17. 1.的主要意义在于在书面合同上进行了创新。在优士丁尼之前，罗马法中的书面合同实际上就是文书合同（litteris contractae）。文书合同与收支簿有密切联系，而收支簿自共和初期起通常由家父掌管并作为家庭全部财产目录。该合同仅适用于将已发生的金钱债权转换为新债权，可能是相同当事人之间（记物于人的债权誊账），也可能是新债务人加入（记人于人的债权誊账）。[1]文书合同以特殊的簿记制度的存在为前提，如果这种簿记制度不再被使用，文书合同就会消失。[2]在盖尤斯的时代，文书合同可能就已经过时了。到优士丁尼时期，文书合同久已不用。[3]尽管如此，《优士丁尼法学阶梯》（I. 3. 21. pr.）仍规定了文书合同。据其规定，如果书面合同记载某人接收了一笔金钱或接收了某物，以书面形式说明自己收到了金钱或财产的人在五年内不得提出他未收到此等金钱或财产的抗辩。如果未提出此等抗辩，债权人就书面记载的金钱或财产享有要求给付之诉。优士丁尼觉得该除斥期间过长，遂将这一期限改为两年。[4]

盖尤斯强调，在罗马法上书面文件最多只是证据性的，而没有创设权利。在希腊化的东部地区，法律是不同的，如《盖尤斯法学阶梯》（Gai. 3. 134.）所说，“文字债看起来也可以通过亲笔字据和约据而成立，也就是通过书写应当给付或者将给付某物的字据；显然，根据这种字据就不再缔结要式口约。这种债是异邦人的债”[5]。在《卡拉卡拉敕令》扩大享有公民权的主体范围后，所有的人适用同样的罗马法，要想能够继

---

[1] ［德］马克斯·卡泽尔、罗尔夫·克努特尔：《罗马私法》，田士永译，法律出版社2018年版，第428—429页。

[2] Mousourakis, *Fundamentals of Roman Private Law*, Springer Verlag, 2012, p. 219.

[3] Thomas, *The Institutes of Justinian : Text, Translation and Commentary*, Juta & Company Limited, 1975, p. 226.

[4] 徐国栋：《优士丁尼〈法学阶梯〉评注》，北京大学出版社2011年版，第427—428页。

[5] ［古罗马］盖尤斯：《法学阶梯》，黄风译，中国政法大学出版社1996年版，第246页。

续像以前一样行为，就如同没有多大变化发生，唯一的方式是，已习惯于书面形式效力的人约定推迟协议的法律后果，直到以书面形式订立了协议。由此会带来难题：什么是完全的书面形式？什么是推迟法律效力的协议？毕竟所有的协议都可以是默示的，遵从希腊方式的人可能主张他们应当被认为默示的意图只有书面形式具有拘束力。有鉴于此，优士丁尼决定就书面形式加以规定。[1]C. 4. 21. 17.1.的实质就是将希腊法关于书面合同（而非罗马法上的文书合同）的规则适用于买卖等合同。如果当事人约定合同应具备书面形式或须加以公证，在书面形式或公证书制作完成前，口头协议没有拘束力，双方均可以不履行口头协议，并且这样不会给违反协议者带来不利后果。

（2）定金的适用

根据C. 4. 21. 17. 1.的规定，在当事人约定以书面形式订立合同的情况下，倘若书面形式未完成，口头约定不具有拘束力，此时的情形与希腊法上的协议无拘束力相似，从而希腊式的定金有了用武之地。故此，C. 4. 21. 17. 2.规定，在为购买某物而交付定金的情况下，无论有书面形式还是无书面形式（sive in scriptis sive sine scriptis），即使没有明确地说在合同没有进展时应如何处置定金，如果允诺出售的人拒绝出售，其应双倍返还定金，如果允诺购买的人退出买卖，则其丧失所交付的定金，其返还请求应被拒绝。[2]该规定中的"无论有书面形式还是无书面形式"应如何理解，事关定金的适用范围与定金属性的确定。在此问题上，存有不同认识：

第一，定金合同说。部分学者认为，"无论有书面形式还是无书面形式"是指定金合同。比如，英国学者托马斯（Thomas）认为，根据立法的意义和句子结构，C. 4. 21. 17. 2.与《优士丁尼法学阶梯》（I. 3. 23. pr.）的情况不同，"无论有书面形式还是无书面形式"是指定金的交付。

[1] Birks, *The Roman Law of Obligations*, Oxford University Press, 2014, p. 43.

[2] Birks, *The Roman Law of Obligations*, Oxford University Press, 2014, p. 48.

定金交易在或者不在书面文件中的情形已经在C. 4. 21. 17. 1.中被提及，并且也被纸莎草文件所证明。但是在东方的法律制度中，定金是要物交易（real transaction），是定金的实际交付引发了法律后果。即使定金所服务的买卖本身要采用书面形式，在实际交付了定金的情况下，仍可以适用定金罚则，无论定金本身是否为书面交易。[1]可见，依定金合同说，《优士丁尼法典》中的定金制度仅适用于当事人约定以书面形式订立合同而书面形式尚未完成的情形，至于未约定以书面形式订立合同的情形，合意合同制度不受影响，倘若当事人约定了定金，与古典法时期相同，该定金仍是证约定金。

第二，非定金合同说。英国学者伯克斯（Birks）认为，"无论有书面形式还是无书面形式"是指买卖合同而非定金合同，进而在合同订立的情况下也适用定金罚则，这并不意味着对于未履行的合同来说，制裁仅为定金。优士丁尼引入了这样一个规则，即如果合同应以书面形式订立，在最终做成书面文件前，合同没有效力。如果当事人愿意，可以在形式完成前的阶段借助定金。在形式完成后，当事人也可以借助定金。对于非要式合同来说也是如此。如果在有拘束力的合同下交付了定金，违反合同会导致损害赔偿，但只有在损害超过根据定金规则所能得到的利益的情况下才能要求赔偿。[2]要言之，依伯克斯的见解，《优士丁尼法典》中的定金既可以适用于书面形式尚未完成的场合，也可以适用于合同已经具有拘束力的场合。就性质而言，前一个场合中的定金为立约定金，后一个场合中的定金为违约定金。

以上两说，当以托马斯的见解为妥。其认为"无论有书面形式还是无书面形式"是就定金合同而言的，以对C. 4. 21. 7.的目的解释、文义

---

[1] Thomas，Arra in Sale in Justinian's Law，*24 Tijdschrift voor Rechtsgeschidenis*（1956），253，267.

[2] Birks，*The Roman Law of Obligations*，Oxford University Press，2014，pp. 48–49.

解释、体系解释为依据，经由这种解释，C. 4. 21. 7.的两段前后不会发生抵触，也无歧义可言。

2.《优士丁尼法学阶梯》中的定金制度

（1）文本的内容

《优士丁尼法学阶梯》（I. 3. 23. pr.）就买卖合同的订立、定金的使用进行了规定。其内容为：一旦就价金达成一致，即缔结买卖，即使价金尚未支付，实际上也未给付定金。事实上，以定金名义所为的给付，是买卖已缔结的标志。但这必定涉及不以书面达成的买卖。事实上，在这一方面，朕未作任何创新。然而，对以书面作成的买卖，朕规定，除非订约人亲自起草买受文件；或确实由他人起草而订约人签了名；如果借助于公证人做成文件，除非已制作完成并由当事人补充；否则，买卖没有完成。事实上，只要达不到其中的某一要求，便有反悔的余地，买受人或出卖人可从买卖中撤出而没有任何惩罚。如果尚未以定金的名义给付某物，朕允许他们这样撤出。如果确实已给付定金，无论买卖有书面形式还是无书面形式，拒绝履行契约的人如果确实是买受人，他丧失他所给付的；但如果是出卖人，就算他对定金未作任何表示，他也必须退还两倍定金。[1]

（2）关于定金的适用情形与性质的不同见解

根据I. 3. 23. pr.，意定的要式买卖合同如未完成书面形式则不具有拘束力；如果当事人未约定以书面形式签订合同，则买卖合同仍为合意合同，口头达成的协议有拘束力。这种立场与早于《优士丁尼法学阶梯》五年的《优士丁尼法典》中相应规定（C. 4. 21. 17. 1.）的立场一致，也可以说是将近期颁布的法令的内容写入了钦定教科书。对于意定的要式

[1] 徐国栋：《优士丁尼〈法学阶梯〉评注》，北京大学出版社2011年版，第431页。为与前文提及的《优士丁尼法典》（C. 4. 21. 17. 2.）中的相应短语保持一致，本书将I. 3. 23. pr.中的“sive in scriptis sive sine scriptis”也表述为“无论有书面形式还是无书面形式”。《优士丁尼〈法学阶梯〉评注》中译为“以书面或非书面形式做成”。

合同来说，在书面形式做成前，协议无拘束力，希腊式的定金可以派上用场。I. 3. 23. pr.也谈了此问题，在论述中使用了“无论有书面形式还是无书面形式”的表述。关于对这一表述应如何理解，法律史学者有多种见解。

第一，英国学者巴克兰（Buckland）和斯坦（Stein）认为，《优士丁尼法学阶梯》的确规定了在所有情况下［口头合同抑或意定要式合同（无论书面形式是否已完成）］退出合同的权利（right of withdrawal），其关于对非书面合同未作改变的声明只是意味着，（虽然插入的评论提到了定金）其没有在非书面合同效力方面增加要求。就法律规定来说，这是个大的变化，但就实务来说则不是，部分是因为实务中已经采用了东部地区的做法，部分是因为定金通常超出价格的一半，对于双方来说执行合同没有多少价值。[1]

第二，托马斯认为，最好的解释是事实上非书面合同的订立没有变化，《优士丁尼法学阶梯》在论述时有点笨拙地阐述了当时在非书面合同中相当常见的作为约定的损害赔偿的定金的处理后果。从而在优士丁尼法中有两种买卖：其一，对于非书面的买卖合同的订立来说，古典的合意规则保留了完全的效力；其二，书面的买卖，其订立受优士丁尼的法令的规制。[2]另外，托马斯认为，在古典法后期与后古典法时期，作为约定的损害赔偿的定金的主要凭据是《学说汇纂》的两个片段，即D.

---

[1] Buckland, *A Textbook of Roman Law from Augustus to Justinian*, 3rd ed., revised by Peter Stein, Cambridge University Press, 1966, pp. 481–482. 另外据此书介绍，早期关于I. 3.23. pr.还有其他一些解读，比如：非书面买卖中的受损害方可以选择适用定金罚则还是损害赔偿；“无论有书面形式还是无书面形式”是指定金是否在书面文件里被提及。

[2] Thomas, *Textbook of Roman Law*, North-Holland Publishing Company, 1976, p. 281.

18. 3. 6.与D. 18. 3. 8.。[1]麦考利与托马斯持相同的见解。其认为,《法学阶梯》中的相关表述显然考虑到了惩罚性定金在非书面合同中的适用。通过将适用于书面合同的希腊传统的定金规则扩大适用于当事人未作形式要求的情形,优士丁尼设置了一项新权利。因此,定金在完全的非书面买卖中既有证据功能,也有惩罚功能。如果考虑定金的数额——通常占了很大的比例,这种结合就不那么异乎寻常了。由于通过定金所获得的事实上的赔偿额可以由当事人在初始阶段确定,对于通常的司法损害赔偿就不再有什么需求了。不过,有在约定的损害赔偿的定金之外诉请赔偿的可能。这两者并不冲突。在未交付定金的情况下,受损害方可以选择基于买卖提起诉讼或者诉请返还所出售的物。[2]

第三,伯克斯认为"无论有书面形式还是无书面形式"针对的并非因买卖没有拘束力而当事人可以任意退出的情形,而是指无论以口头达成还是做成书面形式,合同均已发生拘束力的情形。如此一来,《优士丁尼法学阶梯》中的该片段即脱离了之前讨论的以书面形式达成买卖协议而形式尚未完成的情形。这种论述方式不雅致,但没有问题。定金规则能够嫁接到具有强制力的合同的通常制度上。如果碰巧交付了定金,

[1] Thomas, *The Institutes of Justinian*: *Text*, *Translation and Commentary*, Juta & Company Limited, 1975, p. 231. 在D. 18. 3. 6.中,斯凯沃拉(Scaevola)称,就没收条款(forfeiture clause)来说,如果买方有过错,没有遵守合同条款,卖方选择执行合同,土地买卖取消,以定金的方式或在其他名义下所交付的由卖方保留。在D. 18. 3. 8.中,斯凯沃拉称,一个妇女将土地卖给了盖尤斯·塞乌斯(Gaius Seius)并且得到了定金,另外约定了支付余额的时间,还约定如果买方不按约定的时间支付将丧失定金,买卖也取消。买方证明,到了约定的支付时间,他准备支付剩余款项(并将装了余款的钱袋密封,证人也在钱袋上盖了章),但是卖方不在。次日,国库通知买方在履行对国库的义务前不得向卖地的妇女清偿。就买方根据合同条款要回定金的问题,斯凯沃拉的观点是,买方不受丧失条款的制裁。Watson ed., *The Digest of Justinian*, Vol. 2., University of Pennsylvania, 1998, pp. 72–73.

[2] McAuley, One Thousand Years of Arra, *23 McGill Law Journal* (1977), 693, 704, 705.

就有了额外的制裁手段。[1]

第四，德国学者卡泽尔认为，在优士丁尼时期，依照希腊范本，定金在当事人决定订立书面合同时担保的是将来订立买卖合同，定金交付后，宣布放弃（预约性质的）将来缔结约定的当事人将承担法律的不利后果：给予定金之人丧失定金而使它归于接受定金之人；接受定金之人则必须向对方双倍返还。如果定金是在（书面或者非书面的）买卖合同完成订立时交付的，那么只要一方当事人宣布放弃合同，就会发生相同的结果（参见C. 4. 21. 17. 2.、I. 3. 23. pr.）。共同法称第一种情形为惩罚定金（arra poenalis），第二种情形为后悔定金（arra poenitentialis）。[2]

（3）对上述观点的评析

本书认为，上述观点中，托马斯、麦考利的观点较为合理。在合意合同产生之后，可以以口头协议的方式订立买卖合同，这种情况延续至优士丁尼时期，优士丁尼对此加以保留。另外，如前文所述，优士丁尼于528年发布的法令肯定了以希腊式的书面形式订立合同。I. 3. 23. pr. 首先规定了订立买卖合同的这两种形式，进而鉴于当事人约定以书面形式订立买卖合同而书面形式尚未完成所引发的协议不具有拘束力情况下的问题，就定金作了规定。在对定金作规定时，不仅考虑了立约定金，还一并规定了合同已有拘束力情况下的违约定金。如果是非书面合同，如同古典法时期，定金为证约定金，可用于证明当事人间存在合同关系。如果当事人约定定金适用于当事人违约的场合，则定金为违约定金。在约定违约定金的情况下，适用定金罚则并非债权人仅有的救济手段，其也可以主张损害赔偿等救济。巴克兰与斯坦的观点的问题在于，将几种情况下的定金均解释为立约定金。按伯克斯对I. 3. 23. pr. 中的定金的解释，定金仅指合同有拘束力情况下的违约定金，但实际上，在论述了

[1] Birks, *The Roman Law of Obligations*, Oxford University Press, 2014, p. 47.

[2] ［德］马克斯·卡泽尔、罗尔夫·克努特尔：《罗马私法》，田士永译，法律出版社2018年版，第432页。

协议因书面形式未完成而没有拘束力的问题后，转而论述的定金不包括该情形下的立约定金，是不合逻辑的。卡泽尔的论述的不足在于将协议有拘束力情况（无论是否为要式合同）下的定金界定为解约定金，但就《学说汇纂》中的相关片段而言，定性为违约定金为妥。对I. 3. 23. pr.与C. 4. 21. 17. 2.中的“无论有书面形式还是无书面形式”作不同解读并非自相矛盾。C. 4. 21. 17.是优士丁尼颁布的法令，其所规定的就是之前未在罗马法中得到认可的意定要式合同（书面合同），就立法来说，在附带规定定金时，不会再转换问题域。至于《优士丁尼法学阶梯》，其虽然也有法律的效力，但同时也是法学教科书，可以在一个片段内涉及更为广泛的问题。单就I. 3. 23. pr.而言，其并非仅着眼于意定的书面合同，而是论述了订立买卖合同的两种形式，其对定金的论述既有立约定金，也有违约定金。

（四）小结

希腊的定金制度于公元前3世纪传入罗马。在合意合同产生之前，罗马人曾凭借定金的交付来增加不具拘束力的协议得到遵守的可能性。由于另有要式口约等手段可资利用，罗马法的立约定金的适用概率与意义不及希腊法。合意合同产生后，立约定金在罗马的生存空间受到进一步的挤压，主要是具有所谓的社会层面的意义。另外，《盖尤斯法学阶梯》中的论述表明，在罗马古典法上，立约定金是受排斥的，当事人交付的定金被定性为证约定金。到了优士丁尼时期，由于法令明确规定了希腊式的书面合同，倘若书面形式未完成，则协议无拘束力，立约定金遂有新的用途。此外，无论是合意合同还是要式书面合同，当事人都可以约定违约定金。在交付违约定金的情况下，原本的违约救济手段仍然存在，由债权人加以选择。另有学者认为罗马法上也有解约定金，但就罗马法文本而言，该见解系出于对定金的适用条件与适用后果的误解。

三、日耳曼法中的定金制度

（一）日耳曼法中的要物合同与成约定金

在日耳曼法中，最早的交易是非信用交易，双方当事人的履行同时进行。在一方履行的情况下，对方因此有义务立即提供对待履行。在先的履行引发了立即提供对待履行的法律义务。鉴于这种交易与罗马法中的要物合同有一定的相似性，即通过交付物来建立提供对待履行的法律义务，有的法律史学者也将早期日耳曼法中的合同称为要物合同。[1]当然，这种要物合同的涵盖范围广于罗马法中的要物合同，并且产生的原因不同。但是立即提供对待履行在很多情况下是不可能的，并且总体而言也是不可欲的。授予信用的需求注定导致允许接受履行的一方推迟对待履行，在先履行的受领人不被要求立即履行合同，是可能的。一方的在先履行只是给对方施加了将来进行履行的法律义务。在信用交易的情况下，要物合同的构造也得以维持。[2]随着时间的推移，对于在先履行的要求得以放松。起初的要求是，为了使相对人提供对待履行的义务，先履行方应提供其全部的履行；后来，提供部分履行即为已足。尤其是不再要求买方立即支付全部的价款，支付部分价款即可。因此，定金得到了应用，一小笔钱、一个小硬币亦可。[3]

日耳曼法中的定金原本只是使收受方，在很多情况下是卖方，而不是交付定金的买方负有义务。通过接受定金，即单纯的、象征性的在先履行，卖方、出租人等继而有义务提供履行。因此，定金有“弃

---

[1] Huebner, *A History of Germanic Private Law*, translated by Philbrick, Little Brown and Company, 1918, p. 503.

[2] Huebner, *A History of Germanic Private Law*, translated by Philbrick, Little Brown and Company, 1918, p. 503.

[3] Huebner, *A History of Germanic Private Law*, translated by Philbrick, Little Brown and Company, 1918, p. 505.

权的芬尼”（renunciatory penny）[1]之称，收受方因为接受定金，而无权嗣后处分合同标的物从而给债权人造成不利影响（比如在约定的履行期间到来前将物转让给第三人）。如果卖方这样做了，其即从事了不法行为（unlawful act），买方可以以合同为根据提起要求交付物的诉讼。[2]另外，由于日耳曼法区分债务和责任，收受定金最初并不能引起卖方的责任，因为要物合同本身只创设了义务而非责任。从而在定金取代了全部在先履行后，如果要给卖方的法律义务增添责任，他应当进行责任交易（liability transaction），比如自我保证（self-pledge）意义上的立信质（wadiatio）即日耳曼法的要式合同。[3]另一方面，买方不因交付定金而负法律责任，交付定金的唯一结果是订立了嗣后支付全部价金的合同。除此之外，买方的责任只能特别地、独立地创设，通常是通过债务人自己提供立信质进行的。通过交付定金，当事人间订立了合同，通过提供立信质，当事人间建立了法律责任关系。这一通过不同的行为引起法律义务与法律责任的区分的方式并没有维系下去。之后，立信质的效力被融入定金的交付，法律效果也得以融合。定金的交付使买方与卖方都负有履行义务，不履行会引发法律责任。在立信质被定金的交付吸收后，定金合同实际上成为要物合同与要式合同的混合物。就所交付的硬币被当作立信质的质物来说，定金合同为要式合同。[4]就定金仍然象征给卖方创设了义务的买方的在先履行来说，它保留了要物合同的特征。作为一种特殊的合同类型，定金也代

[1] 国内现有的研究未涉及日耳曼法定金制度，renunciatory penny 也无通用译法。芬尼（德文拼法为Pfennig）是德意志地区早期的硬币，相当于英国的便士。所谓“弃权的芬尼”是指收受了交付方交的定金（芬尼）后，收受方就放弃了不履行的权利。

[2] Huebner, *A History of Germanic Private Law*, translated by Philbrick, Little Brown and Company, 1918, p. 505.

[3] Huebner, *A History of Germanic Private Law*, translated by Philbrick, Little Brown and Company, 1918, p. 505.

[4] Huebner, *A History of Germanic Private Law*, translated by Philbrick, Little Brown and Company, 1918, p. 506.

表给双方施加了责任的责任金（Haftgeld）。拘束了卖方或出租人以及买方与承租人的定金的采用贯穿整个中世纪。[1]中世纪晚期，在仆役法（Gesinderecht）之外，作为建立债务关系的形式，定金失去了意义，而作为仆役法仍保留的成约订金的适例的，是1810年《普鲁士仆役条例》第10条的规定。[2]

（二）其他定金类型

在成约定金逐渐淡出法律实务领域后，当事人交付的定金成为已经通过合意产生的债务合同的证明手段。通过定金的交付，已经订立的债务合同得到强化，变得稳定。这种意义上的定金也被称作具有“加强作用的芬尼”（Festigungspfennig）。[3]另一方面，定金也可以用于松动合同的拘束力，亦即当事人也可以约定后悔金（Reugeld）。交付方可以以丧失定金为代价，收受方可以以双倍返还为代价，解除合同。近代早期的许多法律，如《巴登邦法》第4编第8章第1条、《符腾堡邦法》第2编第9条、《法国民法典》第1590条都规定，在有疑问时，定金为后悔金。在之后的私法法典化中，这一做法没有被采纳。比如，《德国民法典》第336条第2款、《奥地利民法典》第908条的立场是，在有疑问的情况下，定金不能被认定为后悔金。[4]

---

[1] Huebner, *A History of Germanic Private Law*, translated by Philbrick, Little Brown and Company, 1918, p. 507.

[2] Ogris, Arrha, in Erler u.a. hrsg., Handwörterbuch zur Deutschen Rechtsgeschichte, Band Ⅰ, Erich Schmidt Verlag, 1971, S. 231.

[3] Ogris, Arrha, in Erler u.a. hrsg., Handwörterbuch zur Deutschen Rechtsgeschichte, Band Ⅰ, Erich Schmidt Verlag, 1971, S. 231.

[4] Ogris, Arrha, in Erler u.a. hrsg., Handwörterbuch zur Deutschen Rechtsgeschichte, Band Ⅰ, Erich Schmidt Verlag, 1971, S. 232.

四、近代法典化以来的定金制度

（一）法国法

《法国民法典》关于定金只有一条规定，即第1590条：买卖允诺附有定金的，每一方都可以任意退出合同。交付定金方，通过丧失定金退出合同。收受定金方，通过双倍返还其收受的定金退出合同。就体系位置而言，该条位于第三编“取得财产的各种方法”第六章“买卖”第一节“买卖的性质及形式”。概括起来看，《法国民法典》关于定金的规定的特点是：第一，将关于定金的制度置于买卖合同部分，而没有置于合同法一般规定部分。其之所以如此，当系因为自法律史的角度言，定金制度自产生之后多与买卖合同有关，由前述罗马法、日耳曼法定金状况可见一斑。实际上，在双务合同中，定金制度均可适用。在买卖合同中规定定金制度，结果是只能以类推适用的方式将关于定金的规定适用于其他合同。第二，其规定的定金类型只有解约定金。原因在于，日耳曼法传统上的成约定金在实务中不再被频繁使用之后，立法者基于避免作冗余规定的考虑，未设条文。自私法自治的角度言，法律未对成约定金作规定，当事人仍可通过协商为协议的成立或生效增加附加约款。此类约定包括成约定金约定并不违法，亦不违反公序良俗，在实务中可得适用。定金类型中最具重要性和实用价值，同时也更为复杂的是违约定金，其在《法国民法典》中没有规定，应当说是一个疏漏。《法国民法典》制定时，其违约责任制度难谓已发展完备，从而违约定金制度也没有得到规制。至于在古代法中占据重要地位的立约定金，其在日耳曼法中原本就缺乏对应的制度，在近代以来的民法典中也没有受到重视，法国法也是如此。

（二）奥地利法

《奥地利民法典》在第二编“财产编”第二分编“对人权”第十七

章“合同与法律行为的一般规定”的“合同的各种附加条款”之下规定了“定金”（Angeld）与“后悔金”（Reugeld）。关于定金的规定为第908条。该条规定：“除当事人有特别约定的以外，在订立合同时预先交付的金钱，仅被视为订立合同的标志或合同履行的担保，其称为定金。如果因当事人一方的过错合同没有履行，则没有过错的一方可以保有其收到的定金，或者要求双倍返还其交付的定金。如果没有过错的合同当事人一方不满足于此，其还可以请求履行合同，或者在合同无法履行时请求损害赔偿。”第909—911条规定了后悔金。第909条规定：“在订立合同时已经约定，当事人一方在履行之前要解除合同必须支付一定数额金钱的，该合同的订立附有后悔金。在此情形，或者必须履行合同，或者必须支付后悔金。如果合同当事人一方仅部分履行，或者其已接受了对方当事人的部分履行，则即使支付后悔金，其也不得再解除合同。”此条规定了后悔金的效力以及丧失解除权的时间。第910条规定：“如果已交付了定金，同时约定了解除合同的权利，但没有确定特别的后悔金，则定金取代后悔金。交付定金的一方解除合同的，其应当丧失定金；接受定金的一方解除合同的，其应当双倍返还定金。”此条规定的是定金在一定情况下可以取代后悔金。第911条规定：“并非因为纯粹的意外事件，而是因为其过错而导致合同受阻的人，同样必须支付后悔金。”

以上规定可以从两个方面加以把握。首先，得到明确规定的定金有三种：第908条规定的定金为证约定金或违约定金，违约定金具有双向性，即无论是交付定金方还是收受定金方均适用定金罚则。根据第910条的规定，在已经交付定金并且约定了解除权而没有约定特别的后悔金的情况下，定金取代后悔金，此时的定金即为解约定金，具有预先交付性并且具有双向性。另外，根据第911条的规定，倘若当事人约定了后悔金，在一方当事人因过错使得合同履行受阻的情况下，该方应支付后悔金。这种情况下的后悔金实际上是违约金。其次，严格来说奥地利法上的后悔金并非解约定金，理由有三：其一，奥地利法上的后悔金不具有预先交付性，在打算解除前交付即可，在已经履行（包括部分履行）

的情况下，解除权丧失。其二，与不具备预先交付性相关，奥地利法上后悔金的适用与解约定金的适用有别。由于不存在事先交付，进而也谈不上交付后悔金的一方以丧失后悔金为代价解除合同，收受后悔金的一方以双倍返还后悔金为代价解除合同。其三，解约定金一般具有双方性，交付定金方与收受定金方均可以遭受定金罚则的不利影响为代价解除合同，在解除权的享有上双方对等。在奥地利法上，当事人自己约定凭借交付后悔金享有解除权的是一方当事人还是双方当事人。

（三）德国法

1.相关规定与四个推定

如前所述，在日耳曼法中，成约定金曾得到广泛的使用，定金的交付对于合同的成立具有重要意义。早些时候，在一些行业，尤其是农业领域，在工人的雇用（仆役合同）以及牲畜的买卖中，在缔约时提供一笔（通常很少的）金钱或者其他标的作为定金较为常见。[1]在《德国民法典》制定时，成约定金在实务中的使用频率已大大降低，也早已不是重要的制度。鉴于违约定金和解约定金有其意义，立法者仍以四个条文对定金制度予以规制。这些规定现今几乎没有什么实际意义。[2]就体系位置言，德国法关于定金的条文被置于两处，即第二编“债务关系法”第三章“因合同而发生的债务关系”的第四节“定金、违约金”与第五节“解除；在消费者合同的情形下的撤回权”。在第四节，关于定金的条文为第336—338条。在第五节，关于定金的条文为第353条（债法改革前为第359条）。其具体情形是：第336条［定金的解释］：“（1）在缔结合同时，某标的被作为定金而给付，该标的视为合同订立的标志。

[1] ［德］罗歇尔德斯：《德国债法总论》，沈小军、张金海译，中国人民大学出版社2014年版，第44页。

[2] ［德］罗歇尔德斯：《德国债法总论》，沈小军、张金海译，中国人民大学出版社2014年版，第44页。

（2）有疑义时，定金不视为后悔金。”第337条［定金的算入或退还］：“（1）有疑义时，定金必须算入定金给予人所负担的给付，或者，不能这样做的，必须在合同履行时予以退还。（2）合同被废止的，必须退还定金。”第338条［在须负责任的给付不能的情形下的定金］：“定金给予人所负担的给付因其须对之负责任的情事成为不可能，或定金给予人的过错引起合同的废止的，受定金人有权保留定金。受定金人请求不履行的损害赔偿的，有疑义时，必须将定金算入，或者，不能这样做的，必须在给予损害赔偿时退还定金。”第353条［支付后悔金而解除合同］：“已保留凭着支付后悔金而解除合同的权利，而后悔金不在解除的表示做出前或做出时支付，且另一方由于这一原因而不迟延地拒绝该表示的，解除不生效力。但在另一方拒绝后，不迟延地支付后悔金的，该表示有效力。”

以上关于定金的规定，体现了《德国民法典》制定者的四个推定的立场。四个推定分别是：根据第336条第1款的规定，交付的定金是合同订立的标志，而不是合同订立的形式或手段。[1]此为第一个推定。之所以如此推定，是为了避免将定金认定为立约定金，进而给当事人间创设合同法律关系带来阻碍。根据第336条第2款的规定，在有疑问时，定金不是后悔金。此为第二个推定。另根据第353条的规定，在当事人有明确约定的情况下，可以认定为后悔金；根据第337条的规定，在有疑问时，定金应用于抵扣定金给予人所负担的给付，而不能被当作履行义务之外的额外的给付。此为第三个推定。根据第338条的规定，在定金给予人违约并且负有责任的情况下，在有疑问时，定金只能用于抵扣损害赔偿，但在当事人有明确约定的情况下，也可以不用于抵扣损害赔偿，而是成为惩罚金（Strafgeld）。此为第四个推定。[2]

[1] MünchKommBGB/Gottwald（2012），§ 336，Rn. 3.

[2] HKK/Hans-Georg（2007），§ § 336–345，Rn. 6.

2. 德国法定金制度的特点

《德国民法典》规定的定金类型有三，即证约定金（第336条）、违约定金（第338条）与解约定金（第353条）。立法者有意识地没有规定成约定金，但当事人可以约定这种定金。[1]概括而言，德国法上的定金制度有三个特点：

第一，定金不具备传统定金制度的双向性特征，是单向适用的。就违约定金来说，倘若交付定金的一方违约，收受定金方有权保留定金。相反，不存在收受定金的一方违约须双倍返还的问题。解约定金也是如此：获得解除权的只是交付定金方，收受定金方无从以双倍返还定金的方式解除合同。

第二，就违约定金与违约损害赔偿的关系未作细致的规定，仅强调在交付方违约的情况下，定金原则上应用于抵扣损害赔偿，除非当事人另有约定。因此，德国法上违约定金与违约损害赔偿的关系为：倘若当事人未作约定，收受定金方所得请求的损害赔偿应减去定金。结果是，如果收受定金方遭受的损害高于定金，以实际发生的损害为上限，遭受的损害低于定金，则收受定金方不再有损害赔偿请求权；当事人另有约定时，违约定金与违约损害赔偿可以并用。

第三，就后悔金来说，原则上交付了之后才取得解除权，但交付时间比较灵活，最迟在解除表示到达相对人之前。倘若未在解除表示做出前或做出时交付，则在相对人不迟延地因此而拒绝解除表示时，解除不生效力。即使如此，意欲解除合同的一方仍然能在对方表示拒绝的情况下不迟延地支付解除金，从而将合同解除。与奥地利法上的后悔金相比，德国法上的后悔金仍具有先交付后取得解除权的特征，从而仍然可以说是解约定金，但交付要求并不严格，从而与通常定义上的解约定金也有差异。

[1] MünchKommBGB/Gottwald（2012），§ 336，Rn. 2.

（四）瑞士法

1.相关规定与两个推定

《瑞士债法典》关于定金[1]制度设有一条规定，即第一编“总则”第四章“特殊形式的债”第三节“定金和违约金”中的第158条。该条为：“（1）合同成立时支付的抵扣的定金或不抵扣的定金是责任金而非后悔金。（2）除非另有约定或者另有地方习惯，接受责任金的一方有权保留而不从债权中扣除。（3）当事人就后悔金达成协议，支付定金的一方不再索要其所支付的，接受定金的一方双倍返还其已收受的款项，即可解除合同。”与德国法相比，《瑞士债法典》关于定金的规定条文单一。另外，其规定确立的是两个推定，而不是像德国法那样确立了四个推定。根据第158条第1款的规定，在合同订立时所支付的定金（Angeld或Draufgeld）是责任金（Haftgeld）而非后悔金（Reugeld）。此为第一个推定。该推定体现了鼓励交易原则。[2]第二个推定是，在确认当事人交付的为责任金的情况下，如果当事人没有另作约定，也没有不同的地方习惯，无论是就交付定金方提供履行而言，还是就交付定金方承担损害赔偿责任而言，该责任金均不作抵扣，亦即所交付的责任金是不作抵扣的定金（Draufgeld），而不是作抵扣的定金（Angeld）。就此问题，贝格尔（Berger）指出，以当今的交易观念而言，推定责任金不抵扣主给付可以说与时不符了。因此，法院在认定当事人关于责任金是否应予抵扣缺乏意思时，应采谨慎立场。[3]

2.定金的类型

《瑞士债法典》规定的定金有两个类型，即责任金与后悔金。有学

---

[1] 瑞士法关于定金的术语，略作说明：Handgeld（定金，直译为“手金”）一词涵盖了Haftgeld（责任金）与Reugeld（后悔金）；Haftgeld又分两种，即Draufgeld（不作抵扣的定金）与Angeld（作抵扣的定金）。

[2] Berger，Allgemeines Schuldrecht，2. Aufl.，Stämpfli Verlag，2012，S. 646.

[3] Berger，Allgemeines Schuldrecht，2. Aufl.，Stämpfli Verlag，2012，S. 646.

者认为，责任金与后悔金实际上也有证约效力。另外，立约定金在实务中也有使用。对这四类定金分述如下：

第一，责任金。瑞士法上的责任金实际上就是违约定金，具体分为两种，即不作抵扣的定金和作抵扣的定金。在另无约定也无其他地方习惯的情况下，当事人所交付的责任金为不作抵扣的定金。如果双方均履行了合同，收受方保留定金，不从交付方应提供的履行中抵扣。如果交付方违约，则定金归属于收受方，并且该定金不从收受方遭受的损失中抵扣。如果收受方违约，则交付方可解除合同并且主张损害赔偿。如果交付方不解除合同，则收受方保留定金，交付方可主张损害赔偿。作抵扣的定金兼有预付款性质，在双方均履行合同的情况下，该笔款项作为所约定价款的先行支付部分由受领人取得。倘若交付方嗣后未履行或未适当地履行义务，受领人应以定金抵扣赔偿额。如果受领人选择解除合同，交付人可请求返还定金，受领人则能主张将所受领的定金与赔偿请求权进行结算。倘若受领人嗣后不履行或不适当履行，交付方可解除合同，除请求返还所交付的定金外，还可以请求损害赔偿。如果交付方不解除合同而是请求基于不履行或不适当履行的损害赔偿，则受领方保留定金，交付方享有损害赔偿请求权。[1]

第二，后悔金。后悔金是缔约时债务人向债权人交付的金额。交付金额的目的是，交付方能够以放弃所交付的金额为代价解除合同，收受方能够以双倍返还所收受的金额为代价解除合同。[2]在瑞士法上，有另外两种当事人关于解除权的约定须加辨别。第一种是解除罚金（Wandelpön）的约定。解除罚金与后悔金的区别是：一方面，当事人不用事先将约定的金额交付给对方，在决定不履行原给付义务的情况下才需要支付；另一方面，以支付解除罚金为代价享有解除权的只有一方当

---

[1] Berger，Allgemeines Schuldrecht，2. Aufl.，Stämpfli Verlag，2012，S. 647.

[2] Gauch u.a.，Schweizerisches Obligationenrecht：Allgemeiner Teil，Band 2，9. Aufl.，Schulthess，2008，S. 322.

事人。第二种是双方均能以支付罚金为代价取得解除权的约定。如果达成了这种约定，则双方当事人均能通过支付确定的并且通常是等额的金额解除合同。其与解除罚金相同而与后悔金不同的是，所约定的金额不事先支付，而是在决定违约时才需要加以支付。其与后悔金相同而与解除罚金不同的是，以遭受不利影响为代价取得解除权的为双方当事人，而非一方当事人。均能以支付罚金为代价取得解除权的约定在瑞士的土地交易预约中较为常见。[1]

第三，证约定金。《瑞士债法典》第158条未像《德国民法典》第336条那样明确地规定证约定金，但有学者认为，定金也有证约定金的意义，亦即可以从外部察觉到合同已经订立，并因而得到证明。如果所证明的合同因某种原因而不复存在，则证约定金应予以返还。[2]

第四，立约定金。立约定金在《瑞士债法典》第158条中并未规定，但在瑞士法律实务中是得到承认的。在当事人约定了立约定金的情况下，如果预约被履行了，从而本约订立，担保目的即已实现。学界认为，此时就能返还定金或者将定金用于抵扣所负担的给付。如果因预约债务人拒绝本约未订立，在约定的罚金（Konventionalstrafe）的意义上，该定金即为对方保留。[3]

（五）日本法

《日本民法典》关于定金仅有第557条这一条规定。该条规定："（一）买受人已向出卖人支付定金时，买受人可以通过放弃其定金，出卖人可以通过加倍返还定金，解除契约。但是，相对人已着手契约的

---

[1] Gauch u.a., Schweizerisches Obligationenrecht : Allgemeiner Teil, Band 2, 9. Aufl., Schulthess, 2008, S. 323.

[2] Gauch u.a., Schweizerisches Obligationenrecht : Allgemeiner Teil, Band 2, 9. Aufl., Schulthess, 2008, S. 322.

[3] Gauch u.a., Schweizerisches Obligationenrecht : Allgemeiner Teil, Band 2, 9. Aufl., Schulthess, 2008, S. 322.

履行，不在此限。（二）第五百四十五条第四款的规定，不适用于前款情形。”[1]

就第557条的规定来说，有两点值得注意：

第一，其虽是针对买卖合同所作的规定，但实际情况是，不仅买卖合同，其他有偿契约中一方当事人向相对人交付金钱或其他有价物的情况也不少，只不过买卖合同中最为多见，因此日本民法对买卖合同所作的规定准用于其他有偿契约。[2]

第二，与《德国民法典》对于解约定金的谨慎态度不同，《日本民法典》受《法国民法典》原第1590条规定的影响，规定定金原则上具有解约定金的性质。解约定金会减弱契约的效力。对于第557条规定解约定金的做法，有学者辩解称，实际上，当相对人随便以已经解约或解除为由不履行契约时，要想主张该见解不成立并请求令其履行或进行损害赔偿并不容易。这时，如果交付了定金，那么领受定金的一方就可以取得这些赔偿，而交付定金的一方很明确可以要求双倍返还，所以当事人实际上是没有什么任意妄为的余地的，从而解约定金虽然从理论上可能削弱了契约的效力，但实际上反倒在一定程度上起到了保障契约履行的作用。[3]该项辩解难谓成立。在没有解约定金为依托的情况下，一方若违约，对方可以请求实际履行或损害赔偿，以更为全面地保护自己的期待利益。如果说请求履行或损害赔偿不易，则原因当在于违约责任制度设计得有缺陷，不能因此认为，定金原则上具有解约定金性质。即使当事人明确约定了定金的性质为解约定金，也不能认为该定金具有保障契约履行的作用，而只能实事求是地说，解约定金松动了契约的拘束力。

---

[1] 《日本民法典》第545条第4款的规定为“解除权的行使，不妨碍请求赔偿”。2017年日本债法修改前，该款为第3款。

[2] ［日］我妻荣：《债权各论》（中卷一），徐进、李又又译，中国法制出版社2008年版，第41页。

[3] ［日］我妻荣：《债权各论》（中卷一），徐进、李又又译，中国法制出版社2008年版，第42页。

除《日本民法典》第557条所规定的解约定金外，在日本得到承认的还有证约定金、违约定金以及兼有损害赔偿金额预定性质的定金。其一，证约定金具有证明契约成立的效力。在缔结契约过程中，当事人之间反复进行折冲（谈判协调），不确定最终是否达成了一致的情况也不在少数。如果交付定金，则可成为达成一致意见的证据。因此，定金在具有解约定金与违约定金效力的同时，也兼有证约定金的性质。换言之，这是定金最低限度的效力。[1]其二，日本法上的违约定金是指债务人没有履行契约中的债务时，作为违约的惩罚被没收的定金。这种定金与违约受罚的违约金的性质相同，债务不履行时当然被没收，因债务不履行而发生的损害赔偿则与此无关，需另外请求。在日本，支付这种定金的情况似乎比较少见。[2]其三，兼有损害赔偿金额预定性质的定金，是指当事人中的一方不履行契约中的债务时，作为损害赔偿，交付定金的人被没收定金，收取定金的人双倍返还。这是因为违约金被推定为损害赔偿金额的预定（《日本民法典》第420条第3项），所以交付具有违约金性质的定金时，原则上应该解释为具有这一性质。[3]

（六）苏联法、俄罗斯法

1.苏联法

1922年《苏俄民法典》就定金设有一条规定，为第143条。该条规定："（1）合同当事人的一方为了证明合同和保证履行合同，按照合同的约定付给对方当事人一定数额的金钱或者其他财物，叫做定金。（2）如果交付定金的人违反合同，交付定金的人就丧失了他的定金。如

[1] ［日］我妻荣：《债权各论》（中卷一），徐进、李又又译，中国法制出版社2008年版，第41页。

[2] ［日］我妻荣：《债权各论》（中卷一），徐进、李又又译，中国法制出版社2008年版，第42页。

[3] ［日］我妻荣：《债权各论》（中卷一），徐进、李又又译，中国法制出版社2008年版，第42页。

果接受定金的人违反合同，接受定金的人应当加倍退还定金。除上述关于定金的规定以外，如果合同没有相反约定，担负违反合同责任的一方，还应当赔偿对方的损害。（3）仅在双方事先达成一致时，才可以把定金理解为解约金。”第143条的体系位置是第三编“债”之下的第二章“由合同产生的债”。该条前后条文的情况为：第141—142条为关于违约金的规定；第144—146条分别规定的是由于双方均不应当负责的原因致使一方不能给付，由于己方应当负责的原因不能给付，以及由于对方应当负责的原因不能给付。

1964年《苏俄民法典》关于定金也仅有一条规定，为第209条。该条规定：“（1）定金是缔约一方为了证明合同的签订和担保合同的履行，从一方按照合同约定应当给付另一方的款项中，支付另一方的现金。（2）关于定金（不论其数额多少）的协议，都必须以书面形式签订。（3）如果由于交付定金一方的责任致使合同没有履行，则定金留归另一方所有。如果由于接受定金一方的责任致使合同没有履行，则他必须付给对方两倍于定金的款项。（4）此外，对合同未能履行应当承担责任的一方，必须赔偿对方的损失，但如果合同没有其他约定，应当扣除定金的数额。”就体系位置而言，第209条位于第三编“债权”第一部分“关于债的一般原则”第十七章“履行债的担保”。该条前后条文的情况为：第186条是担保的一般规定，第187—191条是关于违约金的规定，第192—202条是关于抵押的规定，第203—208条是关于保证的规定，第210条是关于保证金的规定。

与1922年《苏俄民法典》相比，1964年《苏俄民法典》关于定金的规定所做的调整有：第一，1922年《苏俄民法典》已规定定金的功能之一是“保证合同履行”，1964年《苏俄民法典》进一步明确将定金当作担保的一种形式，置于“履行债的担保”这一章，关于定金的规定位于关于保证的规定与关于保证金的规定之间。第二，1964年《苏俄民法典》规定的定金种类为证约定金和违约定金，没有关于解约定金的规定；1922年《苏俄民法典》规定了三类定金，即证约定金、违约定金与解约定金。第三，关于违约定金与违约损害赔偿的关系，1964年《苏俄民法典》明确规定，“对合同未能履行应当承担责任的一方，必须赔偿对方的损失，但如果合同没有其他约定，应当扣除定金的数额”。第四，明确定金合同为要式合同。

2. 俄罗斯法

《俄罗斯联邦民法典》就定金制度设有两个条文。第380条［定金的概念、定金合同的形式］规定：“（1）定金是订立合同的一方为证明合同的签订和保证合同的履行而支付给对方的依照合同应支付的一定数额的金钱。（2）不论定金的数额多少，定金合同均应采书面形式。（3）在对于一方依合同应支付的一定数额的金钱是否为定金存有异议时，包括在没有遵守本条第2款的规定时，所支付的金钱视为预付款，有相反证据证明的除外。”第381条［定金所担保的债务终止及不履行时的后果］规定：“（1）在债务履行开始前因双方协议或履行不能（第416条）而终止债务的，定金应当返还。（2）如果支付定金的一方没有履行债务，定金归另一方；如果接受定金的一方不履行债务，应当双倍返还定金给另一方。除此之外，如果合同没有不同约定，对合同的不履行负有责任的一方，必须向另一方赔偿损失，但应扣除定金的数额。”这两条规定的体系位置为第三编“债法总则”第一分编“关于债的一般规定”第二十三章“债务履行的担保”第七节“定金”。[1]比较可见，《俄罗斯联邦民法典》关于定金的规定与1964年《苏俄民法典》的规定差别不大，规定的定金类型为证约定金与违约定金，对定金合同有书面形式要求。所作的调整主要有二：一是在定金法律关系的认定上规定了预付款推定；二是规定了债务终止后的返还。

---

[1] 第三编“债法总则”属于《俄罗斯联邦民法典》的第一部分，于1995年1月1日生效。该编有两个分编，第一分编为“关于债的一般规定”，第二分编为“关于合同的一般规定”。“关于债的一般规定”之下有六章（第二十一章至第二十六章）。第二十三章“债务履行的担保”共分七节，依次是一般规定、违约金、抵押、留置、保证、银行保证、定金。

（七）小结

由于定金具有多种功能，近代以来的民法典大多都对定金作了规定。比较前文所述立法例，可以看出它们关于定金的规定有多方面差异。第一，定金规定的体系位置。前述立法例多将定金规定在债法总则或合同法一般规定部分，但也有立法例将关于定金的条文置于买卖合同部分。由于定金能广泛地适用于双务合同，[1]故以置于债法总则尤其是合同法一般规则部分为妥。第二，定金制度的意义。在德国法中，定金现已很少得到使用。法国法规定的定金类型单一，定金的使用频率也不高。在瑞士、奥地利、日本，定金制度的实际意义要大一些。第三，定金的双向性以及是否抵扣。定金制度的特点之一是作用机制具有双向性（针对立约定金、解约定金、违约定金而言）。值得注意的是，德国法（未规定立约定金）上的违约定金、解约定金不具有作用机制的双向性。在瑞士法上，责任金被区分为作抵扣的定金和不作抵扣的定金，定金的这一分类是德国法系的特点。但奥地利、德国未再规定不作抵扣的定金。第四，定金的类型。以上立法例规定的定金类型有较大的差异。《法国民法典》《日本民法典》仅规定了解约定金。《奥地利民法典》《德国民法典》《瑞士债法典》则规定了证约定金、解约定金与违约定金，但它们均未对在日耳曼法上曾具有重要意义的成约定金加以规定。第五，规则的详细程度。整体而言，以上诸立法例关于定金设置的条文数量较少，规则亦不复杂。就定金中实际价值最大的违约定金来说，相对而言规定得细致一些，涉及违约定金与违约损害赔偿能否并用的问题。第六，德国法系中存在同义异词、同词异义的状况。《奥地利民法典》以Angeld一词表示（违约）定金；《德国民法典》以Draufgabe一词表示定金；《瑞士债法典》中的Haftgeld为违约定金，其下分为作抵扣的定金（Angeld）与不作抵

[1] 定金制度可适用于各种双务合同，不以买卖合同为限。甚至单务合同也可以采用定金，比如约定以定金的交付为单务合同成立或生效的条件。

扣的定金（Draufgeld）。[1]在奥、德、瑞三国均有后悔金（Reugeld）一说。奥地利法中的后悔金实际上不是解约定金，而是相当于瑞士法中的违约罚金以及双方均享有解除权的罚金。德国法中的后悔金仍然可以说是解约定金，但不具备作用机制的双向性，预先交付要求也有放松。瑞士法上的后悔金为解约定金。第七，定金的性质。《奥地利民法典》、1922年《苏俄民法典》、1964年《苏俄民法典》以及《俄罗斯联邦民法典》均提到定金具有担保性质，但在言及担保时均是针对违约定金而言。

第二节　中国的定金制度

一、古代

我国古代买卖货物有预付定金的惯例，据载此始于六朝。六朝至唐以“賻”为预付款（定金）的代称。《玉篇》賻：预入钱也。《广韵·四十八感》賻：买物先入直也。宋元以后称“定金”“定钱”“定洋”等。[2]北宋兴起预付定金包买农副、手工产品的交易，其中包括预付定金、包买包销、承揽加工、抵押借贷、代理居间等关系，但其实质是预付定金和承揽加工。[3]具体来说，两宋民间的信用预约买卖可分为以下几种：一是买方、卖方订立契约，买方先支付定金（也可视为部分货款或贷款），约定包购卖方（一般为商品生产者）的全部或部分生产品。当时“定金”与预付款都称为“定钱”，意味着从契约成立之日起买卖双方便形成一种确定的信用关系。但从契约标的物属性来看，一般来说，自然生长而

[1] Draufgeld一词与Draufgabe相当，德国法上有用词不当问题，Draufgabe的本义是不作抵扣的定金，但德国法上的Draufgabe是应作抵扣的定金，德国有些著述会提及本来应使用Angeld一词。

[2] 孔庆明等：《中国民法史》，吉林人民出版社1996年版，第256页。

[3] 孔庆明等：《中国民法史》，吉林人民出版社1996年版，第388页。

尚不能确定其价值的商品，预约时先付定钱，以示信用关系的成立。这种信用预约买卖在洛阳的牡丹买卖、福建一带的荔枝买卖、四川彭州导江的茶叶买卖中都存在。[1]二是双方约定由买方预付全部货款，卖方按期交付全部货物。这种预约买卖的标的物一般是那些在预约时便能够确定其质量、数量、价款的具体数额，而且卖方要依靠预付款进行该商品的生产，否则无法按照约定交付商品的情况。[2]三是针对卖方的特殊需求而预付某些实物，以代替预付款或定金。这种情况下，卖方多是乡村贫民，而买方则是收购农产品的贩运商。如荆湖北路的复州一带，“富商岁首以鹾茗贷民，秋取民米，大艑捆载而去”。淮南西路民户贫困，“岁收才能自给。而巨商率先以他货来售，禾始登场，厚取其赢”。[3]就这三种信用预约买卖来说，第一种、第三种与定金相关，买方或者先支付部分金钱，或者先支付若干实物。

概括而言，我国古代法上的“定金”“定钱”等与大陆法系的定金制度有较大差异，不能等同言之。我国古代法上的定金主要适用于买卖合同。交付方是金钱债务的债务人，所交付的多系金钱，也可以是卖方需要的其他物品。定金的交付一则使买卖约定具有拘束力，具有成约定金意义，再则也起到预付款的作用。在适用范围、功能、类型以及作用机制方面，均与大陆法系的定金有别。

二、近代以来

《大清民律草案》未规定定金。1925年民国《民律草案》第234条规定：“契约因交付定金而成立者，如无特别意思表示，于当事人一造履行开始前，交定人得抛弃所交定金，受定人得赔偿所受定金而解除契

[1] 张晋藩主编：《中国民法通史》，福建人民出版社2003年版，第535页。

[2] 张晋藩主编：《中国民法通史》，福建人民出版社2003年版，第536页。

[3] 张晋藩主编：《中国民法通史》，福建人民出版社2003年版，第537页。

约。前项情形，于定物准用之。但受定人解除契约者，除返还定物外，并应赔偿其物之价额。定金、定物于交定人履行契约或赔偿损害时，应算入其给付中。其不能算入者，应返还之。”

该条规定的特点是：第一，根据第1款称“契约因交付定金而成立者”，其所规定的应为成约定金，但该款又规定，“如无特别意思表示，于当事人一造履行开始前，交定人得抛弃所交定金，受定人得赔偿所受定金而解除契约”，因此其所规定的成约定金也兼为解约定金。这一做法难谓合理。最为常见并且实际意义较大的定金类型是违约定金，民国《民律草案》未规定违约定金，也未规定立约定金，而是规定了性质与立约定金、解约定金、违约定金差异较大的成约定金，并且规定当事人约定的此种定金兼为立法例上通常为了避免轻易松动合同关系而慎重对待的解约定金。第二，该条规定，定金的标的物除金钱外还可以是物，并且从第2款规定的“受定人解除契约者，除返还定物外，并应赔偿其物之价额”来看，物并不以可替代物为限。第三，关于定金法律关系消灭后的处理，该条第2款规定了算入给付与返还两种方式，并且以算入为优先，此种安排值得肯定。

1930年《中华民国民法》以两个条文对定金作了规定。其第248条规定：“订约当事人之一方，由他方受有定金时，其契约视为成立。”该条规定在于维系合同的拘束力，明确了在当事人有关于定金的约定但未确认其为立约定金的情况下，定金仅具有证约定金的性质。第249条规定：“定金，除当事人另有订定外，适用左列之规定：一、契约履行时，定金应返还或作为给付之一部。二、契约因可归责于付定金当事人之事由，致不能履行时，定金不得请求返还。三、契约因可归责于受定金当事人之事由，致不能履行时，该当事人应加倍返还其所受之定金。四、契约因不可归责于双方当事人之事由，致不能履行时，定金应返还之。”[1]此条涉及的内容较多，包括合同履行后定金的处理、违约定金的适用条件与法律效力。就合同履行后定金的处理来说，其规定的为可选择的模式，

---

[1] 杨立新主编:《中国百年民法典汇编》，中国法制出版社2011年版，第415页。

尚不如民国《民律草案》规定的算入优先做法合理。就违约定金的适用条件来说，其归责原则与违约责任的归责原则即过错责任原则一致，但不履行形态则仅提及了不能履行，较为狭隘。要言之，《中华民国民法》关于定金的规定较为粗略，以违约定金为主要规制对象，另外采纳了近代以来大陆法系国家对定金约定通常定性为证约定金的做法，关于违约定金的规定则有适用范围狭隘、与其他违约责任形式的关系不明等不足。

附言之，2001年，我国台湾地区对第248条作了修改，第249条则未作改动。修改后的规定为：订约当事人之一方，由他方受有定金时，推定其契约成立。该条所作的更动是将原规定的视为成立改为推定成立，这一改动是将拟制性的表述改为推定式的表述。拟制性法条的一种形式是将与法律事实A不同的法律事实B视为法律事实A，进而适用法律事实A的后果。[1]因此，原第248条可以解读为，订约当事人之一方由他方受有定金时，契约本来并未成立，但视为成立。实际上并非如此，在双方当事人间有定金授受的情况下，通常已有合同关系存在。因此，将拟制性的表述改为推定式的表述较为合理。另外，在推定契约成立的情况下，仍保留了一方当事人证明契约未成立的可能。因此，推定式的表述为承认实践中的立约定金保留了空间。

三、1949年后

（一）新中国成立初期

新中国成立初期，国营和公营企业还未全部实行银行结算制度，亦未订立严格的合同制度，因此，各国营、公营企业之间订购货物，大多采用预收定金制度，以补充自有资金之不足，同时保证订购货物协议的

[1] 拟制性法条的另外一种形式是将作为法律事实A的一个分支的法律事实B视作与法律事实A不同，进而不适用法律事实A的后果。拟制性法条的这两种形式分别起着引用与限制作用。

履行。这种自发的预收定金制度，逐渐为所有企业所使用，并盲目地扩大至不应有的程度。国营、公营企业所要的预付定金，有高达全部货价的百分之五十以上者，私营企业所收定金更高，尤其是上海等大城市的私营企业，最高者达到百分之百。[1]“预收定金”的问题，使得在核定资金的过程中对企业双方难以掌握和控制。所以，政务院财经委员会于1952年8月5日发布了《关于企业订购货物“预收定金”问题的指示》，指出：在国、公营企业之间订购货物，一律取消预收定金制度。预收定金制度取消后，订货协议的履行，应以签订合同和严格执行合同的办法来保证。国、公营企业向各私营企业加工订货，原则上是：属于加工方面，不应再预付工缴费，属于订货方面，预付定金最高不超过百分之二十五。[2]

（二）《担保法》制定之前

1. 法律规定

新中国确立定金担保制度是在改革开放以后，1981年通过的《经济合同法》最先规定了定金担保。[3]该法第14条规定：“当事人一方可向对方给付定金。经济合同履行后，定金应当收回，或者抵作价款。给付定金的一方不履行合同的，无权请求返还定金。接受定金的一方不履行合同的，应当双倍返还定金。”该条规定的特点是：第一，其位于第二章“经济合同的订立和履行”，而不是第四章“违反经济合同的责任”，但从第1款所称的“经济合同履行后，定金应当收回，或者抵作价款”以及第2款关于不履行合同时适用定金罚则来看，其所规定的应当为违约定金。第二，其关于定金的规定甚为简单，仅提及了定金罚

[1] 何勤华、殷啸虎主编：《中华人民共和国民法史》，复旦大学出版社1999年版，第72页。

[2] 何勤华、殷啸虎主编：《中华人民共和国民法史》，复旦大学出版社1999年版，第72页。

[3] 孙鹏、肖厚国：《担保法律制度研究》，法律出版社1998年版，第307页。

则，合同履行情况下定金的处理。此后《民法通则》第89条规定："依照法律的规定或者按照当事人的约定，可以采用下列方式担保债务的履行：……（三）当事人一方在法律规定的范围内可以向对方给付定金。债务人履行债务后，定金应当抵作价款或者收回。给付定金的一方不履行债务的，无权要求返还定金；接受定金的一方不履行债务的，应当双倍返还定金。……"与《经济合同法》的规定相比，该条关于定金的规定未作任何实质性的变动，也未增添新内容。值得注意的是，对于该条中的"当事人一方在法律规定的范围内可以向对方给付定金"，有理解上的歧异，亦即是否仅在法律就某种合同规定了定金的情况下才认可当事人的定金约定的效力，抑或定金约定是否仅在法律规定的比例范围内才有效力。就体系位置而言，第89条位于《民法通则》第五章"民事权利"第二节"债权"中，其并非单纯关于定金的规定，而是关于担保债务的履行方式，定金是其中之一，如此即肯定了违约定金的债权担保方式属性。

2.行政法规的规定

除《经济合同法》《民法通则》对定金作了规定外，也有行政法规对定金作了规定。《建设工程勘察设计合同条例》（1983年8月发布）第7条规定："按规定收取费用的勘察设计合同生效后，委托方应向承包方付给定金。勘察设计合同履行后，定金抵作勘察、设计费。勘察任务的定金为勘察费的百分之三十，设计任务的定金为估算的设计费的百分之二十。委托方不履行合同的，无权请求返还定金。承包方不履行合同的，应当双倍返还定金。"该条规定的特点是：第一，关于定金的规定为强制性规定。按规定收取费用的勘察设计合同生效后，委托方即应向承包方交付定金。第二，规定了定金占合同标的额的比例，分别为30%与20%。其之所以规定明确的比例，当系依第1款的规定，是否创设定金法律关系并非由当事人协商决定，而是必须创设。既然如此，则直接明确定金占标的额的比例，以免当事人在必须创设定金法律关系的情况下就定金的具体数额难以达成一致。

《农副产品购销合同条例》(1984年1月发布)第17条(供方违反合同的责任)规定,"不履行或不完全履行预购合同的,应加倍偿还不履行部分的预付定金"。第18条(需方违反合同的责任)规定,"不履行或不完全履行预购合同的,无权收回未履行部分的预付定金"。其定金规定的特点是:首先,分别针对供方违约与需方违约规定了定金罚则的适用,并且其预设的交付定金方为需方。其次,针对不完全履行预购合同规定了定金罚则的部分适用。

《加工承揽合同条例》(1984年12月发布)第9条规定:"根据国家有关规定,定作方可向承揽方交付定金。定金数额由双方协商确定。定作方不履行合同的,无权请求返还定金。承揽方不履行合同的,应当双倍返还定金。"该条规定的特点是:第一,明确了交付定金方应为定作方。第二,定金的数额由当事人协商决定,未规定比例限制。

(三)《担保法》制定之后

1.《担保法》与《合同法》的规定

1995年颁行的《担保法》为定金专设了一章(第六章),其下共三个条文(第89、90、91条)。《担保法》关于定金的规定在我国定金制度史上具有重要意义。第89条规定:"当事人可以约定一方向对方给付定金作为债权的担保。债务人履行债务后,定金应当抵作价款或者收回。给付定金的一方不履行约定的债务的,无权要求返还定金;收受定金的一方不履行约定的债务的,应当双倍返还定金。"此条规定了合同履行情况下定金的处理及不履行时的定金罚则。第90条规定:"定金应当以书面形式约定。当事人在定金合同中应当约定交付定金的期限。定金合同从实际交付定金之日起生效。"此条将定金合同规定为要式合同与要物合同。第91条规定:"定金的数额由当事人约定,但不得超过主合同标的额的百分之二十。"此条规定了定金的比例性。《担保法》规定的特点是:第一,仅规定了违约定金,而未规定立约定金等其他定金类型。由于该法是关于债权担保的法律,仅规定违约定金与整部法律的调整对象一致。第二，其关于定金罚则以及合同履行情况下定金的处理的规定，与之前的法律规定相比，未增添新的内容，但关于要式的规定与定金上限的规定，则有利于判断当事人之间是否创设了定金法律关系以及定金的适用比例。第三，这三个条文未涉及违约定金责任的归责原则以及违约定金与其他违约责任形式的关系，因此，其规定不足以为处理定金实务提供全面、细致的标准。当然，《担保法》颁行时，统一合同法尚在制定的过程中，从而也无法苛求《担保法》在这一问题上作出明确的应对。

1999年颁布的《合同法》以两个条文对定金作了规定。其一，第115条规定："当事人可以依照《中华人民共和国担保法》约定一方向对方给付定金作为债权的担保。债务人履行债务后，定金应当抵作价款或者收回。给付定金的一方不履行约定的债务的，无权要求返还定金；收受定金的一方不履行约定的债务的，应当双倍返还定金。"该条关于合同履行情况下定金的处理以及不履行时的定金罚则的表述与《担保法》第89条的规定完全一致。就体系位置言，第115条位于第七章"违约责任"中。就体系解释的角度言，违约定金既是债权担保的方式，也是一种违约责任形式。其二，第116条规定："当事人既约定违约金，又约定定金的，一方违约时，对方可以选择适用违约金或者定金条款。"该条规定为处理违约定金与违约金的关系提供了明确的依据。不过，对违约定金与违约金关系的择一模式不能作僵化的理解。在违约定金、违约金指向的是不同的违约行为形态的情况下，应承认二者能够并用。另外，在当事人明确约定发生违约后违约定金与违约金应合并适用的情况下，二者也应当能够并用，只不过并用时应有上限限制。

2. 司法解释关于定金的规定

（1）《担保法解释》

2000年12月，最高人民法院发布了《担保法解释》。其第六部分为"关于定金部分的解释"，该部分有八个条文，即第115—122条。

这一部分的结构安排是：第115—117条分别规定了未在《担保法》中得到规定的立约定金、成约定金与解约定金；第118条规定的是定金的认定；第119条是关于多交或少交定金的法律后果的规定；第120、122条是关于违约定金的规定，分别涉及违约定金的适用条件与归责原则；第121条规定了约定的定金数额超出定金比例上限应如何处理。[1]《担保法解释》以八个条文的容量对定金作了规定，当系因为定金在我国的法律实务中使用频率较高，有相应的规制要求，而单纯凭《担保法》《合同法》的规定尚难以对实务中的各种情形给出明确、可靠的结论。尤其是，由其性质所决定，《担保法》规定的仅为债权担保性质的违约定金，而立约定金、成约定金、解约定金在法律实务中有一定的适用，并且在不违反法律的强制性规定以及公序良俗的情况下，司法机关应承认当事人关于立约定金等类别的定金约定的效力。因此，在司法解释中对定金类型进行完善，有避免争议、为纠纷的解决提供法律依据的作用。

---

[1] 《担保法解释》第115条："当事人约定以交付定金作为订立主合同担保的，给付定金的一方拒绝订立主合同的，无权要求返还定金；收受定金的一方拒绝订立合同的，应当双倍返还定金。"第116条："当事人约定以交付定金作为主合同成立或者生效要件的，给付定金的一方未支付定金，但主合同已经履行或者已经履行主要部分的，不影响主合同的成立或者生效。"第117条："定金交付后，交付定金的一方可以按照合同的约定以丧失定金为代价而解除主合同，收受定金的一方可以双倍返还定金为代价而解除主合同。对解除主合同后责任的处理，适用《中华人民共和国合同法》的规定。"第118条："当事人交付留置金、担保金、保证金、订约金、押金或者订金等，但没有约定定金性质的，当事人主张定金权利的，人民法院不予支持。"第119条："实际交付的定金数额多于或者少于约定数额，视为变更定金合同；收受定金一方提出异议并拒绝接受定金的，定金合同不生效。"第120条："因当事人一方迟延履行或者其他违约行为，致使合同目的不能实现，可以适用定金罚则。但法律另有规定或者当事人另有约定的除外。当事人一方不完全履行合同的，应当按照未履行部分所占合同约定内容的比例，适用定金罚则。"第121条："当事人约定的定金数额超过主合同标的额百分之二十的，超过的部分，人民法院不予支持。"第122条："因不可抗力、意外事件致使主合同不能履行的，不适用定金罚则。因合同关系以外第三人的过错，致使主合同不能履行的，适用定金罚则。受定金处罚的一方当事人，可以依法向第三人追偿。"

就制度设计而言，《担保法解释》的规定大体上分两种情况。一方面，多数规定安排合理，法理充分，值得肯定，比如，关于立约定金的定金罚则适用条件的规定；关于未交付成约定金时以履行补正未交付的规定；关于如何确认定金性质的规定；关于违约定金的适用应以债务人成立根本违约为前提的规定；关于超出主合同标的额百分之二十的部分人民法院不予支持的规定；关于违约定金责任的归责原则比通常的归责原则要严的规定。另一方面，也有一些规定是否妥适，容可商榷，比如，解约定金的价值在于双方当事人均能以遭受定金罚则制裁为代价取得解除权，进而通过行使解除权解除合同，借此可以避免履行不利益或受领不利益。解除合同的一方是行使自己享有的意定解除权，嗣后不再履行合同并无不正当性可言，从而不应引发违约责任。有鉴于此，第117条规定“对解除主合同后责任的处理，适用《中华人民共和国合同法》的规定”是不妥当的。第119条关于多交定金视为变更定金合同的规定忽略了当事人的真意，扩大了具有惩罚性的定金的适用范围，难谓合理。关于少交定金的规定与定金合同的要物合同性质相符，但也有其不足。第120条以不能实现合同目的作为判断根本违约成立的标准，人为地增添了认定上的困难，不如客观化的根本违约标准合理。第121条规定超出法定百分之二十上限的定金不应支持，观点是正确的。不过，超出关于数量的法律强制性规定的部分无效是法律行为效力的一般原理，在《担保法》第91条规定了“百分之二十”上限的情况下，作简单的推导即可得出法院不应支持超出部分的结论，从而《担保法解释》第121条的意义主要在于明确立约定金等也受比例限制。第122条关于违约定金责任的归责原则的规定虽然有其合理性，但改变了《合同法》的立场，其举措是否妥适，可作斟酌。

需要注意的是，根据2020年12月发布的《最高人民法院关于废止部分司法解释及相关规范性文件的决定》，《担保法解释》自2021年1月1日起废止，而同日起生效的《最高人民法院关于适用〈中华人民共和国民法典〉有关担保制度的解释》中则没有关于定金的规定。《担保法解释》废止后，其关于定金制度的八个条文自然不再有拘束力，但作为《民法典》中并无规定且与《民法典》不相抵触的条文（比如关于立约定金、成约定金、解约定金的规定，关于部分根本违约时按比例适用定金罚则的规定）仍有学理意义，并且对于定金法律实务而言仍有参考价值。

（2）其他司法解释关于定金的规定

除《担保法解释》外，也有其他司法解释对定金有少量规定。比如，《商品房买卖合同司法解释》第4条规定："出卖人通过认购、订购、预订等方式向买受人收受定金作为订立商品房买卖合同担保的，如果因当事人一方原因未能订立商品房买卖合同，应当按照法律关于定金的规定处理；因不可归责于当事人双方的事由，导致商品房买卖合同未能订立的，出卖人应当将定金返还买受人。"[1]该条规定了立约定金的定金罚则的适用，其安排与《担保法解释》不同。后者的第115条规定，给付定金的一方拒绝订立主合同的，无权要求返还定金；收受定金的一方拒绝订立合同的，应当双倍返还定金。该条规定的立约定金为典型的立约定金，亦即当事人约定创设立约定金法律关系的目的在于以适用定金罚则会造成的不利益促使双方均不放弃订立本约，同时也给当事人决定不缔

---

[1] 根据2020年12月发布的《最高人民法院关于修改〈最高人民法院关于在民事审判工作中适用《中华人民共和国工会法》若干问题的解释〉等二十七件民事类司法解释的决定》，对《商品房买卖合同司法解释》进行了修改，不过，其第4条得到了保留，条文序号也未变动。另外，修改后的《商品房买卖合同司法解释》第19条规定："商品房买卖合同约定，买受人以担保贷款方式付款，因当事人一方原因未能订立商品房担保贷款合同并导致商品房买卖合同不能继续履行的，对方当事人可以请求解除合同和赔偿损失。因不可归责于当事人双方的事由未能订立商品房担保贷款合同并导致商品房买卖合同不能继续履行的，当事人可以请求解除合同，出卖人应当将收受的购房款本金及其利息或者定金返还买受人。"该条规定了一种特殊的履行不能情形的处理，亦即未能订立商品房担保贷款合同并导致商品房买卖合同不能继续履行。前句涉及的情形是因当事人一方原因未能订立商品房担保贷款合同，后句规定的是因不可归责于当事人双方的事由未能订立商品房担保贷款合同。基于文义解释可以确定该条所称的定金为立约定金，在商品房买卖合同订立后，所交付的定金已转化为购房款。在因为履行不能而解除合同并且双方均不承担责任的情况下，出售房屋的一方自应返还其已收取的款项，包括定金在内。因此，该条关于定金的规定并无特殊意义。

约保留了可能。在约定立约定金的情况下，目标合同的内容足够明确，能否订立合同不取决于外在因素，而取决于当事人对于缔约究竟于己是否更为有利的判断。《商品房买卖合同司法解释》关于立约定金的规定，特点在于将是否适用定金罚则系诸是否因当事人一方的原因未能订立商品房买卖合同，故其处理的情形是“不能订立合同”，而不是“一方当事人不愿订立合同”。不能订立合同，是指目标合同未订立是由客观障碍所致，比如开发商因未能及时取得售房资格而不能订立商品房买卖合同。由于《商品房买卖合同司法解释》第4条涉及的并非典型的立约定金，在处理其他情况下的立约定金纠纷时，不能将该条规定不作论证、不加限制地加以适用。

此外，2012年《买卖合同司法解释》关于定金也有一条规定。该司法解释的第28条规定：“买卖合同约定的定金不足以弥补一方违约造成的损失，对方请求赔偿超过定金部分的损失的，人民法院可以并处，但定金和损失赔偿的数额总和不应高于因违约造成的损失。”该条规定的是违约定金与违约损害赔偿的关系这一重要问题，其以损失数额作为两者并用的上限，有其合理性，不过也应承认有例外情形，比如当事人明确约定在违约发生后除全部赔偿债权人所遭受的损失外还适用定金罚则。根据2020年12月发布的《最高人民法院关于修改〈最高人民法院关于在民事审判工作中适用《中华人民共和国工会法》若干问题的解释〉等二十七件民事类司法解释的决定》，该条已被删除。原因应是，该条所采的“不得超出损失说”的立场已被《民法典》第588条第2款所采纳，从而不再有实际意义。

四、《民法典》关于定金的规定

2020年5月28日，十三届全国人大三次会议表决通过了《民法典》，于2021年1月1日实施。《民法典》关于定金共有三个条文，即第586—588条，体系位置为第三编“合同”第一分编“通则”的第八章“违约责任”。具体而言，第586条规定：“当事人可以约定一方向对方给付定金作为债权的担保。定金合同自实际交付定金时成立。定金的数额由当事人约定；但是，不得超过主合同标的额的百分之二十，超过部分不产生定金的效力。实际交付的定金数额多于或者少于约定数额的，视为变更约定的定金数额。”该条涉及的问题是违约定金的性质、要物要求、定金的比例限制以及多交或少交定金的处理。第587条规定：“债务人履行债务的，定金应当抵作价款或者收回。给付定金的一方不履行债务或者履行债务不符合约定，致使不能实现合同目的的，无权请求返还定金；收受定金的一方不履行债务或者履行债务不符合约定，致使不能实现合同目的的，应当双倍返还定金。”该条是关于违约定金的效力的规定。第588条规定：“当事人既约定违约金，又约定定金的，一方违约时，对方可以选择适用违约金或者定金条款。定金不足以弥补一方违约造成的损失的，对方可以请求赔偿超过定金数额的损失。”该条就违约定金与违约金的关系、违约定金与违约损害赔偿的关系进行了规定。

这些条文的主要特点是：第一，规定的仅为违约定金，从而在当事人创设其他定金法律关系的情况下，应区分情形加以处理。如果当事人创设的为立约定金法律关系，在要件具备的情况下，可以适用《商品房买卖合同司法解释》第4条关于立约定金的规定。如果当事人创设的为成约定金或解约定金法律关系，应根据法理处理，《担保法解释》的相应规定仍有参考价值。第二，关于违约定金的规定较为全面，涉及违约定金的性质、违约定金法律关系的创设、比例上限、效力、与违约金以及违约损害赔偿的关系。这些规定有的延续了《担保法》《合同法》的做法，比如规定违约定金有担保手段的性质、比例上限为20%、定金合同为要物合同，关于适用或不适用罚则时定金的处理以及违约定金与违约金的关系的规定也与之前相同。另外，值得注意的是，这些规定与之前的规定有差异：（1）不再规定定金合同是要式合同。（2）明定超过比例上限的部分无定金的效力（此规定与《担保法解释》第121条的做法相似）。（3）规定多交或少交定金视为变更约定的定金数额（此规定与《担保法解释》第119条立场相同）。（4）规定损失高于定金数额时可请求赔偿超过定金数额的损失（此规定与《买卖合同司法解释》第28条立场相同）。

第三节　本章小结

定金制度始于闪米特法律圈，该制度的产生背景是在闪米特人法律中买卖等约定无拘束力。倘若交付了定金，又不愿遭受定金罚则带来的不利影响，双方当事人均会履行并不具拘束力的协议，从而该定金实为立约定金。经由希腊法，立约定金传入了罗马。由于罗马法上有适用范围广泛的要式口约，即使在合意合同出现之前，立约定金在罗马法中也不占据重要地位。至古典法时期，进一步明确了定金的交付仅具有证明当事人间的合同关系的效力，所谓证约定金由此得以明确。在优士丁尼法中，意定的书面合同得到了承认，在书面形式完成前，约定无拘束力，立约定金从而有了新的适用空间。另外，在当事人有相关约定的情况下，所交付的定金也可以是违约定金。在日耳曼法中，当事人的约定也不具有拘束力，一方履行其全部义务会使对方负担履行对待给付的义务，嗣后一方不必提供全部给付，对方也不必在受领给付后立即提供对待给付，如此演化出了成约定金制度，定金的交付使得当事人的约定具有拘束力。在日耳曼法后期，定金也可用于松动合同的拘束力，这种定金为解约定金。

近代以来，大陆法系的民法典、债法典多规定了定金制度。法国、奥地利、德国、瑞士、日本、苏联（以及俄罗斯）关于定金的规定，在定金的体系位置、定金类型、定金的作用机制、定金是否予以抵扣、定金与其他民法制度的关系等方面有或大或小的差异，并且在德国，定金制度已无多少实际意义。

在我国，古代法有“定金”“定洋”“定钱”之制，其兼有预付款与成约定金的性质。大陆法系的定金制度在我国得到采用始于民国《民律草案》。就我国的状况来说，定金制度在实务中具有重要意义，使用频率较高。违约定金在《担保法》《合同法》中得到了明确的规定，《民法典》承继了相关规定。《担保法解释》就立约定金、成约定金、解约定金也作了规定。此外，证约定金在学理和实务中也被承认。我国关于定金的法律条文数量较多，为涉及定金的纠纷的处理提供了明确、可靠的依据。但同时，在定金规则设计方面仍有可加推敲或缺失之处，在学理层面也有不准确的认识，比如将定金合同规定为要物合同，规定除适用解约定金的定金罚则外还可主张违约损害赔偿，规定多交少交定金视为变更定金合同，对于违约定金与违约损害赔偿并用可区分情形作不同的处理，违约定金与违约金的并用不宜一概排斥。有鉴于此，有必要对定金制度作全面研究，以澄清认识、消除误解，明确创设定金法律关系的要求，确定各类定金的效力，从而为解释定金规定，进而完善定金规定，妥当地处理定金法律纠纷提供参考。

第二章 定金制度的基本问题

第一节　定金的概念与特征

一、定金的概念

（一）界定定金的不同方式

关于定金为何有不同的界定方式，举以下例子以资说明：

第一，定金是债的一种担保方式，是指合同当事人一方为了担保合同的履行而预先向对方支付一定数额的金钱。[1]

第二，定金云者，谓因订立契约，由当事人一方交付他方之金钱或其他代替物也。[2]

第三，定金是合同当事人一方为了担保合同的履行，预先支付另一方一笔金钱的行为。[3]

第四，所谓定金，是指由双方当事人在合同中约定，一方当事人在合同未履行前预先给付对方一定数量的货币或者其它代替物，以担保合同的履行。[4]

以上四个概念的界定角度，分别是定金制度、交付的标的物、交付行为、约定行为。将定金当作定金制度的简称是可行的，不过在多数情况下，定金一词是指定金法律关系中的交付方所交付的标的物，因此在

---

[1] 全国人民代表大会常务委员会法制工作委员会编：《中华人民共和国合同法释义》（第3版），法律出版社2013年版，第187页。

[2] 戴修瓒：《民法债编总论》（下），会文堂1933年版，第218页。

[3] 全国人大常委会法制工作委员会民法室编著：《中华人民共和国担保法释义》，法律出版社1995年版，第117页。

[4] 毛亚敏：《担保法论》，中国法制出版社1997年版，第245页。

界定定金时宜从交付的标的物的角度着眼。实际上，自清末修律至今，我国关于定金的论著通常也是从交付的标的物的角度界定定金的，本书也采这种立场。至于以定金一词指称定金制度，根据表述本身及语境不难判断，从而不会因为将定金界定为交付的标的物而引起术语使用上的混乱。将定金界定为交付行为或约定行为则不甚妥当，无论是交付所约定的定金还是就交付定金进行约定，系争行为本身均不宜被称为定金。

（二）定金概念涉及的要素及分歧

前述四种定金概念，除界定的角度不同外，也有标的物类别（金钱，抑或金钱或其他代替物）与功能（是否仅为具有担保债权实现功能的违约定金）等要素（特征）方面的差异。[1]倘若比较交付的标的物的角度以及其他角度的各种定金定义，就会发现论者在下定义时涉及的要素繁多，并且在表述同一个要素时也有分歧。本书择学者之主要观点如下：

1.定金者，契约当事人一方或双方在契约之着手履行前随时交付之金钱或其他有价之代替物也，因此成立之契约称定金契约。此契约虽如后述有种种目的，但其根本目的不外确保契约之成立或履行，故有确保契约效力之性质。[2]

2.定金者，当事人之一方在契约着手履行前对于他方所交付之金钱或其他之物也。[3]

3.定金（拉丁文Arrha，法文Arrhes，德文Angeld/Draufgabe，英文earnest money），谓当事人于契约订立时或代价支付期限以前，由一方交付于他方之金钱或其他有价物。[4]

---

[1] 《担保法》规定的定金仅为违约定金，因此以《担保法》的定金规定为依托，在下定义时仅提及担保功能，自解释论的角度言之并无不妥，在《担保法解释》颁布之前尤其如此。

[2] 陈瑾昆：《民法通义债编总论》，北平朝阳学院1933年版，第276页。

[3] 胡长清：《中国民法债编总论》，商务印书馆1935年版，第358页。

[4] 史尚宽：《债法总论》，中国政法大学出版社2000年版，第511页。

4. 定金者，乃以确保契约之履行为目的，由当事人之一方交付他方之金钱或其他代替物也。[1]

5. 定金，是合同的当事人一方，为了证明合同的成立和担保合同的履行，依照法律规定或者当事人约定，在应该给付的数额内预先向对方交付一定金钱的担保形式。[2]

6. 定金是以担保债权的实现为目的，依据双方当事人的约定，由一方在合同订立时或合同订立后至合同履行之前，按照合同标的额的一定比例，预先给付对方的一定数额的货币。[3]

7. 定金实际上有狭义和广义之分。狭义的定金是指担保合同履行的定金，即在合同订立之后、履行之前，一方为担保合同的履行而付给另一方的一定数额的金钱。《担保法》所规定的定金更像狭义的定金。广义的定金是指为担保合同的订立、生效、履行或者解除，而在合同的订立、生效、履行或者解除之前交付给对方的一定金额的金钱。《担保法解释》规定的定金是广义的定金。给付定金的一方称为定金给付方，接受定金的一方为定金接受方。[4]

8. 由于定金制度并不统一，且不同种类的定金差异也很大，所以对定金进行定义较为困难。从违约定金的角度而言，定金是指为担保债权的实现，而由一方当事人向对方当事人预先交付的一定数额的金钱。债务人履行债务后，定金应当抵作价款或者收回。给付定金的一方不履行约定的债务的，无权要求返还定金；收受定金的一方不履行约定的债务的，应当双倍返还定金。[5]

---

[1] 郑玉波：《民法债编总论》（修订二版），中国政法大学出版社2004年版，第311页。

[2] 佟柔主编：《中国民法》，法律出版社1990年版，第330页。

[3] 徐武生：《担保法理论与实践》，工商出版社1999年版，第566页。

[4] 孔祥俊：《担保法及其司法解释的理解与适用》，法律出版社2001年版，第319页。

[5] 叶金强：《担保法原理》，科学出版社2002年版，第257页。

9.所谓定金，指在债权债务关系中，为担保债的履行，一方当事人在债务履行前预先向对方交付的一定数额的金钱或实物。[1]

10.定金，是指在债务以外当事人之间又约定交付一定数额的金钱，该金钱的得失同债务履行与否联系在一起，并通过定金罚则对双方当事人产生双向压力，如因可归责于定金交付方的原因致合同不能履行，则定金应予没收，如定金收受方不能履行则应双倍返还定金交付人，以此促使双方当事人积极履行债务，保障债权实现。[2]

11.定金，是指为担保合同债权的实现，由一方当事人向对方当事人预先交付一定数额的金钱。[3]

12.定金，是依法律规定或双方约定，在法律规定的范围内，当事人一方于合同履行前给付对方的一定金钱。[4]

13.定金是以担保债权的实现为目的，依据双方当事人的约定，由一方预先给付对方的金钱或其他替代物。[5]

14.定金是指为担保合同的订立、成立生效、履行，当事人一方向对方给付的一定金钱或代替物。[6]

以上关于定金的定义涉及的要素有：

第一，定金的发生根据。在这些定义中，多数认为定金的发生根据是双方的约定，也有的称依照法律规定或当事人的约定（上述定义5；上述定义12）。

第二，定金的当事人。上述对定金的定义均提及了定金是一方当事

---

[1] 徐康平、熊英：《担保法》，人民法院出版社2000年版，第155页。

[2] 蔡永民：《比较担保法》，北京大学出版社2004年版，第330页。

[3] 吴庆宝主编：《物权担保裁判原理与实务》，人民法院出版社2007年版，第583页。

[4] 刘保玉主编：《担保法原理精要与实务指南》，人民法院出版社2008年版，第720页。

[5] 高圣平：《担保法论》，法律出版社2009年版，第589页。

[6] 郭明瑞、房绍坤、张平华编著：《担保法》（第五版），中国人民大学出版社2017年版，第186页。

人向另一方当事人交付的。

第三，定金的功能。多数论著提及了定金的功能，其中有的论著（上述定义11）仅从债权担保功能的角度界定定金，如此界定的定金只能指违约定金；有的论著（上述定义5）提及了定金的证明合同的成立和担保合同的履行两种功能；有的论著（上述定义14）提及了担保合同的订立、成立生效、履行三种功能；有的论著（上述定义8）指出不同种类的定义差异很大，进而仅界定了违约定金；有的论著（上述定义7）则明确可以有担保合同的订立、生效、履行或者解除四种功能。另外值得注意的是，民国时期的论著及我国台湾地区学者的论著有的自债权确保的角度理解定金的功能（上述定义1；上述定义4）。

第四，交付的标的物。关于交付的标的物，论者见解不同，有的称金钱或其他替代物（上述定义13），有的称金钱或实物（上述定义9），有的则称货币（上述定义6）。

第五，定金的交付时间。在此方面，有的定义仅简单地称预先交付，有的定义则详细地表述了定金的交付时间（上述定义7，称合同订立之后、履行之前或者在合同的订立、生效、履行或者解除之前）。

第六，定金的比例性。多数定义提及了定金的比例性，表述方式有所差异，比如在应该给付的数额内（上述定义5），按照合同标的额的一定比例（上述定义6），一定数额（上述定义11），一定金钱或代替物（上述定义14）。

第七，定金的作用机制。有的定义（上述定义8；上述定义10）提及了定金的作用机制，亦即交付定金的一方丧失定金返还请求权，收受定金的一方双倍返还定金。

（三）本书的界定

本书认为，为妥当地界定定金，准确而无偏狭之弊，并且表述不至于冗长，在下定义时应兼及以上七方面要素，同时如果某要素涉及的内容较多，则不必全面概述之，仅提及重要内容即可。基于此种考虑，本书将定金界定为：定金是指根据当事人的约定，为担保合同的履行等目的，一方按照合同标的额的比例交付给另一方的金钱或其他可替代物，交付通常应在目的达成前进行，交付目的的达成主要借助的是交付方丧失交付的标的物或者收受方双倍返还标的物。

下面结合以上七方面要素，对本书的定金定义作如下说明：

第一，定金的发生根据。在我国现行法上，定金的发生根据仅为当事人的约定，而不会是法律的规定，故此称“根据当事人的约定”。

第二，定金的当事人。定金与某个合同有密切联系。如果是解约定金、违约定金，则定金的交付及收受方是主合同的当事人。如果是立约定金，交付及收受方为拟订立本约的当事人。如果是成约定金，交付及收受方为定金约款所附着的合同的当事人。但下定义时如将定金的当事人实际上也就是某个目标合同的当事人分别论述清楚会颇为累赘，因此，本书将定金当事人也只笼统地称“一方”“另一方”。

第三，定金的功能。立约定金、成约定金、解约定金、违约定金的功能各不相同，如果都加以论述会使定义过于冗长。由于违约定金最具重要性，本书称“为担保合同的履行等目的”。

第四，交付的标的物。由于交付可替代物也可以使当事人实现其目的，定金不应以金钱为限，因此，本书称“金钱或其他可替代物”。

第五，定金的交付时间。本书将这一要素描述为“交付通常应在目的达成前进行”，之所以如此表述，是因为成约定金的交付与当事人目的的达成是同时发生的，并无时间上的先后可言。

第六，定金的比例性。关于此要素，本书称“按照合同标的额的比例”，没有言及在法律规定的上限内，以免表述繁复。

第七，定金的作用机制。本书的定金定义表述为，“交付目的的达成主要借助的是交付方丧失交付的标的物或者收受方双倍返还标的物”。之所以称“主要借助”，是因为成约定金目的的达成——使目标合同成立或生效，不需要借助定金罚则，交付标的物即可。

二、定金的特征

（一）适用范围的广泛性

定金制度具有多种功能，并且在有的立法例中也被规定在债法总则部分（如《德国民法典》第336—338条），但该制度不适用于无因管理、不当得利、侵权行为之债权。[1]立约定金、成约定金、解约定金与合同债务的关联甚为明显，不可能在非合同之债中适用。违约定金是担保债权实现的手段，似乎非合同之债的债权也可借助定金加以担保，但无因管理等法定之债在成立之后，债务人应尽快履行义务，不存在债权人向债务人授予信用，由其在一段时间经过后再履行债务。即使是法定债务关系中的金钱债务，债务人交付定金以担保其嗣后会履行余下的部分也无实际意义，充其量只是部分支付赔偿金而已。在债务人不支付金钱的情况下，债权人申请支付令或者在取得执行根据后申请强制执行是更为有效的维护利益的措施。

在明确定金的适用范围为合同债务关系后，有两个方面的问题值得探讨：

第一，定金是否适用于单务合同。有学者认为，单务合同的债务人，为担保自己债务的履行，也可以向债权人给付定金。[2]本书认为，若不坚持定金的特征必须包括作用机制的双向性，否则即不成其所谓定金，则违约定金也能适用于单务合同。立约定金、解约定金也可适用于单务合同。成约定金本来就无作用机制的双向性可言，适用于单务合同更无障碍。

第二，有学者认为，有些合同依性质不宜适用定金担保，如保险合同、

---

[1] 高圣平：《担保法新问题与判解研究》，人民法院出版社2001年版，第677页。

[2] 邹海林、常敏：《债权担保的理论与实务》，社会科学文献出版社2005年版，第376页。

借款合同、供用电合同等。[1]该论述应当是针对违约定金而言，不过即使是违约定金，就其所列的三个例子来说，供用电合同不适用定金的理由并不充分。至于保险合同，鉴于双方当事人的义务分别为交付保险金以及赔付，违约定金无适用的必要。关于借款合同，有学者指出，《合同法》第200条[2]规定，应当按实际借款数额返还借款并计算利息，若在借款合同中约定借款人向贷款人支付一定数额的定金，等于减少了实际使用的借款数额，定金没有利息，借款按贷款利率计算，显然对借款人有失公平，因此，借款合同中不适用定金，应按实际借款数额还本付息。[3]该见解可资赞同。另外，借款人需要金钱，如其又要交付金钱充作定金，会使借款人原本的财产状况更加恶化，因此借款人交付金钱与借款合同的性质相悖。不过，借款人交付其他可替代物或贷款人交付定金并非完全没有可能或者完全没有现实意义。

（二）意定性

我国曾有行政法规规定了法定定金。1983年实施的《建设工程勘察设计合同条例》第7条规定："按规定收取费用的勘察设计合同生效后，委托方应向承包方付给定金。勘察设计合同履行后，定金抵作勘察、设计费。勘察任务的定金为勘察费的百分之三十，设计任务的定金为估算的设计费的百分之二十。委托方不履行合同的，无权请求返还定金。承包方不履行合同的，应当双倍返还定金。"该行政法规早已废止，就我国目前的法律规定来说，并无根据法律的规定须创设定金法律关系的问题。因此可以说，定金具有意定性，亦即是否创设定金法律关系以达成某种目的由当事人自行确定。

法律之所以不宜对定金法律关系的创设作强制性要求而是应委诸当事人自行决定，原因在于：立约定金法律关系的创设使当事人的关

[1] 徐武生：《担保法理论与实践》，工商出版社1999年版，第592页。

[2] 《民法典》第670条承袭了《合同法》第200条的内容，未作修改。

[3] 高圣平：《担保法论》，法律出版社2009年版，第600页。

系介于不订立合同与订立合同之间，而以定金罚则制裁作为确定最终是否缔约的砝码，法律强制要求建立立约定金法律关系会给交易平添周折；成约定金使得合同的成立、生效的要求增加了，法律也不应如此给民事活动施加额外的负担；解约定金法律关系的创设使合同关系得以松动，只能由当事人自行加以决定；法律上规定的违约救济措施足以保护债权人的利益，具有惩罚性的违约定金自以交由当事人自我决定是否创设为宜。

除发生上的意定性之外，定金的意定性还有其他内涵：第一，定金的类型由当事人自行约定。当事人在约定定金时，总是会约定其为某种性质的定金。当事人也可以约定所交付的定金具有多种性质。比如，当事人可以约定以定金的交付为合同成立或生效的条件，并且约定在定金交付后，该定金还用于担保合同债务的履行。在这种情况下，定金即兼有成约定金与违约定金的性质。第二，交付的标的物由当事人自行决定。交付的标的物是金钱还是其他可替代物，如系金钱的话为何种货币，如系其他可替代物的话为何种可替代物，均由当事人协商确定。第三，定金的数额由当事人自行决定。《民法典》第586条第2款规定，“定金的数额由当事人约定；但是，不得超过主合同标的额的百分之二十，超过部分不产生定金的效力”。该条规定了定金占主合同标的额的最高比例，当事人约定的定金超出法定的比例限制的，超出部分无效。在比例限制内，具体的交付数量由当事人自行决定。第四，定金发挥作用后的处理可以由当事人自行决定。定金发挥作用后是由交付定金方收回还是用于抵扣价款，当事人可以自行决定。如当事人对此未作协商，则可以根据定金的类型、交付定金方的债务的类别来决定收回还是抵扣为妥。

（三）由一方向他方交付

《民法通则》第89条第3项规定，“当事人一方在法律规定的范围内可以向对方给付定金”。《担保法》第89条规定，“当事人可以约定一方向对方给付定金作为债权的担保”。《民法典》第586条第1款规定，“当事人可以约定一方向对方给付定金作为债权的担保”。故此，根据我国的法律规定，定金是由一方当事人向他方当事人交付的。我国的通说也认为定金应由一方当事人向对方当事人支付。但也有观点认为，定金是契约当事人一方或双方在订立契约时预先交付的金钱或其他代替物。[1]如果双方当事人均向对方交付同种货币或同种可替代物，若交付的数额也完全相同，则所谓的定金即毫无意义，若交付的数额不同，则只有差额部分才能发挥定金的作用，从而与一方交付并无差异。但是如果交付的分别为货币与可替代物，或者交付的为不同币种的货币或不同种类的可替代物，则定金可以发挥作用。因此，双方均向对方交付定金并非不可设想，但一方交付定金即可促成当事人所欲达成的目的，约定双方均需交付会给当事人自己增添麻烦并且实益不大。尽管如此，基于意思自治原则，倘若当事人约定了双方均为交付，在无其他瑕疵的情况下，不宜否定该约定的效力。

在明确定金通常由一方当事人向他方当事人交付之后，进而需要注意以下两点：

第一，定金的当事人即为目标合同的当事人。通常所说的定金由一方当事人交付给他方当事人，此所谓当事人自然是指定金合同的当事人，同时交付的当事人或者说定金合同的当事人也是目标合同的当事人。[2]比如，有论者认为，定金的交付人为主合同当事人的一方，不涉及合同以外的第三人。[3]之所以定金的当事人就是目标合同的当事人，

[1] 参见徐武生：《担保法理论与实践》，工商出版社1999年版，第565页。

[2] 通常将定金合同称为从合同，而将另一合同称为主合同，但实际上立约定金合同与嗣后订立的合同为预约、本约关系，成约定金合同是当事人对于合同成立或生效要件的特别约定，与交付定金后成立、生效的合同也非主从合同关系，仅解约定金合同、违约定金合同可以说是从合同，因此，本书笼统地称另一合同为目标合同，但在引用时也采用被引用文献的主、从合同表述。另外，在提及解约定金合同、违约定金合同与另一合同的关系时，也使用主、从合同的表述。

[3] 蔡永民：《比较担保法》，北京大学出版社2004年版，第337页。

主要是因为定金作用的发生主要依赖的是定金罚则，如由第三人交付定金，至少对目标合同中非收受定金的一方来说，由于不会因定金罚则遭受不利，有激励不足的问题。至于将定金交付给第三人，则与常理相悖，在现实中当不会发生。另外，就成约定金来说，第三人与目标合同的一方当事人约定由第三人交付定金或者向第三人交付定金，进而合同成立或生效，属于对合同成立或生效的不当干预，不应认可其效力。目标合同的双方当事人与第三人共同约定以交付定金给第三人或由第三人交付定金为合同成立或生效的条件，则会徒增纷扰，并无实际意义。

第二，交付定金方通常为负担金钱债务的一方。之所以交付定金的一方通常为负担金钱债务的一方，是因为其交付的定金同时可以当作价酬的一部分，或者嗣后抵作价款，从而有便利之效。但当事人约定由负担实物给付债务的一方向对方交付定金也是可行的，定金作用的发挥也不会因此受到影响，只是不如负担金钱债务的一方交付定金便利而已。比如，《加工承揽合同条例》第9条曾规定，“根据国家有关规定，定作方可向承揽方交付定金”。有论者曾基于该规定探讨承揽方向定作方支付定金的“反付式”定金约定是否具有合法性。其认为，在此种情形下，仍应承认定金交付之合法性。承揽方为争取业务，以一定货币为定金，作为签约条件，完全符合定金担保所具备的特点：（1）确保合同履行，表明自己的信誉和决心；（2）给付定金增强了对承揽方的约束力，亦是对定作方的一种拘束；（3）定金担保为保障双方权益而设，由承揽方向定作方给付定金也不会损害国家和社会公共利益，故无作限制之必要。[1]该论述针对的是法律规定金钱债务人可交付定金的情形，在不存在此类规定的背景下，其见解也是成立的。

（四）标的物为金钱或其他可替代物

关于交付的标的物为何，论者见解不同，大致有四种观点：

[1] 孙鹏、肖厚国：《担保法律制度研究》，法律出版社1998年版，第321页。

1. 最为狭隘的观点认为，定金的标的只限于金钱，不应包括其他替代物、有价证券等。[1]理由是，既然我国现行法律将定金作为一种独立的担保方式加以规定，如果将其标的扩大到一切替代物和有价证券，那么势必会混淆定金担保与质权。所以，将定金的标的限于金钱较为合适。[2]

2. 有学者对上述观点作了宽松理解，认为定金担保的标的原则上以金钱为限，但金钱以外的适合用于定金担保的物，也可以设定定金担保。不过，对于金钱以外的适合作为定金的物，解释上应当从严，仅以性质上可以与金钱等同视之的物为限，如无记名有价证券。[3]

3. 通说认为，交付的标的物为金钱或其他可替代物。定金的标的物通常是金钱，但当事人也可以其他可代替物作为其标的。例如，以粮食、食油等作为定金的标的。[4]之所以不可替代物不能作为交付的标的物，是因为如果受领方有违约等行为，无法进行双倍返还，从而定金罚则无从适用。

4. 最为宽松的观点认为，交付的标的物也可以是不可替代物。持此说者认为，"当事人如约定以不可代替物，例如随身所戴钻戒作为定金，或移转土地、房屋等不动产作为定金，约定对方违约应加倍返还相当钻戒、土地或房屋价金之现金者，……似无不许之理"[5]。

本书认为，以上观点中，除通说外，其他三种均有不合理之处。持最为狭隘观点的论者担心将标的物扩大到一切替代物和有价证券会混淆

---

[1] 陈本寒：《担保法通论》，武汉大学出版社1998年版，第111页。

[2] 徐武生：《担保法理论与实践》，工商出版社1999年版，第565页。

[3] 邹海林、常敏：《债权担保的理论与实务》，社会科学文献出版社2005年版，第376页。

[4] 王利明：《合同法研究》（第二卷）（第三版），中国人民大学出版社2015年版，第722页。

[5] 王利明：《合同法研究》（第二卷）（第三版），中国人民大学出版社2015年版，第723页。

定金担保与质权，应当说存有误会。质权的特点在于质权人就质物优先获得清偿，且在实现质权时须借助变价、折价、拍卖等手段。定金制度的价值则在于借助定金罚则实现当事人的目的，交付定金方如放弃缔约、解除合同或者违约，将遭受丧失定金返还请求权这一不利后果，收受定金方如放弃缔约、解除合同或者违约，将遭受双倍返还定金这一不利后果，亦即引导当事人的行为的是适用定金罚则带来的不利后果，从而交付的标的物不应局限于金钱，也不应仅括及性质上可以与金钱等同视之的物，其他可替代物亦可。不可替代物不适于作为标的物的原因是收受方无法双倍返还。另如论者所说，即使可以折合为现金，折合的标准也很难掌握。[1]倘若不坚持定金罚则给收受定金方带来的不利影响一定是除返还交付方所交付的物之外另行返还等量的相同的物，并且交付定金方所交付的物的价格易于确定，则可将定金标的物的范围再放宽，不以可替代物为限。就成约定金来说，定金的交付为合同成立或生效的条例，不存在罚则问题，从而标的物不以可替代物为限。

（五）比例限制性

关于定金与主合同标的额的比例限制，我国的法律规定前后有所变化。《经济合同法》《民法通则》均未规定定金的比例限制。1983年的《建设工程勘察设计合同条例》第7条规定，“勘察任务的定金为勘察费的百分之三十，设计任务的定金为估算的设计费的百分之二十。委托方不履行合同的，无权请求返还定金。承包方不履行合同的，应当双倍返还定金”。《担保法》在制定的过程中决定规定比例限制。据全国人大法工委民法室的释义（以下称《担保法释义》），规定比例限制的原因是，此前我国经济活动中的定金数额的确定主要是依当事人的约定，所以，近年来出现了定金在合同价款总额中比例过大的情况。有的已超过合同标

---

[1] 王利明：《合同法研究》（第二卷）（第三版），中国人民大学出版社2015年版，第723页。

的额的50%。接受定金的一方没有履行合同，所以，给付定金的一方即要求对方返还双倍的定金，这样给付定金的一方就得到了超过合同价款总额的金额，很不合理。定金应起到担保的作用，不同于预付款，无需太高数额。[1]在《担保法》起草的过程中，曾规定定金的数额由当事人约定，但不得超过合同标的额的25%。在审议修改的过程中，有的委员认为定金的数额比例规定得太高，应当适当减少。最终，《担保法》第91条规定："定金的数额由当事人约定，但不得超过主合同标的额的百分之二十。"[2]关于该比例规定，《担保法释义》指出，规定定金不得超过20%的数额可以起到担保主合同的目的，如果接受定金的一方违约，需双倍返还定金，返还的数额也只有主合同标的额的40%，比较合理。同时，对利用高额定金获取不正当利益也可起到抑制作用。[3]《民法典》延续了对比例的限制，其第586条第2款规定："定金的数额由当事人约定；但是，不得超过主合同标的额的百分之二十，超过部分不产生定金的效力……"

值得注意的是，有学者认为，《担保法》仅规定了定金数额的上限而未规定其下限是不妥当的。事实上，如果定金比例幅度太低，例如100万元的标的额，仅以1000元作为定金，显然会使定金形同虚设，不能起到定金担保的作用。所以，为能真正发挥定金担保的作用，法律在规定定金数额上限的同时，亦应规定定金的下限。这一比例，有学者建议为10%，也有学者多人以5%为妥。[4]本书认为，为免给遭受定金罚则制裁的一方带来过于不利的后果，甚至使创设定金法律关系具有"赌

[1] 全国人大常委会法制工作委员会民法室编著：《中华人民共和国担保法释义》，法律出版社1995年版，第119页。

[2] 邹海林、常敏：《债权担保的理论与实务》，社会科学文献出版社2005年版，第392页。

[3] 全国人大常委会法制工作委员会民法室编著：《中华人民共和国担保法释义》，法律出版社1995年版，第119页。

[4] 徐武生：《担保法理论与实践》，工商出版社1999年版，第590页。

博”的色彩，规定上限是有必要的，但规定下限未免对当事人的自我决定干预过多。是否借助定金制度实现某种目的由当事人自行决定，在法定比例上限内，定金的数额具体为多少也应由当事人协商确定。

此外，有学者认为，《担保法》关于定金数额的限制性是针对违约定金而言的。那么，其他种类的定金是否亦适用这一限制性规定？立约定金的作用在于担保合同的订立，与合同债权的实现没有直接关系，而且在合同没有订立的情况下也无主合同标的额可言，因此立约定金的数额不适用《担保法》的限制性规定。成约定金的作用在于担保合同的成立或生效，不适用定金罚则，因此，成约定金的数额也不适用《担保法》的限制性规定。解约定金是自由解约权的代价，有定金罚则的适用，与违约定金的旨趣相同，因此，解约定金的数额应适用《担保法》的限制性规定。[1]另有学者认为，在预约定金数额的约定上应不受《担保法》关于定金数额不得超过主合同标的额的20%的限制，这是因为在预约合同订立时本约合同标的的数额很可能还未明确，同时预约合同自身的合同标的在于订立本约合同，通常并无明确的标的数额约定。[2]本书认为，成约定金与其他几类定金性质差异甚大，宗旨在于凭借特定数额的金钱或其他物的交付使合同成立或生效，无罚则问题，从而不应有比例限制。[3]

关于立约定金不应受比例限制的观点，有学者提出了反对意见。其认为，一方面，对立约定金的数额不加限制，将可能导致定金数额约定过高，考虑到立约定金主要适用于商品房买卖合同，这对消费者

---

[1] 郭明瑞、房绍坤、张平华编著：《担保法》（第五版），中国人民大学出版社2017年版，第194页。

[2] 王利明：《预约合同若干问题研究——我国司法解释相关规定述评》，载《法商研究》2014年第1期，第60页。

[3] 《担保法》仅规定了违约定金，《担保法解释》第116条规定了成约定金，第121条规定："当事人约定的定金数额超过主合同标的额百分之二十的，超过的部分，人民法院不予支持。"基于这两条作体系解释，结论应当是成约定金也有比例限制，但可进而作目的性限缩，确认成约定金不受20%的比例限制。

权益的保护殊为不利。另一方面，绝大多数预约对合同标的价款均有约定，即便该价款在主合同中可能有调整的余地，也并不妨碍立约定金上限的计算。即便双方在预约合同中对价款未做约定，在适用定金罚则时法院亦可参照订立合同时标的物的市场价值来确定罚则适用的范围。[1]该观点有一定的道理，但认为绝大多数预约对合同标的价款均有约定恐怕并无实证依据。本书认为，为免定金不利益过高，立约定金也应有比例限制。创设立约定金法律关系时，目标合同的标的额如能确定，当事人直接在法定比例限制内约定定金的数额即可。如果目标合同的标的额难以确定，在嗣后订立了目标合同的情况下，立约定金目的达成，无适用定金罚则的问题，不会引发争议。如果目标合同未能订立，进而适用定金罚则，由认为约定的定金数额高于法定上限的一方加以举证，法院可根据当事人拟订立的本约的交易性质、交易规模等情况加以判断。要言之，立约定金、解约定金、违约定金均应有比例限制，为免条文繁复，法律针对这三种定金规定同一种比例上限是合理的。

（六）功能的多样性

单纯就形式而言，定金不过是根据当事人的约定由一方向另一方交付的一定数额的金钱或其他可替代物。凭借这一交付，定金可以具有多种功能（详见本章第二节关于定金类型的论述）。如果当事人约定以定金的交付为合同成立或生效的要件，则定金的交付使要件具备，当事人之间进而有了合同关系。借助罚则的作用，定金可以有促成订立合同并保留不缔约的机会、以遭受定金罚则的制裁为代价赋予双方解除权、担保合同的履行等多种功能。定金正是根据功能的不同而分为成约定金、立约定金、解约定金与违约定金。因此，就定金的功能

[1] 李贝：《定金功能多样性与定金制度的立法选择》，载《法商研究》2019年第4期，第181页。

来说，主要借助的是定金罚则。单纯通过交付就能使目的达成的只有成约定金。

（七）预先交付性

当事人借助交付定金或定金罚则促成某种目标的实现，因此，相对于目标的实现来说，定金具有预先交付性，否则其作用就无从发挥。所谓“预先”的时间参照点因定金类别的不同而有差异。

1.就立约定金来说，在目标合同订立之前应交付定金，倘若目标合同已经订立，交付定金即不再具有给当事人以决定是否缔约的权利之效。

2.就违约定金来说，当事人在订立主合同的同时或订立主合同之后、合同履行完毕之前进行交付，预先性体现在定金的交付早于合同履行完毕。

3.就成约定金来说，依当事人的约定，交付成约定金使得合同有效或成立，所以成约定金的交付与合同的有效或成立是同时的，严格来说无预先性。

4.就解约定金来说，其宗旨在于使当事人双方取得解除权。对于交付定金方，解约定金的交付与解除权的发生是同时的，并无预先交付性，充其量可以说解约定金相对于交付定金方实际行使解除权的时间点具有预先性。但解约定金的意义在于赋予双方当事人以解除权，当事人实际上未必解除合同，从而称解约定金相对于交付定金方行使解除权具有预先性无实际意义。对于收受定金方，其取得解除权的时间可以有两种解释：在收受定金的同时，收受定金方取得了解除权，只不过解除权的行使应以双倍返还定金为条件；收受定金方在双倍返还定金的同时享有并行使了解除权。如采前一种解释，相对于解除权的取得，定金并无预先交付性，只是相对于行使解除权具有预先交付性。如采后一种解释，相对于解除权的取得，定金的交付也具有预先性。

（八）作用机制的双向性

定金的作用机制具有双向性，即定金的交付虽然原则上是一方所为，但交付后，定金法律关系得以创设，定金罚则即可适用于双方当事人。立约定金的目的在于促成合同的订立并给双方当事人保留不缔约的机会，不缔约的代价是定金罚则带来的不利后果。可以遭受定金不利益为代价放弃缔约资格的，不是一方当事人，而是双方当事人。解约定金的意义在于使得双方当事人能够以遭受定金不利益为代价取得解除权，并非仅一方当事人。违约定金旨在以遭受定金罚款制裁这一不利后果阻止双方当事人中的任何一方违约。如果未能阻止违约，非违约方可以因定金罚则的适用获得利益。成约定金的情况特殊，定金的交付仅有使合同成立或生效的作用，无适用定金罚则可言，从而谈不上定金作用机制的双向性。假设当事人约定，双方均向对方交付某种标的物（各向对方交付金钱或某物，或者各向对方交付不同的物）后合同才成立或生效，这种约定应具有拘束力。不过，即使在这种情况下，也谈不上定金作用机制的双向性，而是双方均交付所约定的标的物使得合同成立或生效。

需要注意的是，在论及定金作用机制的双向性时，有学者使用“双向担保性”或“双方互为担保”等措词。比如，有学者认为，当事人约定定金担保后，对双方履行债务都具有担保作用，给付定金方违约不履行债务时无权要求返还定金；收受定金方违约不履行债务时应双倍返还定金。定金的此种特性可以称为双向担保性。而在人的担保或物权担保中，担保功能只是单向的，即由债务人向债权人提供担保，债权人主张担保权益，当债权人违约时，担保对其没有约束力。[1]另有学者认为，定金是主合同双方互为担保。定金担保具有双向性，担保的是双方的债权。这一点也与其他担保方式不同。保证、抵押、

[1] 孔祥俊主编：《担保法例解与适用》（新编本），人民法院出版社2001年版，第754页。

质押、留置的担保功能是单向的，只是债务人向债权人担保。定金对债权人和债务人都有担保功能。任何一方不履行合同，都适用定金罚则。这两个论述针对的都是违约定金。此外，还有学者认为，定金担保与其他担保方式有所不同，具有双重担保性，即对双方当事人都具有担保作用。也就是说，交付定金的一方拒绝订立合同、不履行债务或解除合同的，丧失定金；而收受定金的一方拒绝订立合同、不履行债务或解除合同的，则应双倍返还定金。[1]这一论述针对立约定金、解约定金与违约定金，涵盖面较广，但严格来说不宜以"担保"一词指称立约定金与解约定金的功能，因此在论述的对象不以违约定金为限时，最好不采用"担保"的"双重性"、"双向性"或"互为担保"这类表述。

（九）小结

以上所述的定金的特征，有的系基于通常的定金制度[2]所作的分析，否则即不成立。比如，在通常的定金制度中，仅须一方向他方为交付，但双方均向对方交付（不同的）标的物也能具有担保债权的实现等功能，因此将此种情形评价为定金亦无不可。另外，由于定金类型较多，有的特征未必对于一切定金类型都是成立的，比如预先交付性不适用于成约定金，对于成约定金实际上也不必作比例限制。有的特征则既不适用于非通常的定金制度，也不适用于个别定金类型。比如，德国法上的定金制度就没有固守作用机制的双向性，成约定金也无作用机制的双向性可言。

---

[1] 郭明瑞、房绍坤、张平华编著：《担保法》（第五版），中国人民大学出版社2017年版，第189页。

[2] 所谓"通常"或"正统"的定金，是指大陆法系传统上的定金。

第二节　定金的类型

一、立约定金、成约定金、解约定金与违约定金

（一）立约定金

立约定金（arrha pacto imperfecto data）也称犹豫定金或订约定金，是指用于增加订立目标合同的概率，同时又给双方当事人保留不缔约的选择的定金。关于立约定金，《担保法解释》第115条作了规定："当事人约定以交付定金作为订立主合同担保的，给付定金的一方拒绝订立主合同的，无权要求返还定金；收受定金的一方拒绝订立合同的，应当双倍返还定金。"

自制度史的角度言，最早出现的定金类型即为立约定金，但闪米特法律圈及希腊法中的立约定金和后来相比有两点不同：首先，制度背景不同。在闪米特法律圈及希腊法中，约定无拘束力，后来在口头协议具有拘束力的背景下立约定金制度仍有意义，是因为当事人可借此延缓缔约或者在无从立即缔约的情况下给本无法律意义的口头约定以一定的法律效力，比如，法定或约定的要式合同的当事人在形式达成前先创设立约定金法律关系。其次，在闪米特法律圈及希腊法中，当事人不是基于定金利益来决定是否缔约，而是决定是否履行协议；后来的立约定金是指以定金利益影响当事人缔约与否的决定。

在理解立约定金的功能时需要与两种状态作比较，一种状态是当事人既未订立目标合同，也未创设立约定金法律关系；另一种状态是当事人直接签订了合同，而未创设定金。与前一种状态相比，立约定金的创设增加了订立目标合同的可能性。如果一方不愿意订立合同，其须权衡因不缔约而获得的利益与因不缔约而遭受的定金损失，孰大孰小，如果

定金损失大于不缔约利益，则通常会选择缔约。因此，立约定金增加了缔约的概率。从另一个角度看，与后一种状态相比，创设立约定金法律关系又给当事人保留了不缔约的机会，从而能够避免因信息不对称或缔约后的情事变化而发生的缔约不利益。除增加缔约概率以及避免缔约不利益外，立约定金还有其他功能：一方面，立约定金也可以防止当事人利用订立合同的机会恶意磋商。在某些情况下，一方当事人可能违背诚实信用原则，在订立合同的过程中隐瞒重要的信息，或者编造信息，误导对方当事人，使对方当事人以为与其订立合同比较有利，而该方当事人却始终不与其订立合同，因而会给对方当事人造成损失。[1]倘若有意缔约者提出创设立约定金法律关系的要求，恶意磋商者就会退出。此外，虽非恶意磋商，但交易意愿不足的人也会被排除在外。因此，提出创设立约定金法律关系的人能够避免将时间、精力、成本浪费在不可能达成的交易上。另一方面，在创设立约定金法律关系的情况下，如果当事人一方最终放弃了订立主合同的机会，不论其主观上是恶意还是过失，都将适用定金罚则，这样就可以促使当事人更加谨慎、更加积极地进行交易。[2]需要注意的是，有学者认为，订立合同的当事人，在合同的订立阶段尚需承担“先契约义务”，立约定金可以作为当事人履行先契约义务或者保证先契约义务履行的一种形式，应当允许订立合同的当事人在订立合同前，约定立约定金。[3]依该见解，立约定金有履行先契约义务或保证先契约义务履行的功能。笔者认为，该说或对立约定金有误解，无论是照顾相对人完整利益的先合同义务，还是不以具有可责性的行为致使合同不成立或无效的先契约义务，均与立约定金没有关系。

[1] 孙鹏主编：《担保法精要与依据指引》，北京大学出版社2011年版，第519页。

[2] 孙鹏主编：《担保法精要与依据指引》，北京大学出版社2011年版，第519页。

[3] 邹海林、常敏：《债权担保的理论与实务》，社会科学文献出版社2005年版，第380页。

关于立约定金的适用场景，论者见解不同。有观点认为，当事人为订立合同已经作了必要的准备，相互间对于合同的内容已经取得基本一致，但因为存在一些未定情形，当事人又不愿放弃成立合同的机会，于是采用立约定金来实现当事人之间的相互信任以求最终成立合同，完成交易。[1]另有观点认为，立约定金的双方一般都已对主合同的主要内容达成一致认识，并为合同的订立作了准备，只是由于一些特殊情况不能马上订立合同，为确保将来订立正式合同而采用立约定金。[2]这两种观点强调了因未定情形或特殊情况，不直接缔约而是创设立约定金法律关系是更好的选择，失于笼统。具体而言，当事人不愿意直接缔约可能主要有以下原因：第一，在就缔约进行磋商之时，可能与潜在的第三人缔约是更佳的选择，但当事人并不拥有完备的信息，只是考虑与相对人缔约可能并非好的选择，因而不直接缔约。第二，当事人也可能会认为不应急于缔约，也许随着时间的推移，市场行情等外部情形或者当事人自身的因素会发生变化，从而直接缔约是不佳的。比如，某人对于将来是否确实需要某物并不确定，遂经与对方协商创设了立约定金法律关系，而没有直接签订承揽合同。嗣后情况变化，某人不再需要该物，经过权衡可以决定不再缔约。第三,一方或双方的合同利益尚不够明确，从而不具备立即缔约的条件。第四，合同的有效成立或者合同某方面事项的进行取决于主管机关的审批等外部因素。

（二）成约定金

传统上，成约定金（arrha constitutiva）是指作为目标合同成立要件的定金。比如，史尚宽先生认为，成约定金，谓为契约成立要件之定金，

[1] 徐康平、熊英：《担保法》，人民法院出版社2000年版，第161页。

[2] 刘保玉、吕文江主编：《债权担保制度研究》，中国民主法制出版社2000年版，第220页。

因定金之交付，契约始成立，而发生拘束力。[1]《担保法解释》第116条规定了成约定金：“当事人约定以交付定金作为主合同成立或者生效要件的，给付定金的一方未支付定金，但主合同已经履行或者已经履行主要部分的，不影响主合同的成立或者生效。”该条规定的特点是，其所称的成约定金不限于作为合同成立要件的定金，也兼指作为合同生效要件的定金。有论述称，无论是作为合同成立要件的定金，还是作为合同生效要件的定金，在司法解释中统称为成约定金，以司法解释一条加以解决。[2]该论述仅提及了司法解释将作为合同成立要件的定金与作为合同生效要件的定金一并当作成约定金加以规定，而并未阐述理由。就合同的成立与生效要件来说，基本的区分标准是当事人是否就合同的必要因素达成了合意以及有无足以导致合同的拘束力受影响的瑕疵。如果合同当事人另外约定了合同成立或生效的要件，则该要件具体为何取决于当事人的约定，与法定情况下的以是否达成了合意或有无瑕疵为标准区分成立或生效要件有所不同，但要件不具备时的后果是相同的，即目标合同无拘束力。当事人以定金的交付为合同发生拘束力的要件也是如此。当事人可以约定定金的交付是合同成立的要件，也可以约定定金的交付是合同生效的要件，无论采取何种措词，不交付定金的后果是一样的。因此，《担保法解释》将作为合同成立要件的定金与作为合同生效要件的定金均当作成约定金，可资赞同。

在理解成约定金时须注意以下两个问题：

第一，在约定了成约定金的场合，目标合同实际上与要物合同近似。有学者认为，在现代法上，合同基于当事人之间的合意而成立，此为合同成立的一个要件，但法律并不禁止当事人除意思表示一致外，再附加合同成立的其他要件，如实践合同就要求除当事人合意外，还须有

---

[1] 史尚宽：《债法总论》，中国政法大学出版社2000年版，第511页。

[2] 李国光等：《〈关于适用《中华人民共和国担保法》若干问题的解释〉理解与适用》，吉林人民出版社2000年版，第397页。

交付约定标的物的行为，合同方可成立。在这一点上，成约定金与实践合同有同一作用。[1]另有学者认为，成约定金的交付相当于实践合同中物的交付。[2]成约定金场合的目标合同与要物合同的共性在于以物的交付为合同成立的要件，另有几点差异：首先，大陆法系传统上的要物合同是指法律规定以某种物的交付为成立要件的合同，而就成约定金来说，是当事人约定以物的交付为目标合同的成立或生效要件。其次，大陆法系传统上的要物合同所涉及的物原本是会引发返还义务的物，比如最早的要物合同为消费借贷合同，在罗马古典法时期，使用借贷合同、寄存合同、质押合同也是要物合同。这些合同中的受领物的交付一方均有返还的问题。罗马法继受之后，要物合同的类型曾经有所拓展，赠与合同、互易合同也被有的立法例规定为要物合同。[3]在这些要物合同中，所交付的物是合同的标的物。就成约定金来说，既非借助物的交付引发将来的返还，所交付的物也未必是作为债务关系标的物的物。最后，在要物合同中，须全部交付作为债务标的物的物。在成约定金中，即使当事人所约定的标的物是作为合同标的物的物，通常也不是全部交付而是部分交付。倘若对要物合同的理解不以罗马法式的要物合同为限，而是以物的交付为合同成立或生效的要件为标准，则成约定金的目标合同即要物合同。如对要物合同采日耳曼法式的理解，则成约定金的目标合同是要物合同。如前所述，在日耳曼法中，早期单纯的约定没有拘束力，一方的交付能引起对方提供对待给付的义务，嗣后一方不必提供全部的给付，对方的对待给付义务也不必立即履行，成约定金制度因此产生。

第二，有观点认为，在当事人约定了成约定金的情况下，主合同是否成立或生效取决于定金的交付，若当事人一方按约定交付了定金，主

---

[1] 陈本寒：《担保法通论》，武汉大学出版社1998年版，第118页。

[2] 王利明、郭明瑞、方流芳编著：《民法新论》（下册），中国政法大学出版社1988年版，第323页。

[3] 关于要物合同制度的演变情况，可见张金海：《论要物合同的废止与改造》，载《中外法学》2014年第4期，第1003—1005页。

合同便成立并生效，若当事人没有交付定金，则主合同不生效，此时主合同是附条件的合同，以定金的交付为主合同生效的要件。我国《民法通则》允许设立附条件的民事法律行为，因此，虽然法律没有规定成约定金，但允许当事人约定设立成约定金。[1]该见解将成约定金的交付理解为法律行为所附的条件，存有误会。附条件法律行为中的条件成就与否仅与合同是否生效有关，而不涉及合同是否成立。更为重要的是，附条件法律行为的意义在于当事人能够着眼于发生与否不确定的情事（偶成条件）灵活地借助法律行为安排民事法律关系，而成约定金交付与否完全取决于当事人约定的交付方是否愿意交付（纯粹随意条件）进而使得目标合同具有拘束力。

（三）解约定金

解约定金（arrha poenitentialis）也称后悔定金，是指为使双方当事人享有解除合同的权利而交付的定金。交付定金方解除合同会丧失定金返还请求权，收受定金方解除合同则须双倍返还定金。《担保法解释》第117条规定，“定金交付后，交付定金的一方可以按照合同的约定以丧失定金为代价而解除主合同，收受定金的一方可以双倍返还定金为代价而解除主合同”。该条所规定的定金即为解约定金。

我国学者对于解约定金的功能有多种见解，本书择主要的三种予以阐述。

第一，有观点认为，解约定金为担保方式之一，其功能是担保当事人不至于轻易解除合同。当事人在合同中约定解约定金条款后，如果解除合同，交付定金的一方无权要求对方返还定金；接受定金的一方应当双倍返还定金。由此，当事人为了不至于损失定金或承担双倍返还定金的损失，从利益考虑出发，会在一定程度上减少解除合同的概率，促使

[1] 毛亚敏：《担保法论》，中国法制出版社1997年版，第247页。

合同的顺利履行。[1]另有学者认为，在解约定金的场合，定金的存在不再是解除功能实现的手段，而毋宁说是防止解除权滥用的工具。但这一预防功能事实上是仰赖于定金合同本身的有偿性来实现的。至于定金是否提前交付，则在所不问。[2]这两种观点实际上是相同的，均认为解约定金有利于稳定合同关系，以定金罚则促使双方履行解除合同。但是，其对解约定金功能的理解刚好颠倒了。

在当事人不创设解约定金法律关系的情况下，双方本来都没有权利自由解除合同，在一方重大违约的情况下，对方取得解除权，除非存在阻却实际履行的事由（如债务人履行不能等情形），其可以要求实际履行，也可以要求解除合同，以违约损害赔偿为救济措施。而在创设了解约定金法律关系的情况下，当事人即取得了解除合同的权利，但解除合同的代价是遭受定金罚则的制裁。解除合同方之所以愿意遭受定金罚则带来的不利后果，是因为其可以稍小的代价避免更大的履约不利益。在解约定金中，如果交付定金的一方认为履行合同将导致不利益的后果时，则得以丧失定金为代价而解除合同；同理，收受定金的一方认为履行合同将导致不利益的后果时，亦得以双倍返还定金为代价而解除合同。[3]

第二，为便于解除时的损害赔偿而创设解约定金。有观点认为，由于一方意图解除合同时，赔偿不易计算而往往导致纠纷甚至诉讼，当事人为了在不愿履行合同时能使合同关系的结束简便易行而约定解约定金，亦有现实价值，从而解约定金亦有其存在的空间。[4]该见解认为解

[1] 吴庆宝主编：《物权担保裁判原理与实务》，人民法院出版社2007年版，第590—591页。

[2] 李贝：《定金功能多样性与定金制度的立法选择》，载《法商研究》2019年第4期，第175页。

[3] 郭明瑞、房绍坤、张平华编著：《担保法》（第五版），中国人民大学出版社2017年版，第187页。

[4] 田土城、宁金城主编：《担保制度比较研究》，河南大学出版社2001年版，第172页。

约定金的价值在于避免一方意图解除合同带来的问题，理解上也有偏差。如不创设解约定金，在不基于其他原因享有解除权（比如因债务人根本违约而享有法定解除权）的情况下，一方根本就无法解除合同，并无一方意图解除合同时赔偿不易计算的问题。

第三，有学者认为，解约定金也有证约定金以及担保主合同履行的作用。[1]依该见解，解约定金具有多种功能，除赋予当事人以解除权外，同时也有证约定金与违约定金的功能，这是将解约定金的功能不适当地扩大了。一方面，不宜单纯地因当事人间有定金交付的法律事实就认为解约定金有证约定金的功能。下文将论述所谓证约定金不宜被当作定金的一个类型，根据交付金钱或其他可替代物的法律事实认定当事人间有合同关系也有相应的限制。另一方面，如前所述，解约定金的功能不在于担保主合同的履行，而在于使当事人能够以遭受定金罚则的不利后果为代价无条件地解除合同。倘若当事人并未解除合同，则在丧失解除权之后，解约定金不能被理解为转换成了违约定金，从而也谈不上担保主合同的履行。

实际上，解约定金的功能在于以遭受适用定金罚则带来的不利益为代价赋予当事人以解除权，行使解除权不需要理由，因而可以说基于解约定金的解除权“无条件，有代价”。究其实质，当事人就解约定金进行约定是约定解除权的一种情形。[2]关于享有解除权的主体，有学者认为，交付解约定金的一方有自由解除合同的权利，而接受定金的一方无解除合同的权利。[3]绝大多数学者则认为，双方当事人均享有以丧失定金利益为代价而解除合同的权利。本书认为，双方享有解除合同的权利体现了对法律关系的公平安排，另外也是定金的双向性作用机制所决定的。有学者认为，交付定金的一方要解除合同，将要丧失定金；而接受

---

[1] 毛亚敏：《担保法论》，中国法制出版社1997年版，第248页。

[2] 黄薇主编：《中华人民共和国民法典合同编释义》，法律出版社2020年版，第294页。

[3] 郭明瑞、房绍坤、张平华编著：《担保法》（第五版），中国人民大学出版社2017年版，第200页。

定金的一方要解除合同，则必须双倍返还定金。因为接受定金方已经占有了对方交付的定金，实际享有了一定的利益，因而其行使解约权要付出更大的代价。[1]由于收受定金方事先收取了交付定金方交付的解约定金，实际上并未付出更大的代价。值得注意的是，传统的解约定金坚持对双方当事人同等地赋予解除权，但当事人也可以约定仅由一方以遭受不利益为代价取得解除权。如前所述，在德国法上，解约定金即不再具有双向性，并且交付时间也作了放松。

（四）违约定金

违约定金（arrha poenalis）是合同履行的担保手段，同时也是违约责任的一种形式。如果交付定金方违约，即无法请求返还定金，接受定金方违约，则须双倍返还定金。《担保法》第六章所规定的定金即违约定金。《民法典》中，关于定金的条文设置在第三编“合同”第一分编“通则”第八章“违约责任”，有三个条文即第586—588条，其所规定的也是违约定金。准确理解违约定金的关键在于明确其功能。

第一，担保与救济功能。违约定金具有担保债务履行的功能，也有使非违约方获得救济的功能，在理解时两个方面不能偏废。例如，有观点认为，违约定金是指以定金的放弃或者双倍返还作为违反合同的补救方法而约定的定金，[2]另有观点认为，违约定金即以定金作为债之不履行的赔偿的定金，这种定金有一定的赔偿金的性质，对弥补债权损失有积极的作用。[3]前述观点仅着重了违约定金可以给非违约方带来救济的一面，而忽略了促使债务人履行债务的一面，从而相对片面。违约定金的担保功能在于：债务人如欲违约，需考虑其因定金罚则遭受的损失与其

---

[1] 王利明：《合同法研究》（第二卷）（第三版），中国人民大学出版社2015年版，第726页。

[2] 江必新、何东宁：《最高人民法院指导性案例裁判规则理解与适用·担保卷》，中国法制出版社2011年版，第490页。

[3] 董开军：《债权担保》，黑龙江人民出版社1995年版，第201页。

违约可能带来的利益，孰大孰小。如果经其估量，违约带来的利益会低于因定金罚则遭受的损失，通常就会放弃违约。有些学者称违约定金有间接强制当事人履行债务的作用，其所指的就是以适用定金罚则带来的损失来引导债务人履行债务。不过，即使债务人在经过权衡后认为，违约带来的利益会超过适用定金罚则带来的不利益，通常也不会遽然违约。因为在这种情况下，违约责任也起着抑制违约的作用。债务人尚须评估，如其违约，其遭受的定金不利益之外还须承担的违约责任的大小。一般来讲，如其认为违约遭受的定金不利益加上承担违约责任，损失仍旧小于违约带来的利益，才会决定违约。

第二，有学者认为，违约定金也兼有证约定金的作用，其具体表述有些差异。有学者称，违约定金也具有证约定金的作用，因为在一方实际交付定金而另一方实际接受定金以后，也可以证明合同的成立。[1]另有学者称，违约定金有交付和接收的过程，而交付和接收两个行为所构成的事实足以证明当事人间的合同关系已经成立。[2]前一种观点实际上未论及在创设违约定金的情况下用于证明合同关系的凭据究竟为何，后一种观点将交付和接收两个行为当作证据，但未阐明交付和接收两个行为如何体现。如果是指单纯以双方间发生的金钱或其他可替代物的占有移转的事实作为证据，则意味着金钱或其他可替代物的移转均证明当事人间有合同关系，不只是违约定金有这种作用。如果是将当事人间的书面违约定金合同当作证据，这种证据自无问题，因为合同文本中写明了其担保的主合同为何，但这种证据意义也是有限的。如果违约定金协议做成了书面合同形式，当事人对主合同反倒无书面凭据，这种情况发生的概率不高。

---

[1] 吴庆宝主编：《物权担保裁判原理与实务》，人民法院出版社2007年版，第592页。

[2] 孙鹏、肖厚国：《担保法律制度研究》，法律出版社1998年版，第310页。

二、证约定金以及定金的证明效力

（一）不应将证约定金当作定金的类型

证约定金长期以来被当作定金的一个类型。如前所述，[1]《盖尤斯法学阶梯》（Gai. 3. 139.）中称：当人们商定价金时，买卖达成，即便尚未支付价金甚至尚未给付定金（arra）；实际上，以定金名义给付的钱款是对买卖已达成的证明。另外，他在《在论行省告示》中论述道，在买卖中交付定金这一普遍的做法不表明不交付定金就没有合同，而是有助于证明就价款达成了协议这一事实。据其所述可以确定，在罗马古典法中定金并非立约定金，定金的交付只能证明当事人间达成了协议，从而该种定金被称作证约定金（arra confirmatoria）。我国许多学者也认为证约定金为定金的一个类型。所谓证约定金，谓以定金为订立契约之证据，即因交付定金以证明契约之成立也。[2]

关于证约定金的存在价值，有学者认为，在实际生活中，由于法律观念的匮乏、当事人为节省时间或者不具备当时订立正式合同的条件，往往只是订立口头协议，在发生纠纷时，难以界定当事人之间的权利义务关系是否存在。而通过证约定金的交付和接收的过程，则足以证明主合同的成立，对于确定当事人之间的权利义务具有重要作用。[3]另有学者认为，证约定金的证明作用也体现于不完备的书面合同，书面合同倘若没有签字、盖章，本来不成立，但当事人付收了定金，表明该不完善的书面合同业已成立，成立的时间为承诺的时间。[4]

本书认为，不应将证约定金当作定金的一个类型。立约定金、成约定金、解约定金、违约定金之所以是定金的类型，是因为当事人意欲通

---

[1] 参见本书第一章第一节相关论述。

[2] 戴修瓒：《民法债编总论》（下），会文堂1933年版，第218页。

[3] 蔡永民：《比较担保法》，北京大学出版社2004年版，第343页。

[4] 河山、肖水：《合同法概要》，中国标准出版社1999年版，第83页。

过交付定金达成一定的目的，比如通过交付立约定金使当事人缔约的概率增加，同时保留了不缔约以避免缔约不利益的选择权。而自盖尤斯以来，所谓的证约定金是指以定金名义所为的交付只有证明当事人之间存在合同关系的作用，而之所以采此立场，是为了否定当事人之间付收的定金是立约定金。可见，证约定金并非以功能为标准所确定的定金类别，实际上只是指当事人以定金名义所为的付收有证据作用。当然，当事人可以自行约定以定金的交付和受领为存在目标合同的证据，但只是在有证据的情况下才能确定进行了定金的付收，以此为证据反倒不如做成书面证据方便，因而当事人为此种约定的可能性应当不大。即使当事人专为证明合同关系的存在而付收定金，这种定金也是证据法性质的，并非实体法性质的以功能为分类标准的定金。

（二）定金的证明效力

与证约定金相关的问题是，其他类型的定金是否有证约功能。有学者持反对意见，认为定金不具有证明合同已经成立的证据效力，合同是否成立不得仅以当事人约定并交付定金加以判断，而应当依照当事人订立合同时能够反映当事人真实意图的各种事实予以判断。[1]另有学者认为，立约定金等四种定金均具备证明合约存在的功能。所谓合约并非仅指合同，还应包括当事人将要签订合同的合意或约定。在民事活动中，如果当事人是以口头形式约定交易行为的，那么定金的约定与交付就为日后证明合约存在提供了有力的证据，这对于避免任意毁约行为、促进商品流通起到了积极作用。[2]也有学者作了限缩理解，认为除立约定金外，成约定金、解约定金以及违约定金都具有证明效力。[3]

---

[1] 邹海林、常敏：《债权担保的理论与实务》，社会科学文献出版社2005年版，第378页。

[2] 吴庆宝主编：《物权担保裁判原理与实务》，人民法院出版社2007年版，第592页。

[3] 叶金强：《担保法原理》，科学出版社2002年版，第258页。

本书认为，立约定金的确无证约功能。立约定金旨在增加缔约概率，但当事人也保留了不缔约的可能，从而即使有书面的立约定金合同并且立约定金已经交付，也不能据此认为本约已经订立。成约定金、解约定金与违约定金确有证约功能，但在确认目标合同的存在时应区分情形加以判断。倘若当事人以书面形式订立解约或违约定金合同，正常情况下不会仅写定金合同的内容，而是会写明目标合同的情况，从而依据书面的定金合同就可以确认某目标合同是存在的。成约定金的情况有所不同，其实际交付后目标合同才会有效成立，从而无从仅凭书面的成约定金合同予以确认，尚需结合成约定金已实际交付的证据（比如受领方出具的收据）才能确认。倘若当事人未达成书面形式的定金合同但交付了定金，定金的交付满足了要物的要求，此时可凭借定金已实际交付的证据认定目标合同的存在。反之，如果根据书面的定金合同或者已交付定金的证据无从确定目标合同为何，成约定金、解约定金与违约定金即无证约效力可言。另外，即使根据这三种定金可以确定目标合同存在，持异议的一方也可进行反证，比如目标合同因实际未达成或有严重瑕疵等而不存在。

三、定金的识别

（一）定金的认定

当事人所作的约定是否为定金合同，是意思表示解释问题，根据解释规则可以进行推导：第一，当事人使用了“定金”一词，并且协议中表述的内容符合定金的特征，比如表述了罚则，或者将定金的交付当作合同成立或生效的条件，可以认定当事人订立的是定金合同。但是持异议的一方也可以加以反证，比如举证其与对方进行了通谋虚伪表示。第二，当事人使用了“定金”一词，但协议中的相关表述表明实非定金，而是其他法律关系，应认定当事人订立的非定金合同。第三，当事人使用了“定金”一词，但协议中无关于定金含义的具体表述，由于定金是专门法律术语，应先支持主张订立了定金合同的一方，他方如能以行业惯例、交易习惯、当事人的意思等为依据进行反证，比如证明双方共同错误地使用了“定金”一词，所订立的并非定金合同，应认定当事人订立的不是定金合同。第四，当事人未使用“定金”一词，但协议中表述的内容符合定金的特征，可以认定当事人订立的为定金合同。有学者认为，当事人在订立定金合同的时候，应当明确“定金”的字样，用语要规范，否则不能发生定金的法律效力。该见解忽略了当事人的真实意思在意思表示解释中的准据作用。第五，当事人未使用“定金”一词，并且协议中表述的内容不符合定金的特征，应认定当事人订立的不是定金合同。此类情形在《担保法解释》第118条得到了体现：“当事人交付留置金、担保金、保证金、订约金、押金或者订金等，但没有约定定金性质的，当事人主张定金权利的，人民法院不予支持。”

（二）定金类型的认定

当事人在就定金进行约定时，通常不只会有表明定金特征的表述，也会约定该定金为何种定金，[1]从而定金类型的认定一般来说并不困难。如果当事人仅使用了“定金”一词，没有表明定金特征的表述，则就该定金究系何种类型可能会发生争议。此时应根据体系解释（根据合同的其他内容）确定定金的类型。如能确认订立定金合同时目标合同尚未有效成立，则该定金不会是解约定金、违约定金，只会是立约定金或成约定金，进而根据有无关于罚则的约定或者有无关于以定金的交付为合同成立或生效条件的约定，可以确定究竟是立约定金还是成约定金。在当

[1] 当事人所作的符合定金特征的表述，尤其是关于定金罚则的表述，总是会表明定金的适用条件，比如在何种情况下交付方丧失定金，何种情况下收受方应双倍返还定金，因为定金的丧失或双倍返还需要有条件状语从句，仅称丧失定金或双倍返还定金，语义不完整，没有意义。准此而言，在当事人作了符合定金特征的表述的情况下，当无定金类型确定问题。

事人间已有有效成立的目标合同的情况下，该定金或为解约定金，或为违约定金。为避免松动合意的拘束力进而抑制交易，在无明确约定的情况下，应确定该定金是违约定金而非解约定金。另外，当事人可以在合同中约定定金具有某一性质，也可以约定定金具有互不排斥的多重性质。例如，对立约定金，当事人可以约定在正式订立主合同后，定金不予以返还，而是转而用作违约定金。[1]需要注意的是，在当事人无相关约定的情况下，不应认定定金不止一种性质。

第三节　违约定金的性质

违约定金是使用频率最高也最为重要的定金类型。关于违约定金的性质，有不同认识。《德国民法典》将违约定金与违约金规定在同一节中，这种做法引发了一种观点，即违约定金与违约金都属于债的确保。另有观点认为，违约定金是一种担保方式，是违约责任的一种形式。为准确地对违约定金进行制度定位，有必要对相关不同见解进行探讨。

一、确保说

《德国民法典》第二编“债务关系法”第三章“因合同而发生的债务关系”中，第四节为“定金、违约金”，定金与违约金并无法定的上位名称，但有些学者称之为确保（Sicherung）。[2]比如，埃塞尔（Esser）和施密特（Schmidt）将零售交易（Detailgeschäft）中的首付

---

[1]　孙鹏主编：《担保法精要与依据指引》，北京大学出版社2011年版，第522页。

[2]　Sicherung也可译为担保，但包含埃塞尔、施密特在内的一些德国学者在用该词涵盖定金、违约金时，并未同时提及保证、担保物权，因此针对前一种情形，本书将该词译为确保。

（Anzahlung）、违约金和定金称作通过伴随性的约定建立的确保，目的在于强化对方的合同信义（Vertragstreue）。[1]另外，我国台湾地区学者也多将定金界定为债的确保。相关见解主要有以下四种：

第一，从合同履行的角度理解确保。比如，郑玉波认为，定金者，乃以确保契约之履行为目的，由当事人之一方交付他方之金钱或其他代替物也。[2]林诚二认为，所谓定金，乃契约当事人之一方以确保契约之履行为目的，交付他方之金钱或其他代替物。[3]

第二，从合同履行与债权实现的角度理解确保。邱聪智认为，定金者，以确保契约之履行为目的，由当事人一方交付于他方之金钱或其他代替物。[4]依其见解，契约订定以后，债之关系发生，为确保当事人之履行，有定金及违约金之制度。盖以契约之成立后，如有定金之交付或违约金之约定，债务人为避免定金被没收或违约金之交付，自不敢任意不履行契约之故也。定金及违约金之于契约确保，尚非仅止于迫使债务人履行债务，同时寓有充实债权人实现债权之意义。原来，债务人如有不履行契约上之给付义务者，依债务不履行，债权人固有损害赔偿请求权。惟债权人此项权利之行使，须举证证明损害之发生及其范围；此项举证，对债权人言之，毋宁为一重大负担。如债权人有定金、违约金之约定者，即可以定金、违约金充作损害赔偿，毋庸任何举证。如是，债务人纵有债务不履行，债权人将可无虞损害赔偿请求权之不能实现，堪称契约确保之积极意义。[5]

---

[1] Esser/Schmidt，Schuldrecht，Band Ⅰ，Teilband 1，Allgemeiner Teil，8. Aufl.，C. F. Müller Verlag，1995，S. 266.

[2] 郑玉波：《民法债编总论》（修订二版），中国政法大学出版社2004年版，第311页。

[3] 林诚二：《民法债编总论》，中国人民大学出版社2003年版，第436页。

[4] 邱聪智：《新订民法债编通则》（下），中国人民大学出版社2004年版，第340页。

[5] 邱聪智：《新订民法债编通则》（下），中国人民大学出版社2004年版，第339页。

第三，从合同的成立与履行的角度理解确保。比如，戴修瓒认为，定金云者，谓因订立契约，由当事人一方交付他方之金钱或其他代替物也。就收受定金当事人，因其过失致契约履行不能时应加倍返还之规定观之，其理甚明。又定金之授受，买卖居多，惟各种交易咸得行之，并非限于买卖始可授受定金。再定金之交付固有后述种种目的，但主要目的在于契约之成立及履行，故编入契约确保之内。[1]孙森焱认为，定金谓契约当事人之一方以确保契约之履行或担保契约之成立为目的，交付他方之金钱或其他代替物。[2]另外，前文在定金的界定部分已提及陈瑾昆的观点。其认为，定金者，契约当事人一方或双方在契约之着手履行前随时交付之金钱或其他有价之代替物也，因此成立之契约称曰定金契约。此契约虽如后述有种种目的，但其根本目的不外确保契约之成立或履行，故有确保契约效力之性质。[3]

第四，从合同的履行与避免解除合同的角度理解确保。定金及违约金为确保契约之履行而设，[4]解约定金自表面观察似不足以确保契约之效力，实则付定金人如为解约，须抛弃受定，受定金人如为解约，须偿还定金之倍额，正所以确保契约之效力也。[5]

以上见解中，解约定金也有确保契约的效力之说不成立，解约定金实际上是弱化了契约的效力，当事人以遭受定金罚则带来的不利益为代价取得了解除合同的权利。创设立约定金法律关系与不创设相比增加了缔约的概率，但也给当事人保留了不缔约的机会，从而以确保命名之并不准确。值得探讨的是违约定金的确保契约履行以及确保损害赔偿请求权实现的效力。违约定金的确具有两方面的作用，一是以遭受定金罚则带来的不利为威胁，引导债务人履行债务，二是由于无须举证证明损害

---

[1] 戴修瓒：《民法债编总论》（下），会文堂1933年版，第218页。

[2] 孙森焱：《民法债编总论》（下册），法律出版社2006年版，第591页。

[3] 陈瑾昆：《民法通义债编总论》，北平朝阳学院1933年版，第276页。

[4] 胡长清：《中国民法债编总论》，商务印书馆1935年版，第357页。

[5] 胡长清：《中国民法债编总论》，商务印书馆1935年版，第361页。

之发生及其范围即可以定金充作损害赔偿，有充实债权人实现债权的意义。定金的这两方面作用分别涉及债务人的履行意愿和以定金填补债权人遭受的损失，从而以直接将定金定性为担保为妥，不必别树一帜，以债权的确保名之。

二、债权担保形式说

（一）否定说

1.否定说

有学者认为违约定金并非债权担保的一种形式，主要理由是：

第一，替代给付功能的欠缺。在所谓定金担保中，由于定金数额受到极大限制（在我国不得超过合同标的额的20%），即便让定金补偿其担保之债权（定金作为违约罚，不具补偿性，但其客观上也能产生补偿债权的效果），其补偿能力，即其替代给付主债务之能力，亦极其有限，故其担保力显得极其微弱。[1]

第二，既未扩大责任财产范围，又未使责任财产特定化，即定金欠缺担保的手段。一方面，定金规则中，一方向他方给付定金后，根据定金罚则，同时保护着两个相向的债权。但是，无论对于哪一债权，用以承担债务的责任财产的范围并未扩大。另一方面，定金的交付也未能使责任财产真正特定化。对于收受定金方之债权而言，定金给付方所给付之定金，在某种意义上尚可视为特定化的责任财产，给付方不履行债务时，收受方可直接没收该笔定金。故定金对收受定金方之债权尚有较强的担保力。但对于给付定金方的债权而言，债务人（收受定金方）的责任财产未有任何特定化，甚至给付定金方所给付的定金也混同于其一般财产，在发生责任时，不仅给付定金方原有债权难获满足，就连其所给

---

[1] 孙鹏、肖厚国：《担保法律制度研究》，法律出版社1998年版，第319页。

付的定金也不一定能获准返还，对于给付定金方而言，此无异于“赔了夫人又折兵”。[1]

第三，难以在人的担保和物的担保中进行合理归类。担保可分为人的担保与物的担保（担保物权），前者为单纯扩大责任财产范围的担保，后者为责任财产特定化的担保。定金同时缺乏这二种担保手段，故在确定其类型时，学者们颇感困惑，认为其既非人的担保，也非物的担保，而为独立的金钱担保。在债权担保与一般民事责任间，定金更倾向于违约金等一般民事责任，也就是说，定金与债权担保的离心力较大，而与一般民事责任的向心力较大，故应将定金归于一般民事责任中，而不能将其与保证、留置、抵押等并列为担保，如果非要称定金为担保，也充其量为所谓一般担保，而不能为特殊担保。[2]

2.本书见解

以上观点指出违约定金的担保效果可能不如人的担保与物的担保，但忽略了其担保作用，从而不足以否定违约定金为担保的手段之一。理由如下：

第一，定金的数额虽以主合同的20%为限，但未必均无法使债权人的利益得到全面保护。在交付方违约的情况下，收受方可以解除合同，此时其所遭受的损失可以根据市场价格规则或替代交易规则计算，也可以丧失的利润额为计算根据。如此计算出来的赔偿额可能低于定金数额，债权人的利益能够得到实现。在下述情况下，定金收受方的债权无法完全实现：解除合同后，依据前述市场价格规则等方法计算出的损失额高于定金数额；收受方已提供对待给付，解除合同后返还请求权无法实现；收受方已履行给付义务，其不解除合同而是请求支付余额，而交付方无力支付。在收受方违约的情况下，倘若其双倍返还定金，交付方的债权有时能得到实现。在定金交付方的损失高于定金数额，或者收受方不返

[1] 孙鹏、肖厚国：《担保法律制度研究》，法律出版社1998年版，第319页。

[2] 孙鹏、肖厚国：《担保法律制度研究》，法律出版社1998年版，第319—320页。

还、不完全双倍返还等情况下，交付方的债权无法得到全面保护。因此，不宜不区分情形而笼统地否定定金的担保功能。

第二，担保的路径并非只有责任财产的扩大与就特定物优先获得清偿。债权的担保是指债权人的权利能够获得实现，而债权的实现除依赖于债务人的履行能力外，尚与债务人的履行意愿有关。违约定金罚则的适用会使违约方遭受定金不利益，从而一方在决定是否违约时须考虑其因违约获得的利益与因违约丧失的定金利益，二者究竟孰轻孰重。这有助于强化债务人的履行意愿。将定金称作一般担保可以说忽略了定金罚则的作用，尤其是置收受定金方已经获得的定金利益于不顾。

第三，定金既不属于人的担保也不属于物的担保不能说明定金不是担保。人的担保与物的担保这种担保类型的区分没有完全覆盖担保的各种形式。定金一方面能使债权人的利益全部或部分地得到填补，另一方面可强化债务人的履行意愿，因此定金被定性为担保的一种形式是准确的。

（二）肯定说

本书第一章已经述及，《奥地利民法典》、1964年《苏俄民法典》认为违约定金是债权的担保手段。就我国的情况来说，1995年《担保法》规定了违约定金，将其当作担保手段的态度甚为显然，并且其第89条明确规定，“当事人可以约定一方向对方给付定金作为债权的担保”。1999年《合同法》第115条规定，“当事人可以依照《中华人民共和国担保法》约定一方向对方给付定金作为债权的担保”。《民法典》承袭了这两者的态度，其第586条规定，“当事人可以约定一方向对方给付定金作为债权的担保”。我国的通说也认为，违约定金是债权担保的一种形式，但在具体理解上有所差异。

1.金钱质说

该说认为，当事人在合同中约定一方向另一方交付一定数额的金钱作为担保形式的，该交付的金钱具有金钱质的共同本质。比如当事人在合同中约定的留置金、担保金、保证金、订约金、押金或者订金等。所谓金钱质，即将金钱作为质物并向他人转移金钱的占有，以此作为担保的方式。金钱在这种时候成为出质物。[1]此说的问题在于：第一，定金的标的物未必是金钱，也可以是其他可替代物。第二，金钱质应当是动产质权的特殊形式，在动产质权中，交付质物后质物的所有权并不移转，而定金在交付后会发生所有权移转。第三，金钱质既然是质权的一种，其适用应遵循质权的一般规则，亦即只有质权人一方才能就质物即已经收受的金钱获得清偿，如有余额应予退还，如有不足另行请求赔偿。但违约定金是双方均可获得担保，并且不存在因未发生损失或发生的损失较小而免减定金的问题。因此，定金并非金钱质。

2.定金罚则说

我国的通说并不认为定金属于金钱质，而是将其当作与人保、物保并存的独立的担保形式。定金的担保作用是借助定金罚则得以产生的。一方面，在一方当事人向对方当事人交付一定数量的金钱或其他代替物之后，履行即与该特定数额的金钱或其他代替物的得失挂钩，使当事人产生心理压力，从而积极而适当地履行债务，以发挥担保作用。它与人的担保和物的担保有不同的机理，属于金钱担保。[2]另一方面，定金也具有救济作用。如学者所说，违约定金的预先交付使得收受定金的一方利益更有保障。给付定金方违约，收受定金方直接确定地获得了定金利益，利益的实现不再需要支付任何成本，如果给付定金方有异议，只能发动诉讼，并且即使胜诉，其享有的也只是债权请求权。[3]

---

[1] 李国光等：《〈关于适用《中华人民共和国担保法》若干问题的解释〉理解与适用》，吉林人民出版社2000年版，第402—403页。

[2] 崔建远：《合同法》（第三版），北京大学出版社2016年版，第226页。

[3] 叶金强：《担保法原理》，科学出版社2002年版，第258页。

（三）定金担保的特点

违约定金作为债权担保方式具有如下特征：

第一，就担保方式的分类而言，定金一般被称为金钱担保，与人的担保、物的担保并列。就命名而言，人的担保、物的担保标明了该担保方式的依托，即人的担保依赖的是第三人的责任财产，物的担保则是指就债务人或第三人提供的担保物获得优先清偿的权利。金钱担保一词仅表明了交付的标的物，但起到担保作用的机制是定金罚则。

第二，定金担保的担保人以被担保的主合同的当事人为限。如以保证为担保方式，保证人只能是债务人以外的第三人。提供担保物创设担保物权者既可以是债务人，也可以是第三人。有鉴于此，有学者称定金担保为合同债务人的自己担保。[1]

第三，定金担保的双向性。定金担保的作用机制是定金罚则。依定金罚则，交付定金方违约即丧失定金返还请求权，收受定金方违约则须双倍返还，从而违约定金法律关系的创设可以促进双方履行合同义务，换言之，定金担保具有双向性。与定金不同，无论是人保还是物保，受到担保的只有债权人一方。

第四，担保的重点既有促使双方履行主合同义务的 面，也有使债权人就定金获得清偿的一面。与定金不同，人的担保与物的担保都更多是在发生违约的情况下使债权人获得清偿。

第五，定金担保具有惩罚性。在发生违约进而适用定金罚则的情况下，违约方会遭受不利，非违约方因此而获得的救济也许会高于其实际损失，但不存在对定金数额的减免问题。而人保、物保均以实现债权或者说债务清偿为目的，从而不具有惩罚性。[2]

---

[1] 吴庆宝主编：《物权担保裁判原理与实务》，人民法院出版社2007年版，第584页。

[2] 刘保玉主编：《担保法原理精要与实务指南》，人民法院出版社2008年版，第751页。

第六，定金担保具有便捷性。人的担保借助的是第三人，从而在创设人的担保时，债务人能否找到愿意充当保证人的人是关键，并且其所找到的愿意充当保证人的人由于经济实力或者信用原因也可能不为债权人所接受。而定金担保是当事人自己充任担保人，不需要向外部求助，从而较为方便。在各种担保方式中，物的担保使得债权实现的可能性最大，但是创设物的担保有公示要求，以不动产创设担保物权时须登记，以动产或权利创设担保物权时则存在交付和登记等问题。尤其是在创设动产质权的情况下，质权人须保管质物且不能加以使用，出质人也无从使用，从而对双方来说均非有效率的担保方式。与创设担保物权相比，定金的创设较为便捷，有定金合同并且交付定金即可。如果发生违约，与保证相比，由于收受定金方事先已取得了定金，从而在一定程度上已经得到了救济，虽然数额可能不足，但确有实效。另外与担保物权相比，定金担保也不存在实现担保物权过程中的因变价、作价、拍卖所带来的程序上的问题。

第七，定金担保作用的有限性。就保证来说，如果保证人有足够的支付能力，并且对担保范围未作限定，债权人可以获得完全的清偿。就担保物权来说，债权人在该物的价值范围内优先获得清偿。如果物的价值高于债权数额，债权实现不存在问题。而定金担保虽有便捷之优势，但由比例限制性所决定，其担保作用是有限的。就定金来说，其既未扩大责任财产的范围，也未在特定物上使债权人获得优先清偿之权。如果债权人遭受的实际损失高于定金数额，则对于未能获得清偿的部分，并无担保可言，只能另行请求赔偿。尤其是对于交付定金方来说，其处境更为不利。如果收受定金方违约，交付定金方只能请求其双倍返还，但这种请求权只是通常的债权请求权，如收受定金方拒绝，只有以诉讼等途径解决纠纷。倘若收受定金方资力不足，双倍返还即无法兑现，甚至连其所受领的定金也无法返还。鉴于定金担保作用的有限性，有学者称其只有象征性的担保意义，因为定金担保与人保和物保相比，担保功能比较弱。[1]不过定金担保并非一定不能使债权人获得完全的清偿，因此称其为象征性的担保未尽妥适。

三、违约责任形式说

（一）不同的见解

《最高人民法院关于在审理经济合同纠纷案件中具体适用〈经济合同法〉的若干问题的解答》（以下简称《适用〈经济合同法〉解答》）中“关于定金与违约金能否并用问题”指出：“定金与违约金的性质不同。定金是一种担保方式，而违约金是对违约的一种制裁和补偿手段。所以合同的一方可以在对方违约时既要求对方偿付违约金，又要求按定金罚则处理定金问题，只要法律和法规没有相反规定，就应当予以保护，但并用的结果应以不超过合同标的价金总额为限。”依该规定，违约定金并非违约责任的一种形式，仅具有债权担保的性质。在学理层面上，也有观点认为违约定金仅为债权担保的形式而非违约责任的形式。比如，有学者认为，定金是对合同履行的担保，合同当事人一方不履行合同时，定金的违约制裁开始发生效力。违约责任则是合同当事人不履行合同约定的义务而应当承担的责任。定金和违约责任的适用，均在于合同当事人有违反合同的行为，但定金的适用源自对定金合同所担保的合同义务的违反，违约责任的适用则依赖于当事人对合同自身义务的违反。而且，定金的制裁作用源自定金合同的约定和法律的规定，仅以当事人约定的定金数额为评价依据；而

[1] 董开军：《债权担保》，黑龙江人民出版社1995年版，第202页；孔祥俊主编：《担保法例解与适用》（新编本），人民法院出版社2001年版，第755页；中国审判理论研究会民事专业委员会编著：《民法典合同编条文理解与司法适用》，法律出版社2020年版，第222页。

违约责任包括但不限于请求违约方支付违约金、违约损害赔偿。[1]

《合同法》第七章“违约责任”第115条规定：“当事人可以依照《中华人民共和国担保法》约定一方向对方给付定金作为债权的担保。债务人履行债务后，定金应当抵作价款或者收回。给付定金的一方不履行约定的债务的，无权要求返还定金；收受定金的一方不履行约定的债务的，应当双倍返还定金。”依体系解释，违约定金亦是违约责任的一种形式。全国人大法工委并未在关于合同法的释义（以下称《合同法释义》）中阐述何以违约定金亦是一种违约责任形式，而是称，“定金是债的一种担保方式，是指合同当事人一方为了担保合同的履行而预先向对方支付一定数额的金钱。……根据本条的规定，当事人在订立合同时，可以依照担保法约定一方向对方给付定金作为债权的担保，并按照担保法第八十九条的规定履行定金罚则”。[2]《民法典》关于定金规定位于第三编“合同”第一分编“通则”的第八章“违约责任”，该位置足以表明违约定金的违约责任形式性质。我国的通说也认为定金兼有债权担保与违约责任的双重属性。债权担保形式与违约责任形式双重性质说值得肯定。违约责任是债务人违反合同后在要件具备的情况下所承担的不利后果。在创设了违约定金法律关系的情况下，如果债务人违约，并且定金罚则适用的条件具备，债务人会因此承担丧失定金或双倍返还定金的不利后果。因此，违约定金与实际履行、违约损害赔偿、违约金、减少价款或报酬一样，均为违约责任的具体形式。

（二）具体定位

在确认违约定金为违约责任的一种形式后，尚须进一步给该违约责

---

[1] 邹海林、常敏：《债权担保的理论与实务》，社会科学文献出版社2005年版，第393页。

[2] 全国人民代表大会常务委员会法制工作委员会编：《中华人民共和国合同法释义》（第3版），法律出版社2013年版，第209—210页。

任形式进行定位。在此方面，存有不同认识：

第一，损害赔偿预定说。史尚宽认为，（违约）定金为损害赔偿额之预定，除当事人另有约定外，定金收受人只没收定金，不得变更请求损害赔偿。受领人只需证明因可归责于定金交付当事人之事由而致履行不能，无须证明其损害额。契约因可归责于受定金当事人之事由致不能履行时，该当事人应加倍返还其所受之定金。此时加倍返还为损害赔偿性质，可认为法定之赔偿预定额。是否须证明损害额及能否请求损害赔偿，与契约因可归责于付定金当事人之事由致不能履行时相同。[1]王伯琦则认为，违约定金系最低损害赔偿额之预定，债权人所受损害除以没收或双倍返还定金作为损害赔偿外，如有不足，仍得请求损害赔偿。[2]

第二，预付的违约金说。有观点认为，违约定金具有预付违约金的性质，因此，它与违约金在目的、性质、功能等方面相同，两者一般不能并罚。[3]

第三，违约罚说。有学者认为，违约定金是一种违约罚，主要理由是当事人订立定金合同的目的在于督促合同的履行，订约目的得以实现，而督促他方履行合同，须有一定的手段。在定金担保中，该手段正是定金罚则。从定金罚则可以看出，定金的最大特点在于其惩罚作用，即“谁不履约谁受罚”。定金之所以能确保和促进合同的履行，关键也正在于此。若把定金视同违约金，则其效用大大降低。实践中有定金担保的合同比仅有违约金条款的合同更容易得到履行，奥秘也正在于此。当然，实践中有定金担保的合同亦有纠纷，但多是由于当事人未弄清楚定金性质或未交付定金而引起的，恰是未明确定金惩罚功能的结果。[4]

---

[1] 史尚宽：《债法总论》，中国政法大学出版社2000年版，第515—516页。

[2] 转引自孙鹏、肖厚国：《担保法律制度研究》，法律出版社1998年版，第312页。

[3] 转引自王利明：《违约责任论》，中国政法大学出版社1996年版，第488页。

[4] 孙鹏、肖厚国：《担保法律制度研究》，法律出版社1998年版，第313页。

本书认为，以上三种见解均有不足。损害赔偿预定说的问题在于，当事人在约定违约定金时未必以因违约而遭受的损害的赔偿为参照对象，而是以在法律规定的限度内足以促使当事人履行而不是违反合同的代价为参照对象。除督促当事人履行合同义务外，违约定金也兼有救济作用，从而在违约定金不足以使债权人获得救济的情况下，其尚可就未被填补的部分获得赔偿。预付的违约金说忽略了违约定金与违约金的差异。违约定金并非以违约损害赔偿为指向，所以在法律规定的限度内即有效力，不存在根据实际是否发生了损失及损失额的大小进行减免的问题。违约罚说有一定的道理，但其不能解释违约定金的全部适用情形。无论是违约定金与违约损害赔偿的并用，还是违约定金与违约金的并用，均受到一定的限制（详见本书第五章第三节中的相关探讨），以免债务人因此遭受过大的不利。

第四节　定金与其他制度的比较

为便于认定系争法律纠纷是否为定金纠纷，须将定金与近似的制度进行比较。需要注意的是，所谓近似的制度，通常仅与某一种定金类型有相似之处，从而在将其与定金进行比较时，实际上是将其与某一种定金类型进行比较。至于并无相似性的其他定金类型与某制度的关系，根据各自的特征、功能不难推导出结论。

一、定金与预付款

预付款是指合同关系中的金钱债务人一方根据约定在对方履行对待给付义务前向对方给付的款项。需要指出的是，有些关于预付款的论述未尽妥当。关于预付款的作用，有观点认为，预付款的作用在于帮助接受预付款的一方解决资金上的困难，使之更有条件按合同规定适当履行。[1]在一定时期内，预付款的适用可能的确有给合同相对人提供资金的考虑，但并不局限于此种情形。即使相对人经济状况良好，也可以约定交付预付款。预付款的交付还可以表明交付方的履行意愿，相对人进而基于对交付方的履行意愿的信赖，准备履行对待给付义务。另有观点认为，预付款一般只能适用于以发展生产力为目的、支援生产的一些合同，对于流通领域内为单纯追逐利润而预付货款则是禁止的。[2]此种观点对预付款的适用范围作了不适当的限制。只要当事人愿意约定金钱债务人预先支付部分款项，都会存在预付款问题。

1.定金与预付款的相似之处在于：[3]定金通常也具有预先交付的性质，应在其旨在促成的目标实现之前交付。就违约定金来说，应在发生不履行之前交付；定金的标的可以是金钱与其他可替代物，但多数情况下与预付款相同，所交付的是金钱；就数额来说，交付的定金与交付的预付款均不超过合同的总价款；在交付定金方履行了合同债务的情况下，定金抵作价款，此时定金也兼有预付款的性质。

2.定金与预付款有多方面差异：第一，性质不同。违约定金兼有债权担保与违约责任的性质，预付款是金钱债务的履行方式。第二，交付方的身份不同。由债权担保的性质所决定，违约定金的交付方既可以是金钱债务的债务人，也可以是实物给付的一方。预付款的交付方必定是金钱债务人，不可能是金钱债权人。第三，就违约定金达成的协议为从合同，而关于预付款的约定是对履行方式、履行时间的约定，属于合同内容的一部分。第四，不交付定金不构成对主合同义务的违反。另外，我国法律规定定金合同为要物合同，不交付定金则定金合同不成立，从而不交付定金也不构成对定金合同的违反。交付预付款属于履行合同义务，因

[1] 佟柔主编：《中国民法》，法律出版社1990年版，第330页。

[2] 蔡永民：《比较担保法》，北京大学出版社2004年版，第349页。

[3] 将定金与预付款进行比较时，实际上通常是将违约定金与预付款进行比较。立约定金、成约定金以及解约定金与预付款差异明显。

此不交付预付款构成违约，对方可以诉请实际履行。第五，定金一般为一次性交付，而预付款可以分期交付。[1]第六，由于交付预付款在性质上属于部分履行合同债务，因而对预付款的数额法律上没有必要作出限制，应由当事人自己决定，当事人所交付的预付款只要在主合同规定的全部的价款数额内，都应当允许。但对于定金来说，因合同不履行将产生失去或双倍返还定金的后果，所以定金数额不能过高，否则，在适用定金罚则以后，可能会超出全部货款的总值，使定金责任的适用变成一种赌博。[2]第七，违约时的处理不同。在违约定金的交付方违约的情况下，其丧失了定金返还请求权，在收受定金方违约的情况下，其应双倍返还定金。关于违约情况下的预付款处理，有学者认为，在合同被违反时，无论哪一方违约，均应将预付款返还对方，而依法被追究违约金责任或损害赔偿责任。[3]该见解未臻准确。实际上，违约情况下的预付款处理应根据违约责任的一般规则加以确定。如果是金钱债务人违约，金钱债权人可以请求交付不足的部分。倘若金钱债务人构成重大违约，金钱债权人可解除合同，进而主张违约损害赔偿，以预付款抵扣其遭受的损失，如有余额，应予返还，如有不足，可另外请求赔偿。如系金钱债权人违约，预付款的交付方可以要求其履行，在金钱债权人构成重大违约的情况下，可以解除合同，进而请求返还预付款，另外请求违约损害赔偿。

二、定金与违约金

违约金是合同当事人约定的一方向他方支付的金钱或他种给付。

1.违约金与违约定金有较多的相同点：二者都是违约责任的形式，对

---

[1] 王利明、郭明瑞、方流芳编著：《民法新论》（下册），中国政法大学出版社1988年版，第329页。

[2] 王利明：《合同法研究》（第二卷）（第三版），中国人民大学出版社2015年版，第733页。

[3] 赵许明、杜文聪主编：《担保法通论》，中国检察出版社1996年版，第204页。

于非违约方都有一定的补偿作用；二者的表现形式均是一方向另一方交付一定数量的金钱或他种给付；二者均具有一定的惩罚性，能够威慑债务人，以促使其积极履行债务从而主动实现债权。[1]由于二者的共性，有学者认为，在债务届期未得履行的情况下，定金起着制裁违约方并补偿债权损失的作用，此时定金即相当于预先交付的违约金。[2]实际上，违约定金与违约金有显著的差异，不宜将违约定金理解为预先交付的违约金。

2.违约定金与违约金的差异在于：第一，性质不同。违约定金兼有债权担保手段与违约责任形式的性质，违约金只有违约责任形式的性质，并非债权担保的一种方式。第二，作用机制不同。违约定金具有双向性，违约金只是单向性的，当事人通常只约定在某一方违约的情况下向他方交付若干数额的违约金。第三，交付时间不同。违约定金的交付发生在违约前，违约金是在实际发生违约后才需要交付。第四，数额限制不同。违约定金有20%的上限限制。而关于违约金的限制，《合同法》第114条第2款规定："约定的违约金低于造成的损失的，当事人可以请求人民法院或者仲裁机构予以增加；约定的违约金过分高于造成的损失的，当事人可以请求人民法院或者仲裁机构予以适当减少。"《民法典》第585条第2款保留了该规定，仅对措词作了一些调整。关于违约金过高的认定，根据《最高人民法院关于适用〈中华人民共和国合同法〉若干问题的解释（二）》(以下简称《合同法解释（二）》) 第29条，当事人主张约定的违约金过高请求予以适当减少的，人民法院应当以实际损失为基础，兼顾合同的履行情况、当事人的过错程度以及预期利益等综合因素，根据公平原则和诚实信用原则予以衡量，并作出裁决。当事人约定的违约金超过造成损失的30%的，一般可以认定为"过分高于造成的损失"。第五，惩罚性与补偿性。我国法上的违约金只有低度的惩罚性，亦即在过高时可以请求予以适当减少，从而更多地具有补偿性。与

[1] 徐武生：《担保法理论与实践》，工商出版社1999年版，第583页。

[2] 董开军：《债权担保》，黑龙江人民出版社1995年版，第203页。

违约金相比，违约定金的惩罚性意味要大一些，这是因为法律并未以实际发生的损失为参照对象规定违约定金数额的减少。

三、定金与押金

押金是指债务人或者第三人将一定数额的金钱交付债权人占有，在债务人违约的情况下，债权人就押金优先获得清偿。

1.违约定金与押金有相似之处：二者均为担保债权实现的手段；一方均将一定数额的用于担保的财产交付给对方；在交付方违约的情况下，收受方均可就所收受的财产获得救济；二者的交付均具有预先性，如无预先性则无法起到担保作用，但二者的预先性针对的对象不同，违约定金的预先交付性指向的是主合同中的债务的履行，押金担保的预先性通常指向的是从给付义务的履行。

2.违约定金与押金的差异在于：第一，性质不同。违约定金兼有债权担保手段与违约责任形式双重属性。就担保手段的属性来说，违约定金担保作用的发挥依赖的是定金罚则，为人保与物保之外的一种担保形式。押金担保属于质权，具体而言是金钱质的一种形式。并且，就担保而言，违约定金的作用机制具有双向性，不仅收受方的债权得到了担保，交付方的债权同样得到了担保。第二，标的物不同。违约定金的标的物是金钱或其他可替代物，押金的标的物是金钱。有观点认为押金的标的物可以是金钱的等价物。但以其他物为标的物所创设的质权是通常的动产质权，不宜再被理解为押金。第三，担保的债权不同。定金担保的是主合同的履行，并且是主给付义务的履行，既可以是金钱债务，也可以是实物给付义务。押金担保的对象往往并不是合同的主给付，而是合同中的从给付（如退还容器之给付义务、赔偿损失义务等）。[1]第

---

[1] 郭明瑞、房绍坤、张平华编著：《担保法》（第五版），中国人民大学出版社2017年版，第119页。

四，有无比例限制的差异。定金的数额由当事人约定，但不得超过主合同标的额的20%。押金的数额也是由当事人约定的，但并无相关的比例限制，针对的对象是其所担保的给付的数额，押金的数额可以高于也可以低于该数额。第五，标的物权利是否移转不同。定金交付后，随即发生所有权的移转。关于押金所有权是否发生移转，论者见解不同。有观点认为，交付押金的人，除非对交付的押金有特别的意思表示，否则在交付押金时，即丧失对押金的所有权，接受押金的人在取得押金的占有时，即取得对押金的所有权。在这个层次上，押金与质押不同，押金反而与定金有相同的效果。在这个意义上，押金与定金相同，均为金钱担保方式。[1]另有观点认为，押金担保属于占有转移型担保，押金交付后，债权人负有妥善保管押金的义务，在主债务未履行前，不得将押金据为己有或加以处分。[2]本书认为，前述二者当以后说为是。押金交付后，应以特定的方式加以封存，所有权不发生移转。如果发生移转，当不属于金钱质，也不是担保物权，而是法无明文的特殊担保手段。第六，法律后果不同。在不发生违约的情况下，违约定金或者抵作价款，或者收回，押金的收受人则需全部退还押金。在违约的情况下，定金罚则发生作用，交付定金方违约无法要求返还定金，收受定金方违约则须双倍返还定金。如果定金不足以使非违约方获得完全的救济，还可以另行请求赔偿。就押金来说，由于通常担保的是从给付义务的履行，所以实际上能够违约的只是交付押金的一方，进而收受方就已经收取的押金获得清偿，如果所交押金高于从给付义务的标的物，则须将余额返还给交付方。当事人通常会约定等同于或高于从给付义务的数额，所以不会有不足，进而无另外请求赔偿的问题。

---

[1] 徐康平、熊英：《担保法》，人民法院出版社2000年版，第162页。

[2] 徐武生：《担保法理论与实践》，工商出版社1999年版，第582页。

四、定金与保证金

在期货交易、国有建设用地使用权出让、建设工程、长途电话业务合作、租赁、房屋装修等合同或法律关系中，时常出现保证金的担保方式。其种类和性质复杂，对于债权的保障作用也多种多样。以保证金合同的内容为根据，可将其分为以下种类：[1]

第一，备用金类型的保证金。有的保证金无定金罚则的效力，只是作为当事人一方履行付款义务的备用金，被存储于双方当事人指定的账户上或债权人的账户上，在该当事人未及时或未如数地支付应付款额时，相对人有权从保证金中提取相应的数额。这种保证金对于债权人的债权而言具有较强的保障作用。

第二，预付款类型的保证金。有的是名为保证金，实为预付款。它使债权提前全部或部分地得到实现。就这部分债权来说，保证金实际上起到了保障债权实现的作用，但就尚未清偿的债权部分而论，保证金显然不是担保方式，如果说它有担保作用，那么至多与违约责任的担保作用相当。

第三，租赁保证金。有些房屋租赁合同所约定的租赁保证金具有预付一部分租金、双方当事人清结合同履行和返还租赁房屋所需费用的备用金、承租人承担违约责任的备用金、在合同因不可归责于双方当事人的原因而终止时予以退还的性质。

第四，装修保证金。实务中房屋租赁合同约定，如果因承租人违反法律、法规、规章的规定，违反合同的约定，擅自改变租赁房屋的主体结构、损坏各种专用部分的管道和电梯等共用部分、乱倒垃圾等而发生纠纷，在承租人对此类行为产生的费用、损害赔偿金等需要承担责任时，出租人乃至物业管理公司有权从装修保证金中扣除。

---

[1] 此部分对保证金的介绍以崔建远教授的论述为依据，具体见崔建远：《合同法》（第三版），北京大学出版社2016年版，第227—230页。

第五，质量保证金。在买卖、建设工程施工等合同场合，当事人约定有质量保证金，甚至法律直接规定质量保证金。因为只有在买卖物符合约定时才有义务支付该笔金钱，建设工程于其质量保证期届满时质量符合约定，才有义务支付或返还该笔金钱，所以称其为质量保证金。2020年《买卖合同司法解释》第15条也规定："买受人依约保留部分价款作为质量保证金，出卖人在质量保证期未及时解决质量问题而影响标的物的价值或者使用效果，出卖人主张支付该部分价款的，人民法院不予支持。"

第六，定金类型的保证金。根据当事人的意思和合同全部条款的关联性，有的保证金应被认定为定金。

第七，保有返还请求权的保证金。实务中存在此种情形：仅接受保证金的一方违约须双倍返还保证金，而交付保证金的一方违约并不丧失请求返还保证金的权利，只是实际上并不返还，是"冲抵"首期包销款。此类保证金只具有定金的部分效力，可称之为保有返还请求权的保证金。

第八，无双倍返还效力的保证金。有的保证金具有如下效力：交付保证金的一方当事人不履行债务，保证金归接受它的一方当事人所有，接受保证金的一方当事人不履行债务，不负双倍返还的责任。可见，此类保证金只具有定金的部分效力。

第九，作为动产质权标的物的保证金。《担保法解释》第85条规定："债务人或者第三人将其金钱以特户、封金、保证金等形式特定化后，移交债权人占有作为债权的担保，债务人不履行债务时，债权人可以以该金钱优先受偿。"该条意义上的保证金包括信用证开证保证金、银行承兑汇票保证金、按揭贷款保证金、期货交易保证金等类型。

由以上关于保证金的介绍可以看出，实践中存在的保证金并无统一的类型，从而在当事人约定了保证金的情况下，应根据约定的内容确定保证金法律关系究竟为何种性质：

第一，当事人可能以保证金为名约定了定金法律关系，也可能约定的是保留返还请求权的保证金、无双倍返还效力的保证金，这两种保证金有利于收受方，如系以格式条款形式作的规定，其是否有效可加以审查。

第二，当事人在保证金的名义下约定了预付款、金钱质。与此类情形相近的定金为违约定金，其间的异同可见前文关于违约定金与预付款、金钱质的差异的论述。

第三，装修保证金、质量保证金具有金钱质的特点，但保证金的交付发生于债务产生之前。如系买方保留部分价款，待质量符合约定时再行交付，则属于对支付价款义务的特别约定。

第四，备用金类型的保证金与押金近似，只不过押金担保的通常是从给付义务的履行，备用金类型的保证金担保的是金钱债务本身。

第五，租赁保证金融合了预付款、备用金的性质，其与违约定金的差异也可根据违约定金与预付款、备用金的差异加以辨析。

五、定金与订金

我国法律实务中也存在订金，但论者对订金的理解不同，主要有三种观点：第一，预付款说。此说认为，如果是“订金”，目前法律上没有明确规定，一般被视为“预付款”，其效力取决于双方当事人的约定，如果没有约定，其性质就是“预付款”。[1]第二，单向担保说。此说认为，订金是双方当事人在订立合同之前，由一方当事人向另一方当事人给付一部分价款，作为担保将来订立正式合同的一种方式，合同订立后订金抵作合同价款或收回。当收受订金方拒绝订立合同时，给付方有权

[1] 赵荟杰：《“订金”非“定金”，一字之差引纠纷》，载《人民调解》2013年第1期，第41页。另有论者持相同见解，见姜亚兰、姜谷成：《“订金”不等于“定金”——从一则案例谈定金设定及定金罚则的适用》，载《中国工商管理研究》1999年第6期，第42页。

要求返还订金；给付方拒绝订立合同，给收受方造成损失的，收受方可直接从订金中扣除损失部分后将剩余款项返还给付订金方，如果未给收受方造成损失，收受方应当全额返还订金。[1]第三，单纯保留缔约机会说。持此说者未对订金作一般论述，仅就餐饮业的订金作了探讨。据其介绍，饭店订包间时交付的订金，依照行业习惯只是作为饭店保留包间的对价，没有订金的，饭店过时不候，有订金的可以在一段时间内保留包间，饭店如果对订金进行扣押，则不符合行业习惯。因此，如果饭店一方希望在客户未如期赴宴时扣收订金，则需要与客户特别约定，明示订金不退，或者将“订金”改为“定金”，以明确其法律意义。[2]

以上第一种见解认定的订金性质通常为预付款，预付款与违约定金的差异已如前述。后两种见解所说的订金仅与合同订立有关，从而比较对象应当是立约定金。与立约定金相比，单向担保说中的订金与定金有两点差异：首先，立约定金具有作用机制的双向性，无论是交付定金方还是收受定金方，不愿订立合同均会遭受定金罚则的制裁，而单向担保说所说的订金只交付订金方不愿缔约时才会遭受不利。其次，立约定金给不愿缔约的一方造成的不利是定金不利益，单向担保说所称的订金只与因交付订金方拒绝缔约造成的损失挂钩，并且该说未论及损失大于订金时，收受方除扣留全部订金外能否要求赔偿的问题。本书认为，倘若当事人约定的订金属于单向担保说所称的订金，该约定片面地有利于收受订金方，如系个别缔约，应当具有效力。如果收受订金方通过格式合同确立此种订金，则在发生争议的情况下，订金条款是否有效力可结合具体情况加以认定。单纯保留缔约机会说所称的订金也不具有立约定金的作用机制，并且与单向担保说所称的订金刚好相反，是片面地有利于

---

[1] 刘保玉主编：《担保法原理精要与实务指南》，人民法院出版社2008年版，第767页。

[2] 曹士兵：《中国担保制度与担保方法》（第四版），中国法制出版社2017年版，第411页。

交付订金方的，交付了订金，其获得了在约定的时间内缔约的机会，倘若其不愿缔约，不会遭受任何损失，可将订金要回。

第五节　本章小结

定金是指根据当事人的约定，为担保合同的履行等目的，一方按照合同标的额的比例交付给另一方的金钱或其他可替代物，交付通常应在目的达成前进行，交付目的的达成主要借助的是交付方丧失交付的标的物或者收受方双倍返还标的物。定金制度适用范围广泛，不过违约定金对于保险合同、借款合同等合同来说适用的可能性很小。另外，定金有意定性、单方交付性、以金钱或其他可替代物为标的物、比例限制性、功能多样性、预先交付性、作用机制的双向性等特征。实际上，通常所说的定金的特征未必对于一切定金类型都是成立的。比如，成约定金无预先交付性可言，也不必给其施加比例限制要求。

以制度的功能为标准，可将定金分为立约定金、成约定金、解约定金与违约定金。证约定金不应被当作定金的一个类型，罗马古典法时期所说的证约定金实际上是指在当事人间有定金授受时，不应确认创设了立约定金法律关系，而应将定金的收受解释为具有证明当事人间有合同关系的作用。自今天的角度言之，即使当事人专为证明合同关系的存在而收受定金，这种定金也是证据法性质的，并非实体法性质的以功能为分类标准的定金。

违约定金是最为重要的定金类型。关于违约定金的性质，有确保说、债权担保手段说、违约责任形式说等不同见解。确保说认为违约定金有两方面作用：一是以遭受定金罚则制裁为威胁手段引导债务人履行债务；二是由于无须举证损害的发生及其范围即可以定金充作损害赔偿，有促成债权实现的意义。这两方面作用分别涉及的是债务人的履行意愿以及以定金填补债权人遭受的损失，与债权担保手段说并无差异，从而不必另立名目，肯定违约定金有债权担保手段的性质即可。另外，违约定金是适用条件具备时债务人遭受的一种不利后果，从而也是违约责任的一种形式。

定金与预付款、违约金、押金、保证金、订金等制度有一定的相似性，为准确界定法律关系的性质，须根据这些法律制度的特征和功能判断系争法律关系是定金法律关系还是预付款或其他法律关系。

第三章 定金法律关系的创设

第一节　定金合同

在我国现行法上，不存在基于法律的规定，在特定情形下，当事人须交付金钱或其他可替代物以创设定金法律关系的问题，定金法律关系是意定的法律关系。因此，如欲创设定金法律关系，当事人须签订定金合同。

一、定金合同的概念

关于何为定金合同，学者的表述有些差异，兹举以下数例：

第一，定金合同是被担保的合同当事人为设定定金担保而意思表示一致的双方法律行为。[1]

第二，定金合同是指依附于主合同，为担保债权实现而设定金权利义务关系的从合同。[2]

第三，定金合同是指双方当事人之间达成的一方向对方给付定金作为债权的担保的协议。[3]

第四，定金合同，是约定一方当事人交付给另一方当事人一定数额的金钱，保证合同订立、使合同成立或生效、证明合同成立、为当事人保留主合同解除权或担保主合同履行的合同。[4]

以上界定，前三个存有不足：

---

[1] 吴庆宝主编：《物权担保裁判原理与实务》，人民法院出版社2007年版，第594页。

[2] 郭明瑞、杨立新：《担保法新论》，吉林人民出版社1996年版，第320页。

[3] 高圣平：《担保法论》，法律出版社2009年版，第597页。

[4] 刘保玉主编：《担保法原理精要与实务指南》，人民法院出版社2008年版，第735页。

首先，我国法上的定金包括立约定金、成约定金、解约定金以及违约定金，因此在界定定金合同时不宜称“设定定金担保”“为担保债权实现而设定”。

其次，定金合同未必均与目标合同构成主从关系，从而在界定定金时不宜采用“依附于主合同”的表述。

最后，在下定义时不宜重复被定义名词的关键部分，从而在定金合同的定义中不宜再出现“定金”字样。另外，“定金合同”为偏正结构的短语，在下定义时，作为中心语的“合同”一词可以重复。不过，《民法典》第464条第1款规定：“合同是民事主体之间设立、变更、终止民事法律关系的协议。”从而在界定定金时，使用“协议”而非“定金”一词是更好的选择。

比较而言，以上定义中第四个更为准确，但在提及标的物时仅提及了金钱。总结而言，定金合同是当事人达成的为担保合同债权等目的而由一方交付给他方一定数额的金钱或其他可替代物的协议。

二、定金合同的特征

（一）主体特征

本书第二章在论述定金的当事人时已经提及，其仅为目标合同的当事人，第三人不介入定金事宜。定金合同的主体也具有这个特征，亦即只有目标合同的当事人才订立定金合同，第三人不参与定金合同的订立，不是定金合同的当事人。在不同的情况下，定金合同的当事人有不同的称呼，在立约定金和成约定金中，定金合同的双方当事人应为立约人或订约人；在违约定金、解约定金中，定金合同的双方当事人应为债务人和债权人。[1]

---

[1] 郭明瑞、房绍坤、张平华编著：《担保法》（第五版），中国人民大学出版社2017年版，第193页。

（二）要物性

1. 我国法上关于定金合同要物性的规定

《担保法》第90条规定，“定金合同从实际交付定金之日起生效”。依该条，交付为定金合同的生效要件。但也有学者认为，“定金合同从实际交付定金之日起生效”实际上应是指定金合同从定金实际交付之日成立，具体理由有四：第一，合同是否生效属于法律判断，其标准是合同是否符合法律所规定的生效条件。因而，定金的交付并不能作为定金合同生效的判断标准，定金合同的生效须符合法律所规定的生效条件，如当事人合格、内容合法、意思表示真实等。[1]第二，合同的成立与生效尽管属于两个不同的范畴，但通常情况下，合同的成立与生效在时间上是一致的，即合同成立即生效。只有在法律有特殊规定或当事人有约定时，合同的成立与生效在时间上才产生不一致的情况，如附延缓条件的合同。《担保法》并没有对定金合同的生效时间作出特殊的规定，因而，可以认为，所谓定金合同的生效也就是指定金合同的成立。第三，如果认为定金的交付是定金合同的生效条件，这就意味着定金合同自当事人意思表示一致时成立，而按照合同约定应当交付定金的一方不按照约定支付定金的，就是对定金合同的违反，就应当承担一定的赔偿责任。但是，《担保法》及《担保法解释》均没有规定当事人没有按照约定支付定金的，应当承担赔偿责任。在司法实践中，当事人不按照约定支付定金的，也是视为定金合同不成立。第四，当事人是根据定金合同的约定交付定金的，如果定金合同以交付定金为生效要件，那么在定金交付之前，定金合同就是没有约束力的，当事人又如何能依没有约束力的合同来交付和收受定金呢？实际上，所谓当事人是按照定金合同的约定支付定金，仅是指当事人按照定金预约合同支付定金，从而使定金本约成立。[2]

---

[1] 郭明瑞、房绍坤、张平华编著：《担保法》（第五版），中国人民大学出版社2017年版，第194页。

[2] 郭明瑞、房绍坤、张平华编著：《担保法》（第五版），中国人民大学出版社2017年版，第195页。

本书认为，以上四个关于定金的交付应当是定金合同的成立要件而非生效要件的理由，第一个确有道理。使法律行为无效的事由的确多是旨在保护当事人一方，或者保护第三人的利益、社会利益及国家利益的价值评价性质的因素，比如当事人行为能力欠缺（无行为能力人从事法律行为、限制行为人从事单方行为），法律行为违反法律、行政法规的强制性规定，法律行为违反公序良俗等。就不交付定金来说，本身谈不上基于价值判断而考虑给予负面评价可言，根本上是事实问题，从而将定金的交付规定为成立要件而不是生效要件更为合理，并且传统上的要物合同指的就是以物的交付为合同成立的要件而非生效要件。第二个理由认为合同成立的时间与合同生效的时间通常是一致的，从而可以将《担保法》第90条理解为关于定金合同成立要件的规定。不过，如欲对法律文句作出与文义显不相符的解释，应有强有力的理由。仅仅根据时间上通常的同步性将生效解释为成立，理由未必充分。第三个及第四个理由应当说存有误认。合同成立但未生效力，当事人不交付定金同样不构成对合同义务的违反，进而也无违约责任可言。另外，在将交付定金规定为定金合同生效要件的情况下，交付定金的确不是当事人的义务，只是交付定金这一法律事实能使定金合同生效而已。《民法典》第586条第1款规定，“定金合同自实际交付定金时成立”。改用“成立”一词与要物合同的通常表述方式一致，能够避免如上所述的因采用“生效”一词而发生的争议，当然就法律后果而言规定为生效要件或成立要件并无差异。

2.对定金合同要物性要求的解释

关于为何将定金合同规定为要物合同，《担保法释义》未作说明。一些学者对该要物规定的法理依据进行了阐释。有学者从三个角度进行了分析：第一，定金的特点在于一方当事人须在主合同成立时，或在主合同订立后、开始履行前给付对方一定数额的金钱或可替代物，从而确立双方的定金担保法律关系。第二，绝大多数国家立法和学说均认为，定金支付为定金成立之要件，理论上认为定金合同为实践合同，而非诺成合同，应以实物交付为成立要件，仅有交付定金约定而无定金交付的事实，有关定金的约定没有任何法律效力。第三，如果认为定金合同为诺成合同，依当事人双方的协商一致即可成立，那么其后当事人交付定金，即为履行定金合同，定金的效力无从体现；如果当事人不交付定金，负何种违约责任无法律依据。实践中有些合同就是因定金不交付而未履行，若此时判决强制交付定金，那么，主合同都不履行了，交付定金又有何意义？可见，不交付定金就无定金制裁之基础，这也从反面证明定金成立应以实际交付为必要。[1]另有学者认为，定金合同的实践合同特征是由定金的预先给付性决定的。定金的预先给付性要求一方须预先给付对方款项，或是于主合同成立的同时交付，或是于主合同订立后交付，但皆须于合同未开始履行前交付。定金何时交付，定金合同何时成立。[2]此外，还有学者认为，立法之所以专门规定了定金合同自实际交付定金之日起生效，可视为对定金合同成立必须实际交付定金的特别强调。[3]

以上关于定金合同的要物要求的正当化解释，均有道理，但理由仍有不足。第一，定金法律关系的创设需要交付定金不意味着定金合同需要被规定为要物合同。倘若不被规定为要物合同，则在要件具备、没有瑕疵的情况下，定金合同具有拘束力，对方可以请求交付定金。第二，即使在诸多立法例上定金合同均被规定为要物合同，也不能基于从众的考虑就规定定金合同为要物合同，而是应根据有无正当理由来决定是否将其规定为要物合同。第三，当事人交付定金为履行定金合同义务，并不会发生定金的效力无从体现的问题。如果当事人不交付定金，对方当事人请求交付定金即可。不过，如果目标合同中的关键时间点已过而定金尚未交付，则不宜再认可实际履行。相应地，在系争法律事实发生时，定金法律关系尚未创设，进而也不会引发定金罚则的适用。比如，当事人约定的定金为违约定金，在已经出现违约的情况下定金仍未

[1] 孙鹏、肖厚国：《担保法律制度研究》，法律出版社1998年版，第325页。

[2] 高圣平：《担保法新问题与判解研究》，人民法院出版社2001年版，第687页。

[3] 孔祥俊主编：《担保法例解与适用》（新编本），人民法院出版社2001年版，第762页。

交付，由于在发生违约时定金法律关系未创设，故不应再支持对方当事人的交付定金请求，然后再适用定金罚则。第四，预先交付性不是说定金的交付应早于定金合同的成立或生效，或者与定金合同成立或生效同步，而是指定金的交付应早于定金法律关系旨在达成的目的，倘若目的已经实现或者确定无从实现，则交付定金、创设定金法律关系是没有意义的。因而预先交付性不能被当作定金合同应当是要物合同的理由。第五，特别强调定金合同成立必须实际交付定金，也不足为定金合同应当是要物合同立论，定金不交付则定金法律关系不被创设即可。

3. 定金合同不宜被规定为要物合同

依本书之见，定金合同不宜被规定为要物合同。关于此点，可结合要物合同制度的历史以及要物合同的正当性这两方面加以认识。

（1）要物合同制度的发展演变

要物合同制度源自罗马法。公元2世纪，法学家盖尤斯在《法学阶梯》中仅提到一种要物合同即消费借贷。《盖尤斯法学阶梯》3.90称："债可以通过物（的交付）缔结，比如消费借贷。"但在被归于盖尤斯名下的《日常事务》或《金言》[1]中，使用借贷、寄存、质押亦被当作要物合同（D. 44. 7. 1. 3—6）。优士丁尼《法学阶梯》也把要物合同概括为消费借贷、使用借贷、寄存、质押四种。[2]诸要物合同中，消费借贷产生

[1] 关于此书的真伪，以及倘若系伪书，那么该书撰于何时，均有争议。有观点认为，该书实际上是后古典时期他人汇编盖尤斯著作的若干片段而成。Berger, Encyclopedia Dictionary of Roman Law，pp. 481，677.

[2] ［古罗马］优士丁尼：《法学阶梯》，徐国栋译，中国政法大学出版社1999年版，第345页以下。另外，有学者认为，在后古典时期的粗俗法中，消费借贷与使用借贷的区分消失了，但在优士丁尼法中又得到了恢复。Kaser/Knütel，Römisches Privatrecht，17. Aufl.，Verlag C. H. Beck，2003，S. 245. 需要注意的是，法国的Girard、意大利的Bonfante等罗马法研究者认为，在罗马法中信托亦为要物合同（Girard，Geschichte und System des Römischen Rechts，Verlag von Franz Vahlen，1908，S. 550，564；［意］彼德罗·彭梵得：《罗马法教科书》，黄风译，中国政法大学出版社2005年版，第277页）。鉴于信托的附属性、简约性质以及缺乏原始资料支持，该项见解难以成立。

最早，有论者以为在十二表法时期就已经存在。[1]使用借贷、寄存、质押三种要物合同，在共和国末期之前已通过裁判官法上的事实诉讼得到承认，只是到后来，也可以使用权利诉讼。[2]此三类合同的发展均与信托（fiducia）制度的衰落有关。除了成立均要求交付物、均为无偿的以及涉及物的返还之外，这四种要物合同多有差异：消费借贷与使用借贷服务于受领人的利益，寄存服务于交付方的利益，质押则对双方当事人均有好处。在消费借贷中，受领人取得所有权，在使用借贷与寄存中，受领人只是持有，而在质押中，受领人取得占有。[3]

要物合同的出现有其特定的历史背景。罗马法早期片面地强调形式对于各类法律行为的意义，后来虽然在一定程度上重视当事人的意思，但始终未发展出意思具有拘束力的规则。仅在合意合同中，单纯的合意即可拘束当事人。要式口约出现得很早，可用于各种合法的履行，形式也并不复杂，在它之后仍出现了若干合同类型，原因在于，要式合同的要式性等特征决定了它对于某些情形来说是不适宜的，另外又存在着相应的社会需求。[4]要物合同的产生即系如此。就消费借贷而言，倘若借贷是商业性的，当事人采用要式口约即可，并且将利息

[1] Metzger ed., *A Companion to Justinian's Institutes*, Cornell University Press, 1998, p. 129.

[2] ［英］乔洛维茨、尼古拉斯：《罗马法研究历史导论》，薛军译，商务印书馆2013年版，第373页。

[3] Thomas, *Textbook of Roman Law*, North-Holland Publishing Company, 1976, p. 271.

[4] Watson, *Roman Law & Comparative Law*, The University of Georgia Press, 1991, p. 124.郑重其事的特征使得要式口约对于无偿行为来说是不适宜的。此外，要式口约尚有其他不利：要式口约要求口头问答，聋哑人不能采用；要式口约要求双方当事人同时出现于同一个地方，此点使得其不适用于跨地域、磋商较久的交易；对口头形式的坚持在个案中会导致严苛的结果，比如一方当事人使用了错误的词语致使要式口约无效。Zimmermann, *The Law of Obligations*: *Roman Foundations of the Civilian Tradition*, Oxford University Press, 1996, p. 70.

一并确定。但在无偿借贷场合，要求出于情谊、友谊等提供无息借贷的人为要式口约以确立交付义务是不适当的。[1]另一方面，要求受领人以要式口约的方式确立返还义务亦有不妥。在消费借贷中，提供了友善帮助的朋友要求对方订立正式合同在道德上不适当。[2]使用借贷的情形与消费借贷相似。在寄存中，寄存人不便要求施惠的受寄人正式地承诺归还物：其不能以对受寄人的诚实表示怀疑来回报后者的善举。此外，寄存人让其财产退出流通一段时间通常是因为其面临地震、火灾、建筑物倒塌、船只失事等引起的紧急情况，无法自己照看财产。在此类情形下，他也不便要求提供帮助者以要式口约的形式为允诺。[3]在质押中，即使作为债权人的贷方不诚实、名声不好，他还是帮助了借方。从而借方不会总是能够轻易地坚持要求贷方就获偿后返还物订立要式口约。[4]在不便使用要式口约的情况下，当事人所做的消费借贷、使用借贷等约定本无拘束力。嗣后法律进行了干预，但并未给当事人施加交付或受领（对受寄人而言）义务，而是重在处理返还问题。其之所以如此，是因为此类行为均系无偿，多发生于朋友之间，受诺人要求无偿的允诺人交付物（或受领物）是不妥的。具体而言，消费借贷本为友谊性、礼节性的借贷，以此种允诺为根据起诉允诺人要求其

[1] Schloßmann, Ueber den Vorvertrag und die rechtliche Natur der sogenannten Realkontrakte, 45 Jherings Jahrbücher der Dogmatik des bürgerlichen Rechts (1903), 1, 66.

[2] Watson, *Roman Law & Comparative Law*, The University of Georgia Press, 1991, p. 126.

[3] Watson, *Roman Law & Comparative Law*, The University of Georgia Press, 1991, p. 127.

[4] Watson, *Roman Law & Comparative Law*, The University of Georgia Press, 1991, p. 132.

支付所欠的金额不合习惯。[1]在处理借方的返还问题时，法律所提供的路径是法律诉讼中的请求给付之诉（condictio）。

罗马法继受之后，在其具有效力的领域，其合同制度也被承继下来，要物合同继续存在。就具体类型而言，中世纪的要物合同与罗马法有所差异。比如，在较早的德意志法中，除消费借贷、使用借贷、寄存、质押外，赠与也是要物合同。甚至，在从中世纪早期的同时为给付交换（如现金买卖等）到后来借助定金合同进行交易的过渡阶段，买卖与互易亦为要物合同。[2]近代民法法典化时期，所有合同均具可诉性的观念已经确立，承袭自罗马法的合同分类受到挑战，罗马法意义上的无名合同被废弃，[3]口头合同与书面合同也丧失了原来的意义。但由于传统观念的影响，以及交付乃返还义务的前提的观念甚有影响，保留要物合同的观点占据了上风。在此背景下，放弃要物合同制度的仅有《德国民法典》制定过程中1865年的《德累斯顿草案》，以及1881年的《瑞士债法典》。反之，1766年《特蕾西娅法典》、1794年《普鲁士普通邦法》、1804年

[1] Diósdi, Contract in Roman Law: From the Twelve Tables to the Glossators, Akadémiai Kiadó, 1981, p. 44. 就其他几种要物合同而言，使用借贷的情况与消费借贷相似。如果当事人约定了寄存，受寄人不会坚持占有所约定的物，而在受寄人拒绝受领的情况下，寄存人也会认真考虑强迫并不情愿的熟人受领寄存物是否合算。质押的情况则有所不同。如果当事人约定了质押而出质人不交付质物，其将遭受的不利只会是罚款，提起诉讼意义不大，债权人无从借助法院取得质权。

[2] Erler/Kaufmann (hrsg.), Handwörterbuch zur Deutschen Rechtsgeschichte, Band Ⅳ, Erich Schmidt Verlag, 1990, S. 218. 另外如本书第一章所述，日耳曼法中要物合同的产生不同于罗马法，在约定无拘束力的背景下，一方完全履行义务引发了对方即时为对待给付的义务。嗣后交易形式有所改进，一方为部分履行即可，而对方不必立即履行对待给付义务，成约定金制度也由此产生。继受罗马法之后，日耳曼民族的要物合同总体上是有罗马法特点的，在具体类别上则在一定时期内保留了其原本的要物合同，或者认可罗马法上要物合同类型外的其他类型的合同为要物合同。

[3] Coing, Europäisches Privatrecht, Band Ⅱ, C. H. Beck'sche Verlagsbuchhandlung, 1989, S. 435.

《法国民法典》、1811年《奥地利普通民法典》均规定了要物合同。[1]至今，在立法中规定要物合同的欧洲国家尚有意大利、比利时、卢森堡、西班牙、葡萄牙、荷兰以及若干东欧国家。诸立法例规定的要物合同类型一般不超出罗马法上的要物合同范畴，但赠与合同、无记名有价证券所有权移转合同（如保加利亚的有关规定）、出售委托合同（如《奥地利普通民法典》第1086条）在个别国家也被规定为要物合同。[2]

清末修法之后，要物合同制度及理念亦传入我国。拘守于罗马法以来之沿革，民国时期的民事立法将消费借贷、使用借贷、出版、寄托、仓库等合同规定为要物合同。[3]新中国成立后，改革开放前，要物合同在立法上没有规定，也没有相关理论探讨。改革开放之后，至少就对立法的影响而言，肯定要物合同的观点占据了主导地位。比如，早期权威见解认为，通常在法律上认定为实践行为的有赠与合同、消费借贷、保管合同和运输合同等。这些合同之所以必须有交付实物的行为方能成立，是由合同的性质或特点决定的。如赠与行为中，赠与的一方虽有愿意赠与的意思表示，但属于无偿的性质，在交付实物之前自应准许其自动撤销。消费借贷、保管、运输等合同之所以须交付实物才能成立，是因为法律要求一方应该承担的义务，如无对方交付实物的行为即无从履行。[4]在肯定说占据主导地位的背景下，《合同法》《担保法》将自然人之间的

---

[1] Erler/Kaufmann（hrsg.），Handwörterbuch zur Deutschen Rechtsgeschichte，Band Ⅳ，S. 219 ff.

[2] Lando & Beale eds., *Principles of European Contract Law*：*Parts I and II*，Kluwer Law International，2000，p.141 et seq.；von Bar & Clive eds.，*Principles*，*Definitions and Model Rules of European Private Law*，Vol. 1，Sellier European Law Publishers GmbH，2009，p. 272 et seq.

[3] 胡长清：《中国民法债篇总论》，商务印书馆1935年版，第23页。

[4] 佟柔主编：《民法原理》，法律出版社1983年版，第79—80页。

借款合同、保管合同、定金合同规定为要物合同。[1]《民法典》保留了将自然人之间的借款合同、保管合同、定金合同规定为要物合同的做法。另有论者认为，现行法未作规定的借用合同（即使用借贷合同）亦为要物合同。[2]

（2）要物合同的正当性根据

关于要物合同的正当性有多种解说，比如名实相应说、返还义务前提说、无先在义务说、无偿行为人保护说等。名实相应说认为，各类要物合同是由一方当事人通过交付而从事的行为而得名。返还义务前提说认为，要物合同均涉及物的返还，返还义务的发生自然以已经交付了物为前提。无先在义务说认为，在即时交易的情况下，物的交付不是履行事先已经存在的义务。无偿行为人保护说则是指，将无偿合同规定为要物合同具有让债务人得任意悔约的意义。

名实相应说、返还义务前提说、无先在义务说各有其不足，它们或

[1] 《合同法》第210条规定："自然人之间的借款合同，自贷款人提供借款时生效。"《合同法》第367条规定："保管合同自保管物交付时成立，但当事人另有约定的除外。"《担保法》第90条规定，"定金合同从实际交付定金之日起生效"。要物合同的基本特征是，物的交付乃合同成立的要件，但在我国对物的交付是成立要件抑或生效要件有不同认识。在不交付物则当事人的约定无拘束力的问题上，两种见解并无差异。《民法典》第586条、第679条关于定金合同、自然人之间的借款合同的要物规定将"生效"改为了"成立"。附言之，《民法典》第814条规定，客运合同自承运人向旅客出具客票时成立，但是当事人另有约定或者另有交易习惯的除外（承袭《合同法》第293条，将"交付"改为"出具"）。有学者基于《合同法》第293条的规定认为，客运合同亦为要物合同。实际上，要物合同中物的交付应服务于受领人或交付人的履行利益的实现。客票的交付无此作用，故客运合同不属于要物合同。即使《合同法》第293条的规定是合理的，也只应被视为关于合同订立方式的一种特殊规定。《民法典》第814条将"交付"改为"出具"，是考虑到随着互联网技术的发展，传统的购票方式发生了很大变化，客票的无纸化成为普遍趋势，在不少情况下并不存在"交付"客票的问题（黄薇主编：《中华人民共和国民法典合同编释义》，法律出版社2020年版，第713页）。有鉴于此，客运合同更不应被当作要物合同。

[2] 隋彭生：《合同法要义》（第五版），中国人民大学出版社2018年版，第21页。

者是望文生义式的解说，或者片面地将物的返还当作主要的合同义务，或者对即时交易场合物的交付作了不准确的解释。本书认为，自无偿性着眼为要物合同立论，有较强的说服力。罗马法上的要物合同均为无偿合同，该合同类型的出现与无偿行为不宜采用要式口约有关。此外，无偿行为应在拘束力、注意义务的标准等方面得到特别对待，以免无偿行为人承担苛刻的法律后果。但无偿行为人保护说也有缺陷。近代以来被规定为要物合同的未必均为无偿合同，并且在要物合同的框架内，相对人的利益未受到重视。鉴于对要物合同制度具有一定证成作用的仅有行为的无偿性，对于要物合同制度应予以扬弃。申言之，应当将有偿的消费借贷合同、寄存合同定性为合意合同。此类合同为通常的双务合同，将借贷物交给他人消费者以及保管他人之物者获得了对价，缺乏获得特殊保护的理由。对于无偿的消费借贷、使用借贷、寄存以及质押合同[1]仍应作特殊处理，但应将此类合同转换为要式合同（以书面形式为宜），而物的交付可以补救形式瑕疵。

（3）定金合同要物要求的否定

具体就定金合同来说，前文已经对支持要物性要求的几种理由作了分析，在此再结合以上关于要物合同正当性根据的述评，阐述定金合同不应为要物合同的理由。要物要求的具有一定说服力的理由是合同的无偿性。有学者认为，定金契约不具有无偿性，其交付的基础性原因是所担保的债权主契约，也许仅就定金契约本身具有无偿性还勉强说得通，但债权主契约绝不具无偿性，“担保”二字的内涵就已经将无偿性排除在外了，况且在一方违约时没收定金或双倍返还定金之定金罚则使其本

[1] 我国自《担保法》起已将质押合同规定为要式合同（第64条），《物权法》第210条、《民法典》第427条的规定亦复如此。我国立法将动产质权合同、抵押权合同、保证合同等担保合同均规定为要式合同，当系基于此类合同的无偿性而为。此种做法值得肯定。

身可能蕴含的无偿性荡然无存。[1]实际上，定金合同确有无偿性，不宜以不具无偿性为由否定要物要求的正当性。在创设定金法律关系的情况下，如果嗣后定金抵作价款或者收回，交付方未遭受任何损失，使得定金合同有别于其他合同的，是有可能适用定金罚则。定金罚则的适用具有双向性，双方当事人均可能遭受定金罚则的影响，从而是对等的，并非厚此薄彼。如果说须特别对待定金合同，只能归因于定金罚则的适用对当事人的利益会产生重要影响：立约定金适用罚则时，目标合同即不再订立，遭受定金罚则制裁的一方会遭受损失。虽然决定不再缔约者会因不缔约取得大于定金不利益的利益，但与未创设立约定金法律关系的情况相比，毕竟有所付出；解约定金适用罚则时，遭受定金罚则制裁的一方因解除合同取得了更大的利益，但相对人获得的定金利益可能小于合同期待利益；违约定金适用罚则时，违约方遭受的定金不利益可能大于其若不创设违约定金法律关系会支付的赔偿额。

总结而言，如需对立约定金合同等三类合同作特别对待，理由当在于：立约定金法律关系的创设使得不订立目标合同会遭受定金不利益；解约定金法律关系的创设会使合同关系松动，解除相对人不再享有可能大于定金利益的合同期待利益；违约定金法律关系的创设会使违约方遭受的不利益可能大于其应支付的赔偿额。如果基于这些考虑对立约定金合同等三类合同作特别对待，督促当事人慎重考虑究竟是否创设定金法律关系，凭借要式的要求即可达成目的，不必再规定为要物合同。定金的交付是定金法律关系创设的另外一个要件，倘若不交付定金，则定金法律关系未被创设，但在已经具备形式要求的情况下，定金合同有拘束力，相对人可以请求交付定金。成约定金合同为目标合同的成立或生效施加了交付定金这一额外要求，但其本身内容单一，谈不上因有特别的权利、义务安排从而须作特别对待，因此，不应对成约定金合同的成立

[1] 黎乃忠：《定金契约要物性的批判与重塑》，载《现代法学》2015年第6期，第188页。

提出要物要求。

（三）从属性

1.定金合同的从属性辨析

以两个或多个合同相互间的关系为标准，可以将合同分为主合同与从合同。主合同是指不需要以其他合同的存在为前提即可独立存在的合同。从合同是指以其他合同的存在为其存在前提的合同。[1]被当作从合同的有保证合同、抵押合同、质押合同等担保合同，以及利息合同、[2]买回合同[3]等。

通说认为，定金合同是从合同。另有论者认为，立约定金与成约定金在存在（发生）上不具有从属性，但在消灭上具有从属性。如果主合同消灭，立约定金合同或成约定金合同也归于消灭。[4]本书认为，不加区分地称定金合同是从合同有失于笼统。定金合同有立约定金合同、成约定金合同、解约定金合同以及违约定金合同，其中具有从合同属性的是解约定金合同与违约定金合同。理由在于，就解约定金来说，如无目标合同的存在，所谓以遭受定金罚则为代价解除合同即无从谈起。就违约定金来说，其既是担保手段，也是违约责任的一种形式；作为担保手段，其凭借定金罚则带来的不利影响促使当事人履行合同，并且定金罚则给非违约方带来的利益也在一定程度上使非违约方的债权得到了实现。因此，违约定金合同与其他担保合同均是被担保合同的从合同。

反之，立约定金合同与成约定金合同并非从合同。成约定金合同是当事人关于目标合同成立或生效的附加约定，性质属于附加约款，与目标合同不构成从合同与主合同关系。如果目标合同因为未交付成约定金

---

[1] 韩世远：《合同法总论》（第四版），法律出版社2018年版，第91页。

[2] 孙森焱：《民法债编总论》（下册），法律出版社2006年版，第45页。

[3] 史尚宽：《债法总论》，中国政法大学出版社2000年版，第14页。

[4] 郭明瑞、房绍坤、张平华编著：《担保法》（第五版），中国人民大学出版社2017年版，第188页。

而未成立或无效，恰好是成约定金效力的表现，不存在主合同不成立或无效，从合同也无效的问题。

就立约定金合同来说，其签订后一方当事人以遭受定金罚则的不利后果为代价可以放弃订立目标合同，换言之，即使订立了立约定金合同，嗣后目标合同也可能并不订立，由此可见立约定金合同具有独立性。即使嗣后订立了目标合同，也不能说立约定金合同对于目标合同具有从属性。在确认目标合同与立约定金合同之间非主从关系的背景下，就立约定金合同性质为何有多种见解：第一，有学者认为，立约定金为保证未来订立合同，与预约合同异曲同工，使当事人获得未来订立合同以实现其经济利益的相当保障，于社会生活亦不无裨益。[1]同样性质的观点如：立约定金合同本质上相当于预约合同，立约定金可以说也是适用于预约合同的违约定金。[2]第二，有学者认为，立约定金常常与预约合同并存，是指在合同订立前交付，目的在于保证正式订立合同的定金。[3]第三，有学者认为，在立约定金的场合，定金是预约的从合同，担保本约的成立，而不是本约的从合同。[4]前述观点中，第一种观点认为，立约定金合同与预约异曲同工或者相当于预约合同，则依该观点立约定金合同就不是预约。该说未就预约的特点为何、立约定金合同与预约有何异同展开说明。第二种观点认为，立约定金常常与预约并存，该说有两点不足：首先，如果不认为立约定金合同本身是预约，则立约定金合同一定和一个预约并存，而不是常常并存。其次，在并存的情况下，立约定金合同与预约是何种关系，该说也没有做说明。第三种观点有其合理性，其表明了在订立立约定金合同的

[1] 田土城、宁金城主编：《担保制度比较研究》，河南大学出版社2001年版，第172页。

[2] 王利明主编：《中国民法典释评·合同编通则》，中国人民大学出版社2020年版，第619页。

[3] 孙鹏主编：《担保法精要与依据指引》，北京大学出版社2011年版，第519页。

[4] 高圣平：《担保法论》，法律出版社2009年版，第593页。

场合，当事人有将来订立本约的考虑，倘若不依托于将来订立本约的约定，立约定金约定是没有意义的，从而说其相对于将来订立本约的约定具有从属性是成立的。但本书认为，直接将立约定金合同确认为预约更为妥当。当事人不直接订立创设权利、义务的合同而是以预约、本约“两步走”的方式安排民事法律关系，原因可能有多种，比如，外部原因使得直接签订合同的条件尚不具备；一方当事人需要取得某种资格或需要完成某种法定的程序；一方当事人利益需求并未完全明确，从而无法确定合同内容；当事人一时难以确定直接签订合同是否为合算的决定；等等。这几种情形中的最后一种即为当事人签订立约定金合同的典型情形。[1]在基于其他原因先订立预约的情况下，当事人负有依诚实信用原则行为以促成本约订立的义务。倘若已经诚信行为而本约最终未订立，双方均不会因本约未订立而承担责任。相反，在因为无法判断缔约是否合算而先订立立约定金合同的情况下，将来签订本约的约定必然与关于定金罚则的约定紧密关联，否则这种预约是没有意义的。有鉴于此，宜认为立约定金合同本身就是预约，而不宜把将来订立本约的约定与关于定金罚则的约定分拆，进而认为立约定金合同是预约的从合同。

另外，立约定金与成约定金也不具有消灭上的从属性。就立约定金来说，倘若已经订立目标合同，则立约定金的作用已经发挥，进而所交定金应予返还，当事人如有约定，也可以抵作价款，立约定金法律关系即告消灭，倘若嗣后目标合同因某种原因消灭，与立约定金合同已经没有关系。就成约定金合同来说，一旦交付成约定金，成约定金合同的目的即已达到，也因此而消灭，同时目标合同得以成立或有效。如果嗣后

[1] 如果是否订立本约并非由一方当事人根据自己的利益考虑加以决定，则当事人根据诚实信用原则的要求促成本约的订立即可，如果没有违背诚信的行为而本约未能订立，双方均不对本约未能订立负责。当事人也可以就这些订立本约的情形创设立约定金法律关系，进而对本约未能订立负责的一方受定金罚则制裁。

目标合同因某种原因消灭，已经消灭的成约定金合同也没有随之再消灭一次的道理。

2.解约定金、违约定金从属性的表现

在论及合同或法律关系的从属性时，通常会从在发生上、移转上、消灭上的从属性以及主合同的变更对从合同的影响的角度加以观察。解约定金合同与违约定金合同均具有发生上的从属性。倘若主合同尚未订立，当事人先订立解约定金合同或者违约定金合同与事理不符，实际出现的可能性不大。即使当事人在主合同有效成立前，就解约定金、违约定金作了约定，该约定也是在主合同有效成立后才有实际意义。如果主合同因履行完毕或其他原因而消灭，解约定金合同与违约定金合同即不会再有任何意义，从而也应归于消灭。关于定金合同是否随同主合同移转，论者见解不同。有观点认为，主合同转让的，定金能否随之转让应区分两种情况：一是给付定金的一方转让合同的，定金应随主合同的转让而转让；二是收受定金的一方转让合同的，定金并不随主合同的转让而当然转让，因为定金的所有权已归其所有。当然，当事人之间可以协商将定金转让给受让人。如果当事人协商不成的，定金归于消灭，应当返还给付定金的一方。[1]另有观点认为，除定金合同另有约定外，依照从合同随主合同的移转而移转的原理，解释上应当认为，定金合同随其所担保的主合同的移转而移转。[2]两种见解当以后说为是。如果移转时别无约定，定金法律关系应随同移转。另外，在主合同变更的情况下，解约定金合同与违约定金合同不受影响，当事人继续享有解除权或者违约定金担保。不过，主合同的变更可能导致合同标的额降低。如果标的额降低使得原约定的定金数额超过主合同标的额的20%，则应将定金的数额缩减至20%。

---

[1] 郭明瑞、房绍坤、张平华编著：《担保法》（第五版），中国人民大学出版社2017年版，第188页。

[2] 吴庆宝主编：《物权担保裁判原理与实务》，人民法院出版社2007年版，第595页。

（四）要式的要求

按照《担保法》第90条的规定，定金合同为要式合同，《民法典》第586条删去了对要式的要求。在此背景下，值得研究的问题有：《担保法》对于定金合同的要式要求是否合理？具体规则如何？放弃要式要求是否妥当？

1.关于对定金合同的要式的规定的理解

《担保法》第90条规定，“定金应当以书面形式约定”。基于文义解释，应当认为该条将定金合同规定为要式合同，不具备书面形式的定金合同无效。但有学者持不同见解。有学者认为，本条规定“定金应当以书面形式约定”，法律上所谓“应当”与“可以”严格有别，“应当”属强行性规范用语，可以说，担保法对定金合同规定了要式要求。我国立法对合同行为多规定“应当采用书面形式”，这是为了保证当事人明确双方的权利义务，发生纠纷时便于举证和司法裁判，有其道理，但对此不应机械理解。[1]对要式行为以及对法律行为规定特别的形式要求，乃古代合同法的特征，反映了古代社会注重交易安全而忽视交易效率的特点；现代民法则强调交易效率，对法律行为形式以不要式为原则，以要式为例外，法律行为只要符合其他成立要件，原则上可采取任何形式。因此，我国法律一方面吸取法律行为要式的积极因素，规定合同应当采用书面形式，另一方面考虑到现代民法尤其是合同法的发展趋势，并未明确规定不符合法定形式的合同无效，是一种折衷立法方式。因此，对于定金合同，原则上应以书面方式订立，当事人宜积极采用，但如果未以书面方式而以口头或其他方式约定定金，只要当事人能够举证且无相

---

[1] 孔祥俊主编：《担保法例解与适用》（新编本），人民法院出版社2001年版，第761页。

反证明，则亦应认定定金有效成立。[1]

该项见解对于要式合同的理解未臻准确。就字面而言，要式合同即以（特定的）形式为必要的合同，具体即根据法律的规定或当事人的约定应以某种形式订立的合同，如不具备形式要求，则合同无效。在罗马法上，形式主要是指依特定的程式完成特定的问答，近代法以来，形式主要是指书面形式，也可以是公证或其他形式。《担保法》第90条所规定的形式为书面形式，[2]如不以书面形式订立定金合同则定金合同无效。因此，该条的规定并不意味着原则上应以书面形式订立，在例外情况下如果以口头或其他形式订立合同，只要当事人能够举证且无相反证明，定金合同也有效成立。

值得注意的是，《担保法》规定的定金仅为违约定金，《担保法解释》又规定了立约定金、成约定金与违约定金三种定金，但未就这三种定金合同是否需要具备书面形式加以规定，从而引发了是否仅违约定金为要式合同的问题。有学者认为，除违约定金外，其他定金的设定不必采用书面形式。[3]该项见解未必成立。对定金合同须作特别处理的原因是定金法律关系的创设对当事人的利益有重要影响：创设立约定金法律关系后，放弃缔约者会遭受定金不利益；解约定金法律关系的创设使得合同关系松动，并且解约定金未必能填补相对人遭受的损失；违约定金

---

[1] 孔祥俊主编：《担保法例解与适用》（新编本），人民法院出版社2001年版，第761页。相似的观点见吴庆宝主编：《物权担保裁判原理与实务》，人民法院出版社2007年版，第595页。

[2] 关于书面形式，《合同法》第11条规定："书面形式是指合同书、信件和数据电文（包括电报、电传、传真、电子数据交换和电子邮件）等可以有形地表现所载内容的形式。"《民法典》第469条第2款、第3款规定没有实质变化："书面形式是合同书、信件、电报、电传、传真等可以有形地表现所载内容的形式。以电子数据交换、电子邮件等方式能够有形地表现所载内容，并可以随时调取查用的数据电文，视为书面形式。"

[3] 王利明：《合同法研究》（第二卷）（第三版），中国人民大学出版社2015年版，第727页。

责任的构成要件与违约损害赔偿有所差异，并且定金的数额或许高于损失额，从而可能具有惩罚性。因此，《担保法》对于违约定金合同的要式要求应类推适用于立约定金合同、解约定金合同。成约定金则不同。成约定金合同的当事人不愿以一般规则处理目标合同有效成立问题，而是更为慎重，增添了交付定金的要求。如果成约定金合同也须具备书面形式才能成立，在不具备书面形式的情况下，目标合同的有效成立就没有附加约款的限制，反倒因此有效成立，与当事人给目标合同的成立或生效施加额外的要件以谨慎行事的本意相悖，从而成约定金合同不应是要式合同。

2. 定金合同要式要求的法理依据

合同自由包括形式自由的含义，近代以来的民事立法均以形式自由为原则，而以形式要求为例外，凡是法律规定某种合同需具备法定形式均须有正当理由，否则该规定是不合理的。形式要求的正当性在于其有三项功能，即证据功能、警示功能与咨询功能。[1]其一，证据功能是指以书面等形式缔约比单纯以口头形式缔约能更可靠、准确地证明当事人之间的法律关系。关于证据功能，《合同法释义》进行了阐述——考虑到既要适应现实需要，又要提倡当事人尽量采取书面形式订立合同，避免口说无凭，使订立的合同规范化、法制化，本条对合同形式的规定为："当事人订立合同，有书面形式、口头形式和其他形式。法律、行政法规规定采用书面形式的，应当采用书面形式。当事人约定采用书面形式的，应当采用书面形式。""书面形式明确肯定，有据可查，对于防止争议和解决纠纷，有积极意义。书面形式一般是指当事人双方以合同书、书信、电报、电传、传真等形式达成协议。"[2]其二，警示功能是指告诫

[1] ［德］布洛克斯、瓦尔克：《德国民法总论》，张艳译，杨大可校，中国人民大学出版社2012年版，第195页。

[2] 全国人民代表大会常务委员会法制工作委员会编：《中华人民共和国合同法释义》（第3版），法律出版社2013年版，第21页。

当事人在缔结重要的法律行为时不要仓促行事。其主要体现在对当事人有重要意义的法律行为中。具有重要意义的法律行为大体上可分为三种：一是单务合同，二是不动产合同，三是身份法律行为。单务合同的债务人负担了义务，但未从相对人那里获得回报，从而为避免人们未经慎重考虑给自己施加义务，法律往往有形式要求。比如在许多立法例上，赠与合同、保证等担保合同都被规定为要式合同。不动产合同涉及的标的物价值重大，对于普通收入阶层的人来说，不动产合同的标的物的价值可能在其全部财产中占了很大比重，其实际会从事的不动产交易通常数量也有限。身份法律行为具有伦理性，当事人须慎之又慎。其三，咨询功能是指通过将法律行为做成公证证书，当事人可以就该行为的后果得到法律咨询。

就定金合同来说，形式要求无咨询功能，因此须加考察的是证据功能与警示功能。关于前者，规定以书面形式订立（定金）合同，是为了保证当事人明确双方的权利和义务，在发生纠纷时便于举证和人民法院对当事人责任的判断。[1]不过，证据功能不是将定金合同规定为要式的唯一理由，甚至不是主要的理由。对于任何合同来说，书面形式要求都有证据意义，但证据功能对于内容复杂的合同具有特别重要的意义。定金合同的内容相对而言较为简单，从而要式规定的证据意义并不显著。有学者认为，约定交付定金不是一种普通的民事行为，它是一种重要的债的担保形式，一经实施，就起着证明债之成立、赔偿债之不履行的损失等作用。例如，给付定金的一方不履行约定的债务的，无权要求返还定金。这就对定金的管理以及约定定金的方式提出了严格的要求，即不能像订立简单的、即时清结的经济合同那样采取口头方式约定，因此，

[1] 全国人大常委会法制工作委员会民法室编著：《中华人民共和国担保法释义》，法律出版社1995年版，第118页。

本条规定，定金应当以书面形式约定。[1]该观点自定金合同具有特殊性从而应对形式有严格要求的角度作了解释，实际上是以警示功能为定金合同要式要求的依据。从警示功能的角度解释定金合同的要式要求是合理的。具体来说，除成约定金合同的效力较为简单外，其他定金合同对于当事人的利益会发生重要影响，比如立约定金法律关系的创设会使不愿订立目标合同的当事人遭受定金不利益，解约定金法律关系的创设可能使解除相对人的期待利益无法得到实现而只能满足于定金利益，违约定金法律关系的创设可能使违约方所付出的大于非违约方所遭受的损害。因此，在对定金合同有书面要求的情况下，当事人不至于轻易被牵涉进定金法律关系。

3. 定金合同的具体表现形式

《担保法》第93条规定："本法所称保证合同、抵押合同、质押合同、定金合同可以是单独订立的书面合同，包括当事人之间的具有担保性质的信函、传真等，也可以是主合同中的担保条款。"据该规定，定金合同的书面形式包括三种：第一，当事人以书面的形式签订定金合同。第二，当事人关于定金的信函、传真也可以被认为是定金合同。第三，当事人不签订独立的定金合同，而是在主合同中写了关于定金的约定。实际上，能够在主合同中写的定金约定主要是指解约定金与违约定金。在目标合同中也可以写成约定金。就立约定金来说，由于在创设定金法律关系时目标合同并不存在，按理说无从在目标合同里写立约定金条款。

4. 形式欠缺的补正

《合同法》第36条规定："法律、行政法规规定或者当事人约定采用书面形式订立合同，当事人未采用书面形式但一方已经履行主要义务，

---

[1] 董开军主编：《〈中华人民共和国担保法〉原理与条文释义》，中国计划出版社1995年版，第268页。

对方接受的，该合同成立。”[1]此条规定了履行可以补正形式要件的欠缺，使原本因不具备形式要求而不成立或不生效的合同转而成立或生效。定金合同应适用该规定，在未以书面形式订立定金合同的情况下，如果一方已经履行，对方接受的，定金合同成立。关于何以在一方已经履行主要义务而对方接受的情况下合同成立，《合同法释义》指出，法律、行政法规规定或者当事人约定采用书面形式订立的合同，当事人应当采用书面形式订立。在未采用书面形式之前，应当推定合同不成立。但是，形式不是主要的，重要的在于当事人之间是否真正存在一个合同。如果合同已经得到履行，即使没有以规定或者约定的书面形式订立，合同也应当是成立的。如果合同不违反法律的强制性规定，就是有效的。[2]此外有学者认为，合同的形式只是当事人意思的载体，法律的要求也是为了保障当事人的交易安全。如果一方当事人已经按照约定履行完主要义务，另一方也已经接受，说明双方有交易的事实，如再强调合同的形式已无意义，而且很可能使已履行完义务的一方当事人吃亏，有失公平。[3]这两种观点是一致的，亦即均从履行和接受表明了双方之间真正有合同关系、有交易的事实的角度加以理解。实际上，对于履行的补正作用可以从功能已经实现的角度加以解释。申言之，补正主要是基于法律安全理念的考虑，在完成履行后，警示功能和证据功能已成为多余。[4]具体就定金合同来说，形式要求的主要着眼点是警示功能，倘若一方已经履行而对方加以接受，应认为双方已经过了慎重考虑，如果仍坚持无书面

[1] 根据该条的规定，不具备书面形式则合同不成立。有的立法例则规定，不具备形式要件的法律行为无效。如果认为评价法律行为是否成立的标准是事实判断，比如当事人是否达成了合意，评价法律行为是否有效的标准是价值判断，比如当事人所达成的合意是否违法、悖俗，则以规定不具备书面形式的合同无效为宜。

[2] 全国人民代表大会常务委员会法制工作委员会编：《中华人民共和国合同法释义》（第3版），法律出版社2013年版，第76页。

[3] 《中华人民共和国合同法精解》，中国政法大学出版社1999年版，第28页。

[4] ［德］布洛克斯、瓦尔克：《德国民法总论》，张艳译，杨大可校，中国人民大学出版社2012年版，第203页。

形式则定金合同无效，未免对当事人保护过度，反而会给交易秩序带来障碍。另外，在我国现行法上，定金合同也是要物合同，从而交付一方面补正了形式瑕疵，另一方面也满足了要物要求。

5.要式要求与要物要求的选择

《担保法》第90条对定金合同提出了要式与要物双重要求。由上文的分析可见，要式要求与要物要求的着眼点是一致的，即适用定金罚则可能给遭受定金罚则制裁者造成较大的不利，从而须谨慎订立定金合同。既然主旨相同，作双重要求即无必要。另外，作双重要求与仅作要物要求在法律后果上并无差异，从而《担保法》的双重要求规定是不够合理的。在作双重要求的背景下，当事人订立合同的状况有四种可能：[1]（1）当事人以书面形式订立了定金合同并且交付了定金，定金合同成立。（2）当事人未以书面形式订立定金合同，但交付了定金。此时满足了要物要求，定金的交付也使得形式瑕疵被补正，定金合同成立。（3）当事人以书面形式订立了定金合同但未交付定金，定金合同不成立。（4）当事人既未以书面形式订立定金合同，也未交付定金，定金合同不成立。概括四种情形可知，定金交付则合同成立，定金不交付则合同不成立，是否具备形式要件则并不重要，作双重要求没有实际意义。

《民法典》第586条第1款规定："当事人可以约定一方向对方给付定金作为债权的担保。定金合同自实际交付定金时成立。"该款没有再对违约定金合同提出要式要求，而是仅提出了要物要求，并且将《担保法》第90条中的"生效"改为"成立"，与定金合同的通常界定一致。全国人大法工委民法室编著的民法典合同编释义（以下简称《民法典合同编释义》）对于何以放弃要式要求而保留要物要求未作

---

[1] 在我国法上，不具备要式要求的合同不成立。另外，根据《担保法》第90条、《合同法》第210条的规定，不交付则定金合同、自然人之间的借款合同不生效，《合同法》第367条规定，保管合同自保管物交付时成立。《民法典》调整了措词，规定不交付定金、不提供借款则合同不成立。为便行文，此处论述不具备形式要求、交付要求的四种情形时，均采用"成立""不成立"的表述方式。

明确说明。其论述道："按照本条第1款的规定，定金合同是实践性合同，自实际交付定金时才成立，当然定金交付的时间由双方当事人约定。当事人订立定金合同后，不履行交付定金的约定，不承担违约责任。"[1]据此可以推论，其作要物要求意在避免未按约定交付定金者承担违约责任。由于双重要求既无必要，与只作要物要求相比也无结果上的差异，《民法典》放弃要式要求而保留要物要求的做法是合理的调整，值得肯定。

不过，本书认为，比较而言，放弃要物规定而保留要式规定应当说是更好的选择。仅作要式要求已能促使当事人慎重考虑是否订立定金合同，而在已经以书面形式订立定金合同的情况下，倘若约定的交付方不作交付，在最后时间（详见下文交付时间部分）到来之前，相对人尚可请求交付以建立定金法律关系。规定要式要求而非要物要求尚有其他好处：其一，要式要求有证据方面的优点。如学者所说，书面要件也能够有效地证明双方的真实意愿。物之交付行为可能基于不同原因产生（无偿赠与、债务清偿、定期借款、临时寄存），为了探知当事人的真实意图，法院往往需要求助于交付之外的其他相关因素加以确定，书面合同无疑是其中最为重要与常见的证据。[2]其二。就违约定金来说，在具备形式要件的情况下，如果约定的交付方不为交付，相对人有可能因此享有抗辩权，进而凭借行使抗辩权避免遭受不利。

三、定金合同的内容

定金合同的内容主要包括以下几个方面：

[1] 黄薇主编：《中华人民共和国民法典合同编释义》，法律出版社2020年版，第296页。

[2] 李贝：《定金功能多样性与定金制度的立法选择》，载《法商研究》2019年第4期，第180页。

第一，合同的性质。确定当事人订立的合同为定金合同主要有两个凭据：一是当事人在合同中使用了“定金”一词，二是当事人约定的内容符合定金合同的特征，尤其是约定了在某种情况下交付方丧失交付的标的物或者收受方双倍返还标的物。成约定金的情况有所不同。如果当事人约定以交付金钱或其他物为合同成立或生效的要件，可以确定当事人约定的为成约定金法律关系。为明确法律关系的性质，避免发生争议，当事人最好既使用“定金”一词，又约定符合定金特征的合同内容。如果当事人既未采用“定金”一词，也没有约定符合定金特征的合同内容，则不能认定为关于定金的约定。如果当事人使用了“定金”一词，但未约定符合定金特征的内容，可以认为当事人订立了定金合同。倘若一方对此有异议，可进行反证。

第二，定金的类型。不同类型的定金功能差异甚大。为免就定金的类型发生争议，当事人应在合同中约定定金的类型以及定金的效力。如果当事人未作约定或约定不明确，可根据目标合同是否已经存在等因素认定定金的类型。

第三，目标合同。定金合同的目的在于促成特定目的的实现，而特定目的均与另外某个合同有关。申言之，立约定金旨在增加目标合同订立的概率，同时当事人也保留了以遭受定金罚则制裁为代价而不订立目标合同的权利，因此该目标合同为何，应在合同中约定。成约定金、解约定金与违约定金也是如此。目标合同为何，应当是定金合同的要素。如果无法确定目标合同究系哪个合同，定金合同就失去了意义。

第四，定金的数额。当事人应约定定金的数额，如不约定定金数额，则无法通过补充解释的方式确定究以交付多少为宜。具体来说，法律规定的定金上限为主合同标的额的20%，在当事人未作约定的情况下，直接确认定金额为20%或其他比例是不妥当的。倘若虽未作约定，但当事人实际进行了定金的交付和受领，则应认定定金的数额即为实际交付和受领的数额，如该数额超出主合同标的额的20%，则超出的部分不是定金。

第五，交付期限。《担保法》第90条规定，“当事人在定金合同中应当约定交付定金的期限”。对此，《担保法释义》指出，交付定金的期限是定金合同中较重要的内容，因为定金是从实际交付之日起生效，当事人的权利和义务也从交付定金后确立，所以，当事人应当在合同中约定交付定金的期限，以明确定金合同生效的时间。[1]不过，在定金合同被规定为要物合同的情况下，交付期限的重要性已经降低。定金的交付使得定金合同有效，所以定金合同中约定的交付方并无义务交付，从而其在约定的交付期限到来时未作交付也不构成违约。如果该方晚于约定的期限交付，对方予以受领，可以视为双方以实际交付与受领的行为对交付期限作了变更。倘若当事人早于交付期限交付，对方当事人予以受领，亦应视为当事人以交付与受领定金的行为对交付期限作了变更。倘若定金合同不被规定为要物合同，则交付期限也不是定金合同的要素。《民法典》第511条规定，“履行期限不明确的，债务人可以随时履行，债权人也可以随时请求履行，但是应当给对方必要的准备时间”。根据该规定对于履行期限的态度，在当事人未约定定金的交付期限或者约定不明的情况下，一方当事人可以随时要求交付，交付方也可以随时交付，但应当给对方必要的准备时间。不过，由于定金交付后才可创设定金法律关系，所以在目标合同的关键时间点到来后交付方仍未交付的，则不可再要求交付，定金法律关系即终局性地未予创设。

第六，定金的效力。倘若当事人约定的是立约定金，其有何种法律效力较为清晰：交付方如不愿缔约即丧失定金，收受方无须返还，即清理了双方的法律关系。收受方如不愿缔约，须双倍返还，双方的法律关系也因此得以清理，因此双方不必就立约定金的效力多作约定。如系成约定金，不交付则目标合同不成立或不生效，交付了则目标合

[1] 全国人大常委会法制工作委员会民法室编著：《中华人民共和国担保法释义》，法律出版社1995年版，第118页。

同成立或生效，从而就成约定金合同来说，法律后果也是明确的，当事人不必再另作约定。解约定金亦如此，不过当事人可以约定解除权的消灭时间以免就此问题发生争议。违约定金的效力则较为复杂，涉及了何种违约行为形态能引发定金罚则适用以及违约定金与其他责任形式的关系的问题。《民法典》第587条规定，“给付定金的一方不履行债务或者履行债务不符合约定，致使不能实现合同目的的，无权请求返还定金；收受定金的一方不履行债务或者履行债务不符合约定，致使不能实现合同目的的，应当双倍返还定金”。根据该条的规定，在根本违约的情况下可适用定金罚则。如果当事人就引起定金罚则适用的违约行为形态作了约定，可降低认定根本违约的难度。另外，当事人也可以约定在非根本违约的情况下适用定金罚则。在违约定金与其他违约责任形式的关系方面，当事人也可以明确约定违约定金与违约损害赔偿、违约金等责任形式能否并用。在未约定违约定金的适用条件以及违约定金与其他违约责任形式的关系的情况下，可以根据法律规定处理违约定金，因此，这两方面的内容不是违约定金合同的要素，而是常素或偶素性质。

第七，目的达到或目的不达时定金的处理。当事人可以约定目的达到或目的不达时应如何处理定金。比如，违约定金的当事人可以约定在履行合同后定金是加以返还还是抵作价款。当事人未作约定或约定不明的，可以根据法律规定以及定金的类型确认应如何处理。因此，目的达到或目的不达时定金的处理不是定金合同的要素，而是常素性质的内容。

第八，其他事项。当事人也可以就其认为有意义的其他事项加以约定，比如定金合同的订立地点、纠纷的解决方法等。[1]

---

[1] 邹海林、常敏：《债权担保的理论与实务》，社会科学文献出版社2005年版，第385页。

第二节　定金的交付

根据现行法律规定，定金合同为要物合同，不交付则定金合同无效，定金法律关系即无从创设，因此交付也是创设定金法律关系的要件。从另一个角度看，倘若定金合同不被规定为要物合同而是被规定为要式合同，则具备形式要件后定金合同有效成立，约定的交付方负有交付义务，但定金法律关系的重点并非确定交付义务，而是借助定金罚则达成特定目的，而定金罚则的适用以标的物已经交付为前提，从而交付亦为创设定金法律关系的要件。

一、交付或不交付的法律后果

（一）交付之于创设定金法律关系的意义

《民法典》第586条第1款规定，“定金合同自实际交付定金时成立”。根据该规定，不交付定金则定金合同不成立。定金合同不成立则定金法律关系不会被创设。换言之，根据要物合同的规定，仅凭定金合同不成立即可确认不交付定金的当事人之间不存在定金法律关系。需要强调的是，即使定金合同不被规定为要物合同，不交付定金也会使定金法律关系不发生。之所以如此，在于定金的作用机制。定金制度的特点是以适用定金罚则时会带来的不利益影响当事人的决定，进而促成特定目标的实现。而定金的作用机制在于，交付定金的一方丧失请求返还定金的权利，收受定金的一方双倍返还定金。就立约定金来说，交付定金后，倘若交付方决定不订立本约，收受方的利益就定金获得了填补，倘若收受方决定不订立本约，须双倍返还定金，交付方因此收回了所交付的定金，另外其损失的利益也得到了填补。就解约定金来说，交付定金后，倘若交付方决定解除合同，收受方的利益就定金获得了填补，倘若收受方决定解除合同，交付方以获得双倍返还定金而使利益得以实现。在违约定金中，倘若交付方于交付后违约，收受人因为事先已受领了定金，其期待利益会在一定程度上得到实现。如收受人违约，须双倍返还定金。在实际返还后，交付方的期待利益会得到实现。

为使问题更加明晰，有必要分析不交付定金的情形，以资比较。在立约定金中，倘若定金未交付，则无交付方丧失定金、收受方双倍返还可言。如果认定在这种情况下，约定的交付方可以交付约定的数额为代价不订立本约，约定的收受方可以支付同样的数额为代价不订立本约，则与立约定金合同的内容不符，故不能成立。倘若当事人约定的是不作预先交付但双方均可以付出一定的利益为代价不订立本约，则系争约定并非定金合同。与这种约定相比，由于有预先交付性，定金合同对于收受方利益的维护更为有利。倘若当事人约定的是双方均可任意决定是否订立本约，并且不订立本约不须付出代价，则这种约定是没有意义的。解约定金也是如此。如不交付解约定金，不可能发生约定的交付方以丧失定金为代价、约定的收受方以双倍返还为代价解除合同的问题。如果当事人约定的是一方或双方可以支付一定的数额为代价解除合同，则该约定并非定金合同，而是另外的解除权约定。奥地利法上的后悔金、瑞士法上的解除罚金以及双方均能以支付罚金为代价取得解除权的约定即是如此。就违约定金来说，如不预先交付，定金罚则无从适用。如果双方约定的是违约发生后违约方须向对方支付一定数额的金钱或物，则该约定实为违约金约定，只不过具有双向性。

（二）标的物的权属

关于交付的定金非为交付方所有时应如何处理，存有不同认识。一种观点认为，当事人交付的定金标的物应为自己所有，法律赋予定金的效力是当事人以定金担保合同履行，任何一方在履行违约时，均需接受定金罚则，承担定金责任，若定金在交付前不能为交付人所处分，就无法用来承担违约责任，因此借用的款项、通过不合法途径取得的货币收入以及依法被冻结的存款货币、被查封的有价证券等，均不能作为定金标的物，用上述价值物作定金标的物，所成立的定金合同为无效合同，至于实践中用银行贷款所设定金，亦为不许。[1]另有观点认为，法律不应要求定金设定人对所交付定金有正当且无瑕疵之权原，至少在对交易安全和善意第三人利益有较高的保护必要时，不应作出这种要求。事实上，定金标的物通常表现为货币和无记名有价证券，且无权原的货币、有价证券与定金设定人正权原的同类物品相混同，要区分交付的定金是正权原或无权原瑕疵并非易事，而如果以被依法冻结的存款货币、被查封的有价证券等设定定金，非为设定行为无效，而会因定金之交付不能而致定金合同不成立。[2]

以上两种见解当以后说为是。交付定金方对于其所交付的标的物如系以合法方式取得，比如借用的款项，其取得了金钱的所有权，其再将该金钱用于交付定金，定金法律关系也因此而创设。倘若将借用的款项用于交付定金与借用时约定的用途不同，借方对出借人承担违约责任，但借方取得了金钱所有权，进而交付定金的行为发生效力不能因此被否定。若交付定金方系通过不法行为取得金钱，进而用于交付定金，如果在其取得金钱后因混同等原因使标的物无法特定，原权利人的所有权仍然消灭，交付定金的行为亦发生效力。如果不法取得的金钱未失去特定性，交付方无从取得所有权，倘若其将该笔金钱用于交付定金，鉴于定金合同的无偿性，应认定不成立有效的交付，定金法律关系未被创设。倘若标的物不是金钱而是其他可替代物，在交付方未取得物的处分权的情况下，也不成立有效的交付。

（三）缔约过失责任问题

关于未交付定金时约定的交付方是否应承担缔约过失责任，学界存

[1] 孙鹏、肖厚国：《担保法律制度研究》，法律出版社1998年版，第331页。

[2] 孙鹏、肖厚国：《担保法律制度研究》，法律出版社1998年版，第332页。

有分歧。有学者认为，付定金方因自己的原因未能给付定金的，违反了依民法诚实信用原则所负之法定义务，应当依法承担缔约过失责任，赔偿对方因其缔约过失而受有的信赖利益损失。但付定金方因不可归责于其本身之事由未给付定金的，不承担法律责任。因受定金方原因未能给付定金致定金合同未成立的，受定金方应承担缔约过失责任，赔偿对方因此所受损害。[1]另有学者虽肯定不交付时可以成立缔约过失责任，但又认为难度较大。依其见解，定金合同既然属于实践合同，当事人订立定金合同后不履行交付定金约定的，不构成违约，关于当事人是否存在缔约过失责任，则应适用我国《合同法》第42条关于缔约过失责任的规定予以认定。一般来说，由于《担保法》明确规定定金合同属于“交付生效”，各方当事人推定知悉法律的规定，所以不履行交付定金约定难以构成缔约过失责任。[2]反对观点则认为，当事人约定了定金但未交付定金的，由于定金合同的履行与否并不影响主合同的效力，而定金合同本身并不存在信赖上利益，所以当事人双方均不因定金合同的不生效而承担缔约过失责任。即便在成约定金的场合，虽然定金交付是合同成立或生效的要件，但成约定金本身就是制约合同法律效力的关键，当事人不交付定金则致使合同不成立或不生效是当事人预设的，因此，也不存在所谓信赖上利益的损失问题，缔约过失责任也不存在。[3]

本书认为，在定金合同被规定为要物合同的现实背景下，基于要物合同的法理可以确定，是否交付物由交付方自行决定，不交付则定金合同不成立，交付方不承担缔约过失责任。如果定金合同不被规定为要物合同，不交付定金不影响定金合同的有效成立，也无缔约过失责任问

[1] 吴兆祥：《定金规则论》（二），载中国民商法律网，http：//old.civillaw.com.cn/article/default.asp?id=8201，访问时间：2020年2月23日。

[2] 曹士兵：《中国担保制度与担保方法》（第四版），中国法制出版社2017年版，第412页。

[3] 李国光等：《〈关于适用《中华人民共和国担保法》若干问题的解释〉理解与适用》，吉林人民出版社2000年版，第406页。

题。具体来说，如果定金合同不被规定为要物合同而是被规定为要式合同，倘若当事人未以书面形式订立定金合同，由于形式要求本身即在于促使当事人慎重考虑究竟是否订立合同，因此，一方当事人决定不订立合同，也不应承担缔约过失责任。如果定金合同既不被规定为要物合同，也不被规定为要式合同，只要当事人达成了定金合意，无论是否交付了定金，定金合同均有效成立，无从论及缔约过失责任。

（四）预期违约问题

有观点认为，如果约定的交付方不交付定金，相对人可主张其预期违约以保护自己的利益。比如，有学者认为，如果当事人特别约定定金为成约定金，未交付定金则主合同不成立或不生效，自无疑问。在未特别约定定金种类时，未交付定金不会影响主合同的成立，未交付定金也不构成违约，主合同应当有效并须履行。但未交付定金使当事人期待的定金担保不能成立，对当事人利益影响甚巨，因无定金担保，其所受的风险将大大提高。可见，未交付定金必然会对主合同的法律效力产生一定影响。因而定金不给付构成默示的预期违约。[1]另有学者认为，只要存在定金不给付的事实，不论是故意拒绝还是客观不能，除非是受定金方的过错，均得认定付定金方构成默示的预期违约。受定金方得请求未付定金方提供充分的履行债务的保证，并可暂时不履行合同。应给付而未给付定金方于合理期限内提出了相应的担保的，受定金方应当履行主合同义务。若未给付定金方在合理期限内未能提供充分担保的，受定金方可以直接请求对方承担违约责任，也可以于主合同履行期限届满以后发生实际违约时再请求权利救济。定金不给付产生预期违约的效果，可以弥补定金担保因定金未给付无法发挥担保作用，致债权人面临实际违约危险而无法采取补救措施之不足，避免致受定金方处于极端不利之境

[1] 王琳：《定金若干问题探讨》，载《法学与实践》1997年第3期。转引自高圣平：《担保法论》，法律出版社2009年版，第605页。

地，维护交易的安全。[1]

本书认为，在定金合同被规定为要物合同的背景下，以上见解是不成立的。在要物合同，是否交付标的物以创设定金法律关系取决于约定的交付定金方的选择，而法律之所以将某种合同规定为要物合同，也是为了赋予交付方基于自己的利益考虑决定是否交付物以使合同成立的权利。倘若交付方决定不交付物，其行为不构成违约，不应被作负面评价，进而既不承担违反定金合同的责任，也不对目标合同因此受到影响而承担责任。

如果定金合同不被规定为要物合同，在定金合同有效成立的情况下，约定的交付方不交付定金构成对定金合同的违反，约定的收受方可主张实际履行。倘若交付方至关键时间点（见以下交付时间部分）仍未为交付，则定金法律关系再无从得以创设，约定的收受方也无法请求赔偿定金合同的期待利益，否则即与交付的意义相悖。不过，相对人的利益可以通过行使抗辩权的方式得到保护。在不交付的情况下，可根据定金合同的类型确定法律后果。如系违约定金，不交付定金可能使得约定的收受方享有基于主合同的不安抗辩权。在行使抗辩权时，应根据定金占主合同标的额的比例等因素确定收受方是否以拒绝履行部分对待给付义务为宜。如果约定的收受定金方行使了不安抗辩权而约定的交付定金方未在合理时间内交付，可以认定成立预期违约。如成立预期违约且构成重大违约，收受方可解除主合同进而清理债务关系。

二、交付的时间、地点与方式

（一）交付时间

1. 交付时间的确定

定金应于何时交付由当事人自行约定。需要注意的是，《民法典》

---

[1] 吴兆祥：《定金规则论》（二），载中国民商法律网，http：//old.civillaw.com.cn/article/default.asp?id=8201，访问时间：2020年2月23日。

第511条规定，履行期限不明确的，债务人可以随时履行，债权人也可以随时请求履行，但是应当给对方必要的准备时间。该规定不适用于作为要物合同的定金合同。有学者认为，实践中当事人都是依定金契约约定的交付时间和数额等交付和收受定金，表明定金契约在定金交付前已经生效，定金契约事实上已经为诺成性，在当事人协商一致时即成立并生效。[1]该说不甚妥当。在被规定为要物合同的背景下，定金约定无拘束力，因此，并非按约定的时间交付从而履行义务，而是约定的交付方愿意为交付以建立定金法律关系。相反，假设定金合同不被规定为要物合同并且有效成立，《民法典》第511条的规定即可适用。

无论是当事人有约定，还是未作约定时可以随时履行或者随时要求履行，定金的交付均有时间限制。就立约定金来说，定金的交付时间应早于目标合同的最晚订立时间。如果目标合同已经订立但仍未交付立约定金，则立约定金合同的目的无法实现，即使定金未被规定为要物合同而是被规定为要式合同并且书面形式已经具备，约定的交付方也不再有义务为交付。如果约定的目标合同的最晚订立时间已经经过而未订立目标合同，立约定金仍未交付，则立约定金合同的目的同样无法实现。

关于成约定金的交付时间，学者观点不同。有观点认为，成约定金必须于合同订立时交付，否则合同就不成立。[2]另有观点认为，成约定金应当在合同成立或生效之前交付，合同成立或生效后交付的定金，不能为成约定金。[3]这两个观点均未臻准确。成约定金的功能在于定金的交付使目标合同成立或生效。合同成立或生效与交付同时发生，因此，认为成约定金应当在合同成立或生效之前交付的观点与时间上的同步性不合，主张必须于合同订立时交付则只是表明了时间上的同步性，对于

[1] 黎乃忠：《定金契约要物性的批判与重塑》，载《现代法学》2015年第6期，第190页。

[2] 孙鹏、肖厚国：《担保法律制度研究》，法律出版社1998年版，第325页。

[3] 郭明瑞、房绍坤、张平华编著：《担保法》(第五版)，中国人民大学出版社2017年版，第196页。

判断约定的交付方究竟应于何时交付并无说明。实际上，成约定金的最晚交付时间应当是目标合同的最晚成立或生效时间。当事人可以自行约定目标合同最晚于何时成立或生效，交付时间应早于该时间。如果当事人未自行约定目标合同的最晚成立或生效时间，可以以合同内容为根据确定一个合理的最晚成立或生效时间，而交付时间应早于该时间。

另外，就解约定金来说，交付时间应早于主合同义务的履行。违约定金的交付时间应早于其意欲避免的违约行为发生。

2.迟延交付的处理

有观点认为，定金的实际交付时间晚于定金合同约定交付时间的，未必一定导致定金合同不生效。定金给付人迟延交付定金，如果定金收受人仍接受该定金，说明定金给付人与收受人以行为变更了定金合同中原本约定的定金交付时间。此时，定金合同自该迟延交付时起生效，定金担保的效力亦自该迟延交付时起产生。[1]该项见解可资赞同。在定金合同被规定为要物合同的背景下，如约定的交付定金方未按时交付，法律后果是定金合同未能按约定的交付时间生效，定金法律关系未能按约定的时间创设。但约定的交付定金方嗣后交付而对方接受的，只要交付时间早于最晚的应为交付的时间，则要物合同的作用已经发挥，定金合同生效，定金法律关系也得以创设。此外，前引学者进一步指出，有关定金交付时间的约定不因定金的实际交付时间的变化而影响定金的担保功能，但可使定金的预付款的作用受到削弱。定金担保为定金的主要功能，也是当事人追求的主要目的，牺牲定金的预付款之利益有时也可以接受。[2]在定金合同为要物合同的背景下，该见解也是成立的。倘若定金合同不被规定为要物合同，则在定金合同有效的情况下，约定的交付方不按时交付即构成违约，其应就迟延交付给收受方带来的不利益负责。

---

[1] 高圣平：《担保法论》，法律出版社2009年版，第606页。

[2] 高圣平：《担保法论》，法律出版社2009年版，第606页。

（二）交付地点

《民法典》第511条第3项规定："履行地点不明确，给付货币的，在接受货币一方所在地履行；交付不动产的，在不动产所在地履行；其他标的，在履行义务一方所在地履行。"在当事人未约定交付地或约定不明的情况下，根据该规定，如果定金为金钱，应在收受定金方所在地交付，如果交付的是其他可替代物，在交付定金方所在地交付。

（三）交付方式

定金的交付方式有不同含义，既可以从移转占有的不同方式的角度理解，也可以从一次性抑或分期交付的角度理解。关于前一方面，论者见解不同，最为狭隘的观点认为，定金之债的成立，不仅应有双方当事人的合意，而且应有定金的现实交付。[1]最为宽泛的观点则认为，依定金之交付，定金契约始成立，故为要物契约。然无须为现实之交付，亦得依简易交付，占有改定，依指示之占有移转之方法为之。[2]折衷的观点则认为，定金的交付应当包括现实交付和简易交付。[3]本书认为，在现实交付和简易交付的情况下，收受定金方实际取得了对定金的占有，从而构成交付没有问题。在占有改定的情况下，交付定金方仍实际占有定金，甚至实际上标的物没有特定，从而不宜构成交付。至于指示交付，由于交付方会因此失去对定金的控制，也可以构成交付。

关于分期交付，有学者认为，如果定金给付人只交付了部分定金或者要求分期交付，由于定金是一次性的，因此定金合同原则上不能成立。[4]本书认为，定金的交付应按一般规则处理。当事人可以约定分期交付，也可以约定一次性交付。在约定一次性交付的情况下，如果交付

[1] 王家福主编：《民法债权》，中国社会科学出版社2015年版，第127页。

[2] 史尚宽：《债法总论》，中国政法大学出版社2000年版，第513页。

[3] 徐武生：《担保法理论与实践》，工商出版社1999年版，第587页。

[4] 徐武生：《担保法理论与实践》，工商出版社1999年版，第589页。

方单方面决定改为分期交付，则已经提供的交付按少交定金处理，未提供的交付则构成迟延交付。

三、多交、少交定金的处理

《担保法解释》第119条规定："实际交付的定金数额多于或者少于约定数额，视为变更定金合同；收受定金一方提出异议并拒绝接受定金的，定金合同不生效。"有论者认为，该规定的表述有所不妥。由于定金合同为实践性合同，没有定金的交付，定金合同不能成立生效。因此，实际交付的定金数额多于或少于约定数额，并不是"视为变更定金合同"。如果说是"变更合同"，也只能是变更了定金预约。准确的说法应当是：实际交付的定金数额多于或者少于约定数额，以实际交付的数额成立定金合同。[1]实际上，"视为"是典型的拟制性法条的表述方式。第119条不能被理解为，多交少交定金构成对定金合同的变更，而只是与变更定金合同的法律后果相同，亦即在实际交付的数额上成立定金合同。此外，本书认为，拟制性法条这一立法技术有欠妥当的地方，不能清楚地表明被拟制者与所拟制者之间的差异，易引起误解，甚至会引发争议，从而以尽量不作拟制性规定而是直接就所欲规制的法律事实及法律后果加以规定为妥。因此，倘若不采拟制性的措词，则第119条的规定即应如前述学者所说，表述为"实际交付的定金数额多于或者少于约定数额，以实际交付的数额成立定金合同"。《民法典》第586条第2款规定，"实际交付的定金数额多于或者少于约定数额的，视为变更约定的定金数额"。该款也采用了拟制性的规制方式，基本承袭了《担保法解释》的模式，只是将"变更定金合同"修改为"变更约定的定金数额"。

关于何以多交少交视为变更，《担保法解释》起草者阐述道，对于

[1] 郭明瑞、房绍坤、张平华编著：《担保法》（第五版），中国人民大学出版社2017年版，第195页。

少交付定金的，司法解释根据定金合同的实践性，规定当事人实际交付的定金数额为实际生效的定金数额，对于少交的部分，不能强制履行。当事人对于不足额的定金拒绝接受的，定金合同不生效。当事人接受了不足额的定金，实际接受的定金额即为定金范围，对于未交部分，接受定金的一方无权要求对方补交。对于多交付的定金，除超过法律规定的限额外，已交付的定金为实际定金范围，成立金钱质，当事人各方均在实际交付的定金上享有权利，承担义务。[1]该见解根据定金合同的要物性加以解释，其思路应当是：定金合同是要物合同，不交付则定金合同无效，交付则定金合同有效，并且仅在实际交付的数额上有效。《民法典合同编释义》对于何以将多交或少交定金视为约定的定金数额未作说明，只是做了例示。该例为：甲向乙订购钢材1000吨，总价值1000万元，约定甲交付定金200万元，但之后甲仅交付了150万元，乙方接受并提出了异议，接受的150万元定金仍然能够发生定金效力。[2]依本书的见解，在解释论的层面上，由于定金合同为要物合同是给定的前提，《担保法解释》第119条关于少交定金视为变更定金合同以及《民法典》第586条关于少交定金视为变更约定的定金数额的规定值得赞同。但是规定在多交定金的情况下也视为变更定金合同或者视为变更约定的定金数额则值得商榷。理由在于，定金合同是要物合同，即使少交定金，也足以通过交付行为使定金合同生效，但由于未全部交付，就未交付的部分不可能创设定金法律关系，并且收受方不得就未交付的部分提出补交请求。多交定金的情况则有所不同，定金交付本身使得定金合同生效，但定金法律关系是否按实际交付的数额创设，则不仅依赖于交付行为本身，尚须以定金合同中的约定为依据。在多交的情况下，如果不能确认

---

[1] 李国光等：《〈关于适用《中华人民共和国担保法》若干问题的解释〉理解与适用》，吉林人民出版社2000年版，第405—406页。

[2] 黄薇主编：《中华人民共和国民法典合同编释义》，法律出版社2020年版，第321页。

双方当事人交付和收受高于约定的定金这一行为可以解释为其就增加定金数额达成了合意，则应认定定金仍在双方约定的数额范围成立。多交的部分可以充当交付定金方的部分履行。如果交付定金方的义务与定金的交付不同，则可请求返还多交的部分。

如果定金合同不被规定为要物合同，而定金合同有效成立的情况下，少交定金导致的结果是定金法律关系首先在实际交付的数额上创设，就未交付的部分，收受方还可以要求再为交付。如果交付方按对方的要求进行了补交，则至适用定金罚则的事件发生时，实际交付了多少定金即按多少定金创设了定金法律关系。如果已经补充完毕，则所创设的定金法律关系的数额与定金合同中的约定一致。如果情形为多交定金，则多交本身不能导致定金在实际交付的定金的数额上创设，仍应以当事人约定的数额为准，除非可以将双方的交付与收受解释为当事人以行为默示地变更了定金合同。

四、交付后的权利归属

我国的通说认为，交付之后定金的所有权即发生移转，由收受定金方取得。另外也有学者持不发生移转或者折衷的观点。

（一）不移转说

有些学者认为，交付之后定金的所有权不发生移转。其理由可概括为以下几种：

第一，禁治说。此说认为，定金作为一种担保，其转移的只是占有权，在合同履行期间合同双方均无处分权，定金处于一种“禁治”状态，只有当合同履行完毕，定金才依所有者的意志转移或者收回。[1]

第二，权能分离说。此说认为，随着我国经济建设的发展，所有权

[1] 肖龙、赵彬：《试论定金与预付款》，载《法学研究》1986年第4期，第40页。

与其权能分离的现象日益增多，非所有人可以根据法律或合同直接经营或使用他人所有之物，并取得因经营或使用而获取的利益。定金的交付转移的不是所有权，而是所有权与其权能的分离，在整个合同履行期间，支付定金者与接受定金者的关系为所有人与非所有人的关系是不变的。[1]

第三，担保金额说。此说认为，当事人交付一定数额的金钱或可替代物是为了确保合同履行，是一笔担保金额，而非作为支付手段的预付款，故所有权不应随支付而转移，这是定金与预付款的重要区别之一。[2]

第四，收回根据说。此说认为，为定金所担保的主合同履行后，支付方"应当收回"是基于自己的所有权，唯有所有者，支付方才能决定是收回或抵作价款，如无所有权，就无收回之理。[3]针对货币被使用后不复存在的情形，持此说的学者进而解释称，所有权的体现，若是特定物一定要有原物，而种类物则既可以体现为原物，也可以是同等价值之物。正如种类物的借用一样，借用方一般情况下要归还原物，在原物因使用而损消时，则归还同等数量、质量的种类物也能够体现出借者的所有权。因此，作为可替代物之货币也一样，只要同等数量的货币退还，同样能体现出支付方对该笔金钱的所有权。[4]

第五，收受方没收后取得所有权说。此说认为，按定金罚则，支付定金方不履行合同的，所交的定金将被对方没收，正是因为没收，接受方才取得定金所有权。[5]

第六，物权取得缺乏根据说。持此说者认为，物权取得须有取得依据，否则不能发生物权变动的效果。如认为收受定金者取得定金之物的所有权，亦应有相应的物权取得依据。然而，物权的取得方式包括原始

---

[1] 柳世华：《也谈定金的所有权转移》，载《法学研究》1987年第4期，第327页。
[2] 孙鹏、肖厚国：《担保法律制度研究》，法律出版社1998年版，第328页。
[3] 孙鹏、肖厚国：《担保法律制度研究》，法律出版社1998年版，第328页。
[4] 孙鹏、肖厚国：《担保法律制度研究》，法律出版社1998年版，第329页。
[5] 徐康平、熊英：《担保法》，人民法院出版社2000年版，第175页。

取得及继受取得：原始取得不需依赖原权利人的意志，定金交付者除因主契约履行瑕疵而适用定金罚则不依赖交付者的意志而转移其所有权外，原始取得不包括定金自交付后所有权发生变化的取得情形。简言之，在定金交付后并不发生定金所有权变动的原始取得效果。相反，继受取得须依赖于原权利人的意志，但定金交付者在交付定金时仅发生对主契约担保的意思而无转移定金所有权的意思。因此，受定金者无于定金交付后即取得其所有权这一物权的法律依据。[1]

（二）折衷说

有学者认为，定金的交付不应当完全发生所有权的移转，是因为：一方面，假设在定金设立以后，根据当事人的约定，一方交付的不是一笔金钱，而是某种实物，则该实物在交付后并不发生所有权的移转，合同不履行则要返还原物，即使合同履行，也可能接受实物的一方不需要该实物，而愿意返还该实物。[2]另一方面，即使是金钱的交付，也不完全发生所有权的移转，因为在合同不履行的情况下，定金将要返还。定金的交付也不是一种履行合同义务的行为。如果主合同无效或被撤销，定金也应当返还。还应当看到，在收受定金的一方破产的情况下，交付定金的一方应当优先于收受定金方的其他债权人而请求取回其定金。因为毕竟定金的交付不完全发生所有权的移转，交付的一方请求返还定金并不完全是基于债权，或者说其享有的返还定金的权利与其他债权人享有的债权并不完全相同。在这一点上，定金的交付与押金和保证金的交付有某些相似之处，设立押金与保证金原则上不移转所有权。[3]据此观

[1] 黎乃忠：《定金定性与所有权归属的理论批判》，载《上海交通大学学报》（哲学社会科学版）2015年第4期，第99页。

[2] 王利明：《合同法研究》（第二卷）（第三版），中国人民大学出版社2015年版，第734页。

[3] 王利明：《合同法研究》（第二卷）（第三版），中国人民大学出版社2015年版，第734页。

点，在交付的标的物为金钱并且不需要返还的时候，定金的所有权在交付后发生移转。

（三）本书观点及理由

本书认为，定金交付后，其所有权即发生移转。理由如下：

第一，定金交付后加以“禁治”是一种无效率的做法。交付之后，交付定金方无法再使用标的物，如果收受定金方也无法使用，而是要“禁治”起来，会导致资源闲置，有悖于物尽其用原则。因此，规定定金交付后收受方即取得所有权，有物尽其用之利，并且不必为了保持标的物的特定性支出成本或增添不便。

第二，权能分离说旨在说明在交付方保留所有权的情况下收受方可以使用，从而不会有资源闲置问题。不过，由金钱的特点所决定，一旦加以使用，则特定性即无法保持，所有权必然丧失。可替代物的使用也可能会导致标的物不再由受领方保有。即使标的物仍存在，倘若其与受领方的同种可替代物混合，交付方保留的所有权也会因此丧失。因此，与其借助权能分离让收受方能够使用，不如直接确认收受方取得所有权。

第三，交付之后，定金的标的物的确有担保功能，至于其所有权是否发生移转是另一层面的问题，因此担保金额说不足以否定所有权移转的正当性与合理性。

第四，对于定金的“收回”不能作拘泥于字面的理解，认为是交付方行使物权返还请求权。所谓“收回”实际上是指在交付方履行了合同的情况下，如果定金不适合抵作价款，则其享有请求收受方交付相同数额的金钱或可替代物的权利。在交付方放弃订立本约、解除合同或违约的情况下，收受方不再有交付义务，并非其因此“没收”定金，进而取得定金所有权。

第五，收受定金方取得标的物的所有权有法律依据，对此可从多个角度加以解释：在交付定金的情况下，不能排除双方有变动标的物所有权的意思；如果双方确无变动标的物所有权的意思，基于客体特定法理，在标的物与收受定金方的同种类的物混同的情况下，交付定金方丧失所有权，收受定金方取得所有权；作为一般规则，金钱的所有权随同占有移转有其合理性，定金的标的物为金钱时也不例外。

需要注意的是，有学者认为，定金担保并非物的担保，而是一种借助于物的担保的形式、以物的所有权的让渡担保债权受偿的担保方法，在本质上不同于以移转物的占有为核心内容的质押担保。诸如认为定金的交付不移转所有权的观点，实际上是将定金担保混淆于质押担保，将定金交付形成的债的关系混淆于质物交付所形成的物权关系。[1]但实际上，即使标的物的所有权不发生移转，定金担保也不会与质押混淆，毕竟二者在有无比例性、作用机制有无双向性、担保机制等方面都是不同的。只是鉴于移转所有权会更有效率并能避免保管标的物之累，才应采定金交付后所有权发生移转的见解。另外，当事人也可以约定定金交付后所有权不发生移转。

五、利息或其他孳息的归属

定金的标的物如系金钱，由金钱自身的性质所决定，易于产生利益，因而会有利息应归属于交付定金方还是收受定金方的问题。有学者认为，定金支付是一种担保方式而非贷款，因此无论是抵作价款还是返还给支付定金的一方当事人，均不应计算利息。[2]另有观点认为，在返还定金（包括合同履行后不作折抵而是返还，因不可归责于或可以归责于双方的事由履行不能时的返还，以及收受定金方违约时的返还）的情

[1] 邹海林、常敏：《债权担保的理论与实务》，社会科学文献出版社2005年版，第389页。

[2] 陈本寒：《担保法通论》，武汉大学出版社1998年版，第124页。另见徐武生：《担保法理论与实践》，工商出版社1999年版，第594页。

况下，定金所产生的利益都应返还给定金支付方。[1]持此说者大致有三个理由：第一，定金一经给付，接受方即可以把该笔定金投入生产经营，产生收益是必然的，即使不投入生产经营而直接将定金货币存入银行，也产生银行利息，所以定金和利息是一种客观实在，不容否定。[2]第二，从所有权归属来看，定金和利息也应归支付方。一方当事人支付给对方一定数额之定金，实际上只是把定金的占有、使用和一定范围内的处分权能转移给对方，而支付方仍保留了最终的所有权。定金与其利息是原物与孳息的关系，原物所生孳息随原物所有权的归属，故定金接受方返还定金时应同时返还定金之利息。当然，在接受方双倍返还定金时，仅返还原接受那份定金之利息，而罚的那份定金则不计利息，定金利息应按银行同期贷款利率计算。[3]第三，基于公平原则应返还利息。如在某一合同中，一方当事人用贷款支付了定金，当支付定金的一方不履行合同时，他除了失去定金本身外，还得支付银行一定数额的利息（即使是用自己的资金支付定金，他也同样损失一定数额的期待孳息）；而对方当事人得到定金后，不但不支付银行利息，还可以将定金存入银行取得利息，或者将定金作为流动资金使用而获得利益。[4]这样，接受定金的一方当事人不履行合同时，尽管依法要双倍返还定金，但实际上他的损失要小于定金数额，而支付定金的一方当事人不履行合同时，除了失去定金本身外，还得失去定金利息，即实际损失总是大于定金数额。这样就形成了“谁支付定金谁吃亏”的现象。接受定金的一方违约，损失数额小于定金，支付定金的一方违约，损失数额大于定金，这一小一大之差额有可能达到定金利息的二倍，以此作为双方承担违约责任的

---

[1] 孙鹏、肖厚国：《担保法律制度研究》，法律出版社1998年版，第332页。

[2] 孙鹏、肖厚国：《担保法律制度研究》，法律出版社1998年版，第332页。

[3] 孙鹏、肖厚国：《担保法律制度研究》，法律出版社1998年版，第333页。

[4] 孟云：《双倍返还定金时应返还利息》，载《人民司法·应用》2010年第15期，第92页。

方式就更加显失公平了。[1]

依本书的见解，在创设定金法律关系的情况下，不存在收受定金方向交付定金方支付占有期间的利息的问题。原因在于，在交付定金的情况下，收受定金方取得了定金的所有权，其对所收受的标的物加以使用是对自有资金的使用，存入金融机构或以其他方式收取利息是基于自己的权利取得孳息，因此无义务支付使用的对价或收受的利息。即使收受定金方对标的物闲置不用，也无向交付方支付其本可以收取的利息的问题。只是在返还期限到来而未返还的情况下，从迟延之日起才应支付利息，此时应适用金钱债务迟延履行利息的法理加以处理。倘若双方当事人约定交付定金后标的物保持特定状态，所有权不发生移转，则在将金钱存入特定账户等情况下，利息应归属于交付方，如果因标的物保持特定而无从产生利息，则无利息归属问题。如果定金的标的物是可替代物，也应以所有权是否发生了移转为标准确定孳息的归属。

第三节　本章小结

不同类型的定金功能不同，是否借助创设定金法律关系达成某种目的，不宜由法律加以规定，而应由当事人自行决定，因此定金法律关系的创设以当事人签订了定金合同为前提，而定金合同是当事人达成的为担保合同债权等目的由一方交付给他方一定数额的金钱或其他可替代物的协议。定金合同具有主体的特定性、要物性、从属性等特征。应当注意的是定金合同的从属性仅对于解约定金合同、违约定金合同是成立的，立约定金合同与目标合同为预约与本约的关系，成约定金合同则为目标合同的附加约款。《担保法》除规定违约定金合同是要物合同外，

[1] 孟云：《双倍返还定金时应返还利息》，载《人民司法·应用》2010年第15期，第92页。

还规定违约定金合同是要式合同。《民法典》放弃了要式要求而保留了要物要求。对于（违约）定金合同作要物与要式双重要求没有必要，与只作要物要求相比也没有结果上的差异，因此，《民法典》放弃要式要求而保留要物要求的做法是合理的。不过，本书认为，放弃要物要求而保留要式要求应当说是更好的选择。仅作要式要求已能促使当事人慎重考虑是否订立定金合同，而在已经以书面形式订立定金合同的情况下，倘若约定的交付方不作交付，在最后时间到来之前，相对人尚可请求交付以建立定金法律关系。作要式要求还有证据等方面的优点。

在定金合同被规定为要物合同的现实背景下，不交付定金则定金合同不成立，定金法律关系无从创设。即使定金合同不被规定为要物合同，由于定金罚则的适用以交付为前提，也只有交付定金才能创设定金法律关系。成约定金无罚则适用可言，成约定金法律关系的创设也不以交付定金为前提。定金的交付涉及交付抑或不交付的效力、交付的模态（时间、地点与方式）、多交或少交定金的处理、定金交付后的所有权归属与孳息归属等多方面问题。关于多交或少交的情形，《民法典》第586条规定，实际交付的定金数额多于或者少于约定数额的，视为变更约定的定金数额。根据该规定，在多交或少交定金的情况下，按实际交付的数额成立定金法律关系。在我国现行法上，定金合同为要物合同是给定的前提，从而少交定金视为变更定金数额这一处理在结论上是成立的。但多交定金视为变更定金数额则理由不足。在定金合同为要物合同的前提下，交付定金使得定金合同成立，但定金法律关系是否按实际交付数额创设不仅取决于交付本身，也取决于定金合同中的约定。如果不能根据收受高于约定数额的定金这一事实认定当事人就增加定金数额达成了合意，则规定多交定金视为变更定金数额与当事人的意思不符，也与谨慎对待定金法律关系的立场不一致。更为妥当的处理是，在多交定金的情况下，除非能够认定当事人有变更定金合同的意思，否则仍按约定的数额建立定金法律关系。至于多交的部分应如何处理，应根据个案情形确定，或者构成交付定金方的部分履行，或者交付定金方可以请求返还。

第四章 定金的效力（一）：立约定金、成约定金与解约定金

第一节　立约定金的效力

一、定金罚则的适用条件

（一）关于定金罚则适用条件的不同观点

1. 拒绝订立合同说

关于创设了立约定金法律关系后定金罚则的适用，有学者认为仅需要一方当事人拒绝订立合同即可。依其见解，立约定金罚则的适用前提是给付或收受定金的当事人拒绝订立主合同，至于拒绝订立合同的原因，则在所不问。同时，当事人所订立的主合同的效力如何以及当事人是否违反了主合同，也不决定是否适用立约定金罚则。只要当事人订立了合同，立约定金的目的即已达到，定金罚则即不能再适用。即使所订立的合同无效或被撤销，定金罚则也无适用的余地。[1]另有学者认为，立约定金，依当事人的约定，担保的是当事人在将来正式缔约，所以立约定金的处罚条件即当事人违背承诺，拒绝订立合同，属于接受定金的一方拒绝订立合同的，应当双倍返还对方定金；属于交付定金的一方拒绝订立合同的，对方以扣收定金作为赔偿，定金不予退还。[2]两种观点均认为立约定金适用罚则条件简单，只需要一方当事人拒绝订立合同。比较而言，后一种观点有欠精准。首先，其称“当事人违背承诺，拒绝订立合同”，实际上，当事人创设立约定金法律关系，就意味着没有承

[1] 郭明瑞、房绍坤、张平华编著：《担保法》（第五版），中国人民大学出版社2017年版，第198页。

[2] 吴庆宝主编：《物权担保裁判原理与实务》，人民法院出版社2007年版，第602页。

诺将来一定订立合同，而是对于是否订立合同有选择权，选择不订立合同会遭受定金不利益。其次，其称“对方以扣收定金作为赔偿”，意指立约定金旨在填补相对人遭受的损失。实际上，立约定金是当事人约定的足以影响其作出不缔约决定的代价，并非以一方可能遭受的损失为指向，无明确、直接的对应关系可言。

2. 一方过错说

有学者认为，当事人在订立主合同之前，可以预先订立定金合同，以定金作为今后订立主合同的担保。在一定期间内，主合同订立，付定金人收回定金。主合同未订立，有过错的当事人承担定金责任。因付定金人过错致主合同未订立，付定金人无权收回定金。因收定金人过错致主合同未订立，收定金人双倍返还定金。[1]另有学者认为，适用定金罚则是对不履行合同的当事人一方的制裁，也是一种民事责任方式。而民事责任以过错为原则，因此除法律另有规定外，只有在合同因一方当事人的过错造成不能履行或不完全履行时，才可适用定金罚则。[2]这两种观点均认为，就立约定金来说，定金罚则适用的实质是一种民事责任，后一种观点更加明确地指出，既然是民事责任，则根据民事责任的原理，在有过错的情况下才适用定金罚则。

3. 可归责于一方说

有学者认为，在实践中，有些合同的订立需要当事人一方具有相应的资格，因当事人未获取相应的资格致使合同未能订立的，可以适用定金罚则的规定。例如，预售商品房需要预售许可证，房地产开发商与购买方在订立预售合同前订立立约定金合同，约定购买方支付一定的定金，担保在定金交付之后的20日内订立房屋预售合同，但20日届满时房地产开发商尚未获取预售许可证而没有订立合同的资格，应当认定为

---

[1] 河山、肖水：《合同法概要》，中国标准出版社1999年版，第82页。

[2] 穆英慧：《商品房认购书中定金罚则适用的困惑与反思》，载《广西政法管理干部学院学报》2003年第5期，第98页。

房地产开发商违反定金合同的约定，适用定金罚则。[1]

此后，《商品房买卖合同司法解释》第4条也采纳了对本约未能订立具有可责性的一方应受定金罚则制裁的立场。该条规定："出卖人通过认购、订购、预订等方式向买受人收受定金作为订立商品房买卖合同担保的，如果因当事人一方原因未能订立商品房买卖合同，应当按照法律关于定金的规定处理；因不可归责于当事人双方的事由，导致商品房买卖合同未能订立的，出卖人应当将定金返还买受人。"关于该规定，最高人民法院民事审判第一庭在关于该解释的理解与适用中称，双方当事人之所以不签订商品房买卖合同是因为客观上不具备签订商品房买卖合同本约的条件，在事实或法律上存在着当时不能克服的障碍，如开发商已办妥立项、规划、报建审批手续，尚未缴清土地出让金，尚未取得《商品房销售许可证》等，只能以认购书的形式签订商品房买卖合同。[2]认购书的定金属于立约定金，是为了保障签订本约而交付的定金。"若当事人协商的主合同条款中无约定，则当事人协商不成的，不能认为是任何一方当事人违反预约合同的约定拒绝订立主合同，因而不能适用定金罚则"。其他不可归责于双方当事人的原因也可使双方当事人免责，如签订认购书后，开发项目被政府行政决定取消、缓建，开发商的主体资格丧失，自然灾害导致开发项目灭失等，总之，因不能归责于买卖合同双方当事人的原因致使本约不能签订时，返还定金即可。[3]最高院民一庭阐述了订立商品房买卖合同场合当事人约定立约定金的原因以及就主合同协商不成、未订立本约不可归责于双方这两种情况，未解释为何定金罚则的适用以一方对于本约未能订立有责任为前提。

---

[1] 孔祥俊：《担保法及其司法解释的理解与适用》，法律出版社2001年版，第323页。

[2] 最高人民法院民事审判第一庭编著：《最高人民法院关于审理商品房买卖合同纠纷案件司法解释的理解与适用》，人民法院出版社2003年版，第60页。

[3] 最高人民法院民事审判第一庭编著：《最高人民法院关于审理商品房买卖合同纠纷案件司法解释的理解与适用》，人民法院出版社2003年版，第62页。

《最高人民法院指导性案例裁判规则理解与适用·担保卷》也对立约定金罚则的适用作了论述。依该书的见解，认购、订购、预订等协议的性质为预约合同性质，与正式的商品房买卖合同不同。商品房买卖合同属于本约，其合法性、有效性以开发商实际取得商品房销售许可为前提，此后签订的商品房买卖合同才受法律保护。而预约合同的意义，是为在公平、诚信原则下继续进行磋商，最终订立正式的、条款完备的本约创造条件。当事人在认购、订购、预订等协议书中约定的定金，其性质属于立约定金。因此在继续进行的磋商中，如果一方违背公平、诚信原则，或者否认预约合同中的已决条款，或者提出令对方无法接受的不合理条件，或者拒绝继续进行磋商以订立本约，都构成对预约合同的违约，应当承担预约合同中约定的违约责任。如果是开发商实际取得商品房销售许可后拒绝与购房人签订商品房买卖合同，必须双倍返还定金，如果是购房人拒绝签订商品房买卖合同，则无权要求开发商返还定金。反之，如果双方在公平、诚信原则下继续进行了磋商，只是基于各自利益考虑，无法就其他条款达成一致的意思表示，致使本约不能订立，则属于不可归责于双方的原因，不在预约合同所指的违约情形内。[1]概言之，该论述认为在达成预约后，当事人负有根据公平、诚实信用的要求进行磋商的义务，如果当事人约定了立约定金，则违反义务方应遭受定金罚则制裁。

4.本书见解

本书认为，前述拒绝订立（目标）合同（本约）说为立约定金罚则的适用提供了准确的说明。一方过错说失于含混，未能阐明其所说的过错究系何指。就典型的立约定金合同来说，当事人决定不订立本约并无过错可言。如果当事人将定金罚则的适用与一方未尽义务订立本约联系起来，则一方过错说大体上同于可归责于一方说。可归责于

---

[1] 江必新、何东宁：《最高人民法院指导性案例裁判规则理解与适用·担保卷》，中国法制出版社2011年版，第488页。

一方说的解释对象是明确的，即因一方不具有相应的资格等可归责于一方的原因本约未订立，有责任者遭受定金不利益。就其针对的情形来说，可归责于一方说是成立的。不过，关于该说应注意两点：首先，可归责于一方究竟是指因一方的因素本约未能订立，即一方与本约未能订立有因果关系即可，还是进一步要求该方违反了义务，从而有过错，抑或须区分情况而论，并不清楚。因此，可归责于一方说需要作进一步的整理。其次，在一方违反义务致本约未能订立的情况下，相对人可以要求订立本约或者赔偿本约的期待利益。如果当事人就此情形还约定了立约定金，则由相对人选择适用定金罚则还是期待利益救济。可归责于一方说涉及了适用定金罚则的一种情形。为能全面地了解不同的立约定金适用罚则的条件，应在对预约作类型化整理的基础上加以探讨。

（二）基于预约类型的定金罚则适用条件分析

预约（Vorvertrag）指约定将来订立一定合同的合同，基于该预约而订立的合同称为本约（Hauptvertrag）。[1]预约的目的在于成立本约，当事人所以不径订立本约，其主要理由当系因法律上或事实上的事由，致订立本约尚未臻成熟，乃先成立预约，使相对人受其拘束，以确保本约的订立。[2]比如，甲拟向乙借款，乙表示须待1个月后始有资金，甲乃与乙订立消费借贷的预约，约定于1个月后再订立本约。又如，甲、乙、丙等人拟合伙经营某共同事业，因尚须邀他人加入，为确保将来合伙能成立，乃先订立合同的预约。[3]

1.关于预约的类型与立约定金罚则适用条件的见解

有学者认为，预约可以分为四个类型：

---

[1] 韩世远：《合同法总论》（第四版），法律出版社2018年版，第91页。

[2] 王泽鉴：《债法原理》（第二版），北京大学出版社2013年版，第168页。

[3] 王泽鉴：《债法原理》（第二版），北京大学出版社2013年版，第168页。

第一，临时协议（stop-gap agreement）。临时协议是进一步谈判期间规制当事人关系的权宜措施。其特征是，它像本约般确定，因为不存在还要等待谈判的条款；但是，它并没有包含交易本身的一些条款。[1]绝大多数作为预约的临时协议都会走向本约，因此，例如当事人于其正在谈判的人寿保险合同之前或者同时，即可能同意先予保险。但是，有的临时协议会面对谈判失败，例如，若因申请人不可保，不能走向本约，而承保人在申请人死前没有作出拒绝通知时，便存在责任划分的难题。理由是，若全依承保人意图允许他开脱责任，则对要约人太过严苛，因为要约人虽然在所购险单之标准下不可保，但是他仍可寻求获得其他险别的机会。当然，责任问题不妨碍收据是临时协议这种预约的性质。[2]

第二，将从事交易的协议（agreement to engage in a transaction）。此指一方或双方当事人作出的日后进行买卖、借贷等交易的许诺。它像本约般确定，因为它没有将交易的任何条款留待谈判解决；但是，它期待稍后有一个本约要签署和履行，因而是预约。这种预约与临时协议的区别是，它包含了确定性的交易条款，并期待着对谈判成功后的本约作出履行；而后者却不顾谈判失败责任划分的难题，于谈判合同之前就开始履行了，并且此时在事实上尚不包含交易的具体条件。[3]

第三，带未决条款的预约（preliminary agreement with open terms）。它规定了交易的大部分条款，并且当事人都同意受其约束，但当事人有义务就未决条款继续谈判，先达成所谓“关于未决条款的协议”，再整合成本约。在该预约不符合法律行为要件因而无效或得宣告无效之情形，

---

[1] 吴颂明:《预约合同研究》，载梁慧星主编:《民商法论丛》(总第17卷)，金桥文化出版（香港）有限公司2000年版，第527页。

[2] 吴颂明:《预约合同研究》，载梁慧星主编:《民商法论丛》(总第17卷)，金桥文化出版（香港）有限公司2000年版，第528页。

[3] 吴颂明:《预约合同研究》，载梁慧星主编:《民商法论丛》(总第17卷)，金桥文化出版（香港）有限公司2000年版，第528页。

则违反它，法律既不予救济也不承认允诺人的履行义务。[1]在该预约可以强制执行（即承认允诺人的履行义务）之情形，则产生两个效果：一是当事人要对他违反谈判义务、导致不能达成“关于未决条款的协议”的行为承担责任；二是当事人继续谈判仍不能达成“关于未决条款的协议”从而不存在最后本约时，他们均受预约之条款（即原协议）约束，而其他事项由法院填充的条款管制之。带未决条款的预约，不仅针对未决条款的谈判强加了公平交易的一般义务；而且针对本约强加了实现交易的义务，即使当事人不能洽定未决条款时也是如此。[2]

第四，将行谈判的预约（preliminary agreement to negotiate）。它也可能规定了交易的实质性具体条款，但当事人不同意受其约束，当事人只承担继续谈判直至达成最后本约的义务。[3]其效力特征为：一是当事人要对他违反谈判义务、导致不能达成“本约”的行为承担责任；二是当事人诚信地继续谈判仍不能达成“本约”时，他们不受任何协议约束。将行谈判的预约较之带未决条款的预约，同样给当事人强加一项诚信谈判的义务，但它没有针对谈判失败强加一项实现交易的义务。[4]

有学者以上述预约类型为框架对定金罚则的适用条件作了探讨。其将预约的内容以及当事人履行预约中所约定义务的情形分为三种：第一，如果预约的内容已包括了本约据以成立的主要条款或全部条款，此种预约可认定为“带未决条款的预约”或“将从事交易的协议”，当事人一方拒绝签订本约的，除非某一预约中没有但本约中约定的条款对本

---

[1] 吴颂明：《预约合同研究》，载梁慧星主编：《民商法论丛》（总第17卷），金桥文化出版（香港）有限公司2000年版，第529页。

[2] 吴颂明：《预约合同研究》，载梁慧星主编：《民商法论丛》（总第17卷），金桥文化出版（香港）有限公司2000年版，第530页。

[3] 吴颂明：《预约合同研究》，载梁慧星主编：《民商法论丛》（总第17卷），金桥文化出版（香港）有限公司2000年版，第530页。

[4] 吴颂明：《预约合同研究》，载梁慧星主编：《民商法论丛》（总第17卷），金桥文化出版（香港）有限公司2000年版，第531页。

约的成立构成实质性影响，应当适用定金罚则。如果预约只是订立本约的初步意向，其内容并不包括本约中的基本交易条件，此种预约可认定为“将行谈判的预约”，只要当事人已就本约的成立依公平或诚信进行磋商谈判，即使未成立本约，亦不应适用定金罚则。[1]第二，如果在本约磋商谈判过程中，一方提出不适当的签订条件，使对方在本约关系中明显居于不利地位，或者要求对方签订时必须在某个或某些与所签本约无关的事项上做出让步，即有违公平和诚信原则，此时即使相对方拒绝订立本约，亦不能适用定金罚则。[2]第三，如果未成立本约是由于不可归责于当事人的事由所造成，则不适用定金罚则。例如，当事人在签订商品房认购书（预约）时，银行可提供8成30年的贷款额度，但在签订商品房预售合同（本约）时，因银行信贷政策调整，只能提供7成20年的贷款额度，买受人因支付能力不足而不能签订本约。此际，本约未能签订系因国家政策所致，不可归责于当事人，不适用定金罚则。[3]

2. 本书观点

以上预约的四个类型有分类标准不统一的问题：就临时协议、将从事交易的协议来说，本约的条款已经确定，而就带未决条款的预约、将行谈判的预约来说，均有未确定的本约条款。为使预约分类标准一致，定位准确、合理，具有实务价值，应首先将本约的条款是否确定当作第一级的分类依据，然后再依其他标准进行二级乃至三级分类。就本约条款确定的预约来说，可以当事人是否有决定订立本约的权利为标准，分为有决定权的条款确定的预约和无决定权的条款确定的预约。有决定权的条款确定的预约实际上就是通常所说的立约定金合同。无决定权的条款确定的预约包括临时协议以及虽然条款明确但有的事项尚须取决于外在因素的预约，比如开发商取得销售许可。就本约条款不确定的预约来

[1] 高圣平：《担保法论》，法律出版社2009年版，第613页。

[2] 高圣平：《担保法论》，法律出版社2009年版，第614页。

[3] 高圣平：《担保法论》，法律出版社2009年版，第614页。

说，又可分为必须实现订立本约利益的预约，以及尽义务订立本约的预约，后者又可以分为尽某种特定的义务订立本约的预约以及根据诚实信用原则的要求订立本约的预约。

对预约作以上分类后可以确定，立约定金的罚则适用仅与一方当事人拒绝订立本约相关。从定金制度的发展史可以看出，最早出现的定金即为立约定金，其出现的背景是早期合同法制度较为粗疏，当事人的约定没有拘束力，从而为了增加交易成立的可能，法律上确认了定金制度，若就进行某交易进行了约定，约定没有拘束力，倘若交付了定金，则其后不愿交易的一方将遭受定金罚则的制裁，这一代价也促使双方不致轻易放弃交易。在合同制度发展成熟后，基于私法自治的要求，如果当事人不愿意当即订立合同，仍可以约定立约定金。这种约定的意义在于，与不作约定相比，缔约的可能性增加，与直接订立合同相比，当事人仍保留了以遭受定金罚则为代价摆脱缔约不利益的可能。就拒绝缔约的认定来说，需要结合个案的情事判断当事人的意思，不能拘泥于当事人明确地表达了不愿缔约的意思。比如，有学者指出，在商品房买卖的实践中，很少有订约一方在正式订立商品房买卖合同之前明确表示自己反悔而不愿订约的。大部分的情形是一方当事人以自己的行为（默示的方式）表示不愿订约，如开发商乙与购房者甲就某一房号签订认购书后，又与购房者丙就此房号订立认购书并签订了正式的商品房买卖合同。应当强调的是，如果一方当事人拒绝缔约并非单纯旨在避免缔约不利益，而是由于对方的原因，则前者放弃缔约有正当理由，不应遭受定金罚则的制裁。比如，创设立约定金法律关系后，有意购房者因房屋有质量问题或售房者无处分权而放弃订立本约。该情形即为有正当理由拒绝订立本约，拒绝缔约者不受定金罚则制裁，在本约未能订立的情况下，具有可责性的一方尚须赔偿对方的信赖利益损失。[1]

---

[1] 赵一平：《论立约定金罚则在商品房买卖合同纠纷中的适用》，载《法律适用》2004年第4期，第17页。

就其他预约来说，如果当事人就本约有订立义务，在未违反义务而未能订立本约的情况下，双方均无责任可言，在一方违反义务致本约未能订立的情况下，相对人可以请求订立本约，如果本约的订立有法律障碍（比如开发商未取得售房许可），相对人可以请求本约的期待利益赔偿。对于一方违反义务的情形，当事人也可以约定立约定金。这种情况下的立约定金有实际意义：如果不约定立约定金，相对人可以请求订立本约或者赔偿本约的期待利益，但这种请求得到落实或许需要经过诉讼从而会有时间与成本的支出，或者本约的内容难以确定，或者本约的期待利益难以计算，约定立约定金则便于清理双方间的法律关系。需要强调的是，如果当事人就一方违反义务致未能订立合同约定了立约定金，这种立约定金并非传统的、典型的立约定金，而是以违反订立本约义务为适用条件的立约定金。《商品房买卖合同司法解释》第4条所规定的立约定金就属于这种情形。

二、其他问题

（一）订立本约的时间

立约定金的功能在于增加订立目标合同的概率，另外也为当事人保留了以遭受定金不利益为代价不订立目标合同的机会。目标合同的订立须有时间限制，否则在立约定金法律关系创设后，当事人即可不受限制地拖延下去，是否订立目标合同长期处于不确定的状态。订立目标合同的时间实际上也是立约定金有效力的时间。在此时间点之后，情况已经明朗，或者目标合同已经订立，立约定金完成使命，不再有适用罚则的问题，或者一方拒绝订立目标合同，进而遭受定金罚则制裁。[1]有鉴于此，须确定订立

---

[1] 在订立本约的时间尚未经过时，一方拒绝缔约会引起定金罚则的适用。如果在该时间段内双方均未提出缔约，甚至均未和对方联系，应确认双方均不愿再订立本约，从而不应适用定金罚则。

目标合同的时间。在订立立约定金合同时，当事人通常会约定订立目标合同的时间。如果当事人未作约定或者约定不明，则应确定合理的订立目标合同的期限，而在判断何种期限为合理期限时，可以考虑目标合同的性质（比如交易有无季节性）、准备目标合同需要的时间等因素。

（二）缔约过失责任问题

关于在未订立目标合同的情况下，放弃缔约者是否应负缔约过失责任，论者见解不同。有学者认为，在立约定金的场合，因合同不成立而适用定金罚则后，当事人如果主张损失大于定金数额，其损失实质上属于缔约过失责任上的损失，即信赖利益上的损失。然而，由于信赖利益损失的举证较为困难，司法实务中难以得到法院的支持。比如在购买者签订房屋认购书后，决定不购买房屋、不签订正式房屋购买契约，开发商只能扣收购买者支付的定金作为赔偿。如果开发商主张由于购买者没有签约，自己的房屋丧失最佳出卖时机，损失大于定金而要求另行赔偿的，能够得到法院支持的可能性不大。[1]另有学者认为，当事人一方拒绝订立合同而适用立约定金罚则后，对方无论有无损害或损害多少，均以定金额为损害赔偿额。因此，立约定金具有预定损害赔偿的性质。[2]

本书认为，以上两种见解当以后者为妥，只不过后一种见解的理由也有未臻准确之处。缔约过失责任制度源于德国，我国受其影响也在法律中作了规定。在德国法上，缔约责任主要有三个类型，即侵害完整利益型、订立不利合同型以及合同不成立或无效型。这三个类型的缔约过失责任在德国法律实务中得到承认，各有其特定背景。侵害完整利益型缔约过失责任本身是典型的侵权责任，之所以得以在缔约

---

[1] 曹士兵：《中国担保制度与担保方法》（第四版），中国法制出版社2017年版，第420页。

[2] 郭明瑞、房绍坤、张平华编著：《担保法》（第五版），中国人民大学出版社2017年版，第198页。

过失责任的名义下处理，是因为德国侵权法上的事务所属人责任采过错责任原则，不利于受害人保护，在缔约过失责任的名义下完整利益遭受侵害的潜在的交易对象或者磋商阶段的相对人获得救济的可能性增加了。订立不利合同型缔约过失责任处理的情形是一方在磋商过程中未履行披露义务致使订立了对对方不利的合同，进而对方可以请求赔偿，结果实际上与变更合同无异。合同不成立或无效型缔约过失责任的本质是对于费用损失这一纯粹经济损失的侵权责任。由于当事人未达成合意或合同因有瑕疵未能有效成立，不应认可期待利益赔偿，但应肯定所谓的信赖利益赔偿，而信赖利益是指缔约成本、履行成本，但原则上不应包括丧失的与第三人缔约的利益。可见，缔约过失责任本身不足以成为独立的责任类型。如采用缔约过失责任这一措词，可以确定立约定金语境中所说的缔约过失责任是合同不成立型缔约过失责任。从法理角度言，合同不成立型缔约过失责任应以一方当事人对于合同不成立具有可责性为前提。就约定了立约定金的情形来说，决定不订立合同的一方无可责性，当事人所约定的就是双方均可以遭受定金不利益为代价不订立合同，因此根本无从论及赔偿对方的费用损失。定金不利益也不宜被理解为损害赔偿金的预定。所谓损害赔偿金的预定蕴含了决定不缔约的一方应承担赔偿责任的意思，只不过预定了之后，决定不缔约的一方不再对超出部分的损失负责。实际上，在立约定金中，根本就不存在对因合同不成立而发生的损失承担责任的问题。当事人在约定定金数额时可以有不同的考虑因素，比如是否足以排除不具有缔约意愿的人，是否足以使当事人慎重考虑而不至于轻易作出不缔约决定等，未必以在不缔约的情况下相对人可能遭受的费用损失额为着眼点。

（三）目标合同订立后定金的处理

有学者认为，在立约定金中，当事人订立主合同的，定金的目的即已达到，定金即应返还。当事人也可以约定在主合同订立后，立约定金不予返还而在主合同履行完毕后，抵作价款。[1]该说值得赞同。目标合同订立，立约定金的目的即已达到，如果定金与交付定金方的给付标的物不一致，则定金不可用于部分履行，收受定金方也不得主张扣留定金，将其用作债权的担保。如果定金与交付定金方的给付标的物一致，在当事人未约定交付的定金也充作部分履行的情况下，收受定金方也不得主张充作部分履行。立约定金的性质决定了，其交付时间总是早于在订立本约的情况下交付定金方的履行时间，并且目的达成的时间（亦即本约订立的时间）通常也会早于交付定金方的履行时间，如果收受定金方可主张将定金充作部分履行，无异于使交付定金方丧失期限利益，提前提供部分履行。

第二节　成约定金的效力

一、成约定金发生作用的条件

成约定金与立约定金、解约定金以及违约定金不同，其功能的发挥在于交付本身，而不在于定金罚则的适用引导当事人的行为或者赋予当事人以解除权。如果承认证约定金为定金的一个类型，则成约定金与证约定金的共性是，均系以交付本身，而非以交付后建立定金法律关系使得定金罚则可得适用，来促成特定目的的实现。关于成约定金发生作用的条件，可从三个方面加以理解：

第一，必要条件抑或充要条件。有学者认为，成约定金作为主合同的成立或生效条件属于必要条件而非充分必要条件。没有成约定金的交付，主合同不能成立或生效，但成约定金的交付并不意味着主合同一定成立或生效。这是因为，主合同成立须当事人就主合同的主要条款达成

[1] 郭明瑞、房绍坤、张平华编著：《担保法》（第五版），中国人民大学出版社2017年版，第198页。

一致，主合同的生效须符合法律规定的生效条件。[1]本书认为，通常意义上的成约定金是目标合同有效成立的充要条件。成约定金的特点是，根据当事人的约定，定金交付与否决定了目标合同是否成立或生效。作为关于目标合同成立或生效要件的特别约定，成约定金合同订立时，当事人应当就目标合同已经达成了合意。如果当事人就目标合同未达成合意，即不可能仅交付定金就使目标合同成立或生效。假设当事人在订立成约定金合同时就目标合同尚未达成合意，成约定金合同的内容通常是，将来当事人就某合同达成合意后，须交付定金方能成立或生效。这种约定并非本来意义上的成约定金合同，而是以将来订立目标合同为适用条件的成约定金合同。成约定金的功能和特点决定了，其发挥作用的条件甚为简单，约定的交付定金方交付定金即可，而是否交付定金由该方根据自己的利益考虑加以决定。

第二，约定的收受方能否拒绝受领定金。有学者认为，当事人约定成约定金，至少是基于一方当事人的坚持，该方当事人既有使合同有效成立的意向，又不愿意贸然建立合同关系，借助成约定金，其可以进行进一步的利益衡量，确定订立合同究竟是否最符合自己的利益。是否使合同有效成立的决定权在约定的定金交付方手中，但约定的定金收受方也不是全无利益可言。就成约定金的本质来说，法律安排的利益格局是，决定是否使目标合同有效成立的权利在约定的交付定金方，约定的收受定金方并无通过拒绝受领使目标合同不有效成立的权利，如果约定的交付定金方在交付期限内提供了交付而约定的收受定金方拒绝受领，则拒绝受领这一行为违反了诚实信用原则。在这种情况下，目标合同仍然有效成立。[2]该见解可资赞同。成约定金的特征即在于赋予了约定的交付方是否通过交付定金使目标合同有效成立的决定权，约定的收受方并不享有决定权，从而在前者交付了定金但后者拒收定金的情况下，目标合

[1] 郭明瑞、房绍坤：《担保法》（第三版），中国政法大学出版社2015年版，第85页。

[2] 叶金强：《担保法原理》，科学出版社2002年版，第260页。

同仍有效成立。倘若双方在成约定金合同中约定，约定的收受方也可以酌情不受领定金，则是将决定权赋予了双方，约定的收受方因而享有以拒绝受领使目标合同不有效成立的决定权。但这种约定并非典型的成约定金约定。

第三，成约定金的交付时间。成约定金发挥作用应有时间限制，不能任由约定的交付定金方长期拖延，迟迟不作决定，等到形势明了，最终确认目标合同于己有利时再交付定金。最晚交付时间应由双方当事人自行约定。如果当事人未作约定，可根据目标合同加以判断。倘若当事人在目标合同中约定该合同应在某时间点之前有效成立，成约定金最晚应于该时间点之前交付，那么过此时间点即构成目的不达。倘若目标合同中没有关于有效成立时间的约定，但有关于履行时间的约定，履行时间应为最晚交付时间。如果约定的双方的履行时间不同，应以先履行方的履行时间为最晚交付时间。如果当事人既未约定交付定金的时间，也无关于目标合同的有效成立时间、义务履行时间的约定，可以根据合同的性质确定应为交付的合理时间。如果在应作交付的时间经过之后约定的交付方才进行交付，而对方加以接受的，可认定双方当事人以交付和受领行为表明其仍愿意使目标合同有效成立。

二、以履行补正未为交付的瑕疵

（一）履行能够补正瑕疵的原因

《担保法解释》第116条规定："当事人约定以交付定金作为主合同成立或者生效要件的，给付定金的一方未支付定金，但主合同已经履行或者已经履行主要部分的，不影响主合同的成立或者生效。"据此规定，在不交付成约定金的情况下，目标合同也有有效成立的可能。关于何以履行能补正未交付成约定金这一瑕疵，解释路径有所不同：

第一，成约定金丧失意义说。该观点认为，《担保法解释》第116条规定的本意是否定了在主合同已经履行或已履行主要部分的情况下，交付定金仍然可以作为合同成立或生效的标志。成约定金对主合同成立或生效的法律意义，自主合同实际履行或已实际大部分履行时结束。在主合同实际履行或已实际大部分履行时，主合同视为成立或生效，并且合同任何一方当事人无权再宣称合同不成立或不生效。司法解释对成约定金与主合同履行之间关系的解释，与我国《合同法》对第36、37条的规定相仿。《合同法》第36、37条规定，在法律、行政法规规定或当事人约定的合同成立条件未具备时，当事人一方已履行主要义务并由对方接受的，合同成立。[1]

第二，解除成约定金合同说。该观点认为，对于定金交付这一合同成立或生效要件，当事人也可以通过约定或者自己的行为予以取消。当事人重新约定，取消合同这一特殊成立或生效要件的，合同效力便不再受其影响。同样，虽有成约定金之约定，但当事人置之不顾，自愿履行了合同的，合同效力并不因定金未交付而受影响，反而是定金合同视为被解除。[2]

第三，变更成约定金合同说。该观点认为，尽管成约定金是主合同的成立或生效条件，但如果主合同已经履行或者已经履行主要部分的，则主合同成立或者生效。这是因为，在这种情况下，应视为当事人双方以履行行为改变了合同成立或生效条件的约定。[3]

本书认为，以上三种对于履行的补正作用的说明均有一定的合理性。比较而言，解除成约定金合同说的说服力更强一些。《担保法解释》对于未交付成约定金场合的履行补正借鉴了《合同法》关于要式合同的规定，其做法值得赞同。而关于《合同法》第36条的规定，《合同法释义》的说明是，形式不是主要的，重要的在于当事人之间是否真正存在

---

[1] 李国光等：《〈关于适用《中华人民共和国担保法》若干问题的解释〉理解与适用》，吉林人民出版社2000年版，第398页。

[2] 叶金强：《担保法原理》，科学出版社2002年版，第261页。

[3] 郭明瑞、房绍坤、张平华编著：《担保法》（第五版），中国人民大学出版社2017年版，第199页。

一个合同。如果合同已经得到履行，即使没有以规定或者约定的书面形式订立，合同也应当是成立的。如果合同不违反法律的强制性规定，就是有效的。[1]如果将该说明用于不交付成约定金的场合，则履行补正的理由在于，虽未交付成约定金，但当事人之间真正存在（目标）合同。实际上，当事人之间本来就存在一个目标合同，但是当事人意欲对该合同的有效成立施加交付定金的限制。依改变成约定金约定说，当事人的履行改变了其关于合同成立或生效条件的约定，但改变为何种状态？如果说改变为不再有效力，则实际上就是以行为表明解除成约定金合同。具体来说，如果履行方为约定的定金交付方，其履行合同表明其愿意建立合同关系，受合同的拘束，在这种情况下，不必再通过交付成约定金的方式表明其决意缔约。如果履行方为约定的受领定金方，则其提供履行，表明其在未获得定金占有利益的情况下也决意缔约，而约定的交付定金方本来可以拒绝受领对方提供的履行而不予拒绝，也表明其对于缔约并无反对，因此，在已经履行合同义务的情况下，当事人约定成约定金的意义已经实现，不必再给嗣后对合同具有拘束力持反对态度的一方以摆脱合同关系的机会。

（二）履行的认定

履行的认定涉及三个方面的问题：

首先，是否需要对方受领。对此问题，有观点指出，司法解释没有以“对方接受”为合同成立或生效的条件，是因为“履行”的意思当然包括对方接受，一方实施某种行为而对方拒绝的，自然不构成“履行”，也不构成已“履行合同的主要部分”。[2]该观点可资赞同。之所以一方履

[1] 全国人民代表大会常务委员会法制工作委员会编：《中华人民共和国合同法释义》（第3版），法律出版社2013年版，第76页。

[2] 李国光等：《〈关于适用《中华人民共和国担保法》若干问题的解释〉理解与适用》，吉林人民出版社2000年版，第398页。

行对方受领才有补正效力，是因为在成约定金未交付的情况下，合同本来并未有效成立，如果仅一方提供履行而对方不受领就可以补正，无异于废止了成约定金约定，一方可以强行使合同有效成立。另外，也只有一方履行而对方接受，才能表明双方以行为表示其愿意订立目标合同，解除了成约定金约定。

其次，一方履行还是双方履行。《担保法解释》第116条的规定是，“给付定金的一方未支付定金，但主合同已经履行或者已经履行主要部分的”。仅从该表述无法确认，具有补正效力的是约定的交付定金方的履行、约定的收受定金方的履行、双方的履行均可抑或双方均作了履行。自履行补正不交付定金的瑕疵的正当性看，无论是采合同实际存在说、解除定金合同说还是改变定金合同说，无论是约定的交付定金方提供履行还是约定的收受定金方提供履行，均可以使目标合同有效成立。任何一方提供履行而对方受领即足以表明双方愿意订立目标合同。

最后，有观点认为，履行合同的主要部分，指履行合同的主义务，如买卖合同中的供货义务，而不是合同的次要义务、附随义务，如通知义务等。[1]这一见解仅指出了履行合同的主（给付）义务方面。另外，如果主给付义务为可分给付，且该给付可以进行量化，则在所提供的给付占总给付的50%以上时，应被认定为履行了主要部分。

三、成约定金是否兼有其他性质

（一）违约定金作用说

有观点认为，成约定金交付后具有违约定金的作用。依其见解，如当事人交付（成约）定金，合同成立并生效后，成约定金继续发挥担保作用。在当事人违反合同义务时，成约定金与违约定金的作用相同，用

[1] 李国光等：《〈关于适用《中华人民共和国担保法》若干问题的解释〉理解与适用》，吉林人民出版社2000年版，第399页。

来对违约一方进行处罚。[1]另有观点认为，成约定金是主合同成立的约款，定金交付，主合同成立。主合同成立后，定金的成约作用完成，定金转为违约定金。[2]此观点与前一观点并无差异，只是更为直接地点明了交付之后成约定金即转化为违约定金。

本书认为，在交付成约定金使目标合同有效成立后，成约定金不应转化为违约定金。原因在于，法律关系的创设应以当事人的意思为根据，所谓成约定金，顾名思义，即已经清楚地表明当事人意在给目标合同的有效成立增加额外的要求，当事人自己并无将成约定金转化为违约定金的意思。另外，违约定金兼有担保手段与违约责任形式的性质，具有一定的惩罚性，倘若将成约定金理解为在交付之后可以转化为违约定金，也将给遭受定金罚则的一方带来不利后果。因此，仅在当事人有约定的情况下，成约定金交付后才转化为违约定金。

（二）损害赔偿担保金说

有学者认为，在交付成约定金使主合同成立或生效后，成约定金的担保效力并未终结，通过将成约定金视为损害赔偿担保金，其担保效力仍得以实现。如果在合同履行过程中，收受定金的当事人受有损害的，可以就成约定金求偿。如果成约定金不足以弥补损失，则受害人还有权要求赔偿；如果成约定金弥补受害人的损失后还有剩余的，收受定金的一方应当将余额返还给支付定金的一方。可见，成约定金并不具有惩罚性，也不具有预定损害赔偿的性质。[3]

本书认为，交付成约定金后，其是否具有损害赔偿担保金的性质应区分情形而论。如果定金与交付定金方的给付标的物一致，应构成履行

---

[1] 吴庆宝主编：《物权担保裁判原理与实务》，人民法院出版社2007年版，第602页。

[2] 河山、肖水：《合同法概要》，中国标准出版社1999年版，第84页。

[3] 郭明瑞、房绍坤、张平华编著：《担保法》（第五版），中国人民大学出版社2017年版，第199页。

的一部分。倘若嗣后交付定金方违约，定金可用于折抵违约损害赔偿。如果定金与交付定金方的给付标的物不一致，则在交付定金方嗣后违约的情况下，经双方协商，可将定金用于折抵违约损害赔偿。如双方不能就折抵达成一致，则在交付定金方不支付违约损害赔偿金的情况下，收受定金方可以扣留相当于损害的部分，直到交付定金方加以赔偿。

四、缔约过失责任问题

有学者认为，当事人将交付定金约定为合同的成立条件或生效条件对当事人利益无实质性影响，因为合同无论是未成立还是未生效，合同权利义务均未发生，同时均可能产生缔约过失责任。依此见解，在约定的交付定金方不交付进而合同不成立或者不生效的情况下，有可能交付方应承担缔约过失责任。

本书认为，该说与成约定金的性质不符。当事人约定成约定金的意义即在于保留不使合同有效成立的机会。就交付方来说，倘若其经过权衡之后认为不与相对人建立合同关系于己更为有利，其即不交付定金，这种决定并无可责性可言，相对人无从要求赔偿信赖利益损失。相对人既然同意与约定的交付定金方订立成约定金合同，就应承担合同最终无法有效成立的风险。在立约定金场合，双方均可以遭受定金罚则带来的不利影响为代价放弃订立目标合同。约定的交付成约定金的一方决定不交付定金，其结果也是使目标合同无法有效成立，但其决定是没有代价的，故与立约定金不同。

五、成约定金的折抵或返还

有学者对成约定金交付后的处理进行了探讨。其认为，成约定金交付后，合同因其他原因不成立或者不生效时，交付定金一方可以请求返还定金，但不能要求双倍返还定金；收受定金的一方应当返还定金给交付定金一方，不得以合同未成立或未生效为由将定金归为己有。合同成立或生效后，定金可以抵作合同价款，也可以返还给交付定金一方，在约定不明的情况下，为简化交易程序，可以直接抵作合同价款。[1]另有学者论述了目标合同有效成立情况下的成约定金的处理。依其见解，在当事人支付成约定金使主合同成立或生效后，成约定金的目的即已经实现，但定金还不能返还。只有在合同履行完毕后，成约定金才可以返还，也可以抵作价款。[2]

前一个观点就目标合同因其他原因不成立或者不生效时定金的处理所作的说明可资赞同。两个观点关于目标合同有效成立的情况下成约定金的处理的见解也是成立的，不过可以再作细化。成约定金的交付是当事人约定的目标合同成立或生效的要件，但这不排除成约定金交付后目标合同会因为其他事由不成立或者无效。在这种情况下，收受定金方没有权利再保留定金，应予以返还。在目标合同未因其他事由不成立或不生效的情况下，假设定金与交付方的给付标的物相同，如当事人另无约定，所交付的成约定金应构成履行的一部分，在合同关系正常进展的情况下，没有返还问题。如果嗣后收受定金方违约，交付定金方因而解除合同，其可以请求返还定金。如果嗣后交付定金方违约，收受定金方解除了合同，其可以请求违约损害赔偿，并将定金用于折抵。如果损害赔偿额大于定金，收受定金方不作返还，另外可以请求赔偿未被填补的部分；如果损害赔偿额小于定金，收受定金方应返还余额部分。当然，在构成合同的部分履行的情况下，因合同关系未正常进展而发生的返还或折抵问题本质已非定金问题，而是已提供的部分履行的处理。如果定金与交付方的给付标的物不一致，则定金的交付无部分履行性质，如果双方未约定以定金折抵交付定金方的部分履行，收受定金方应返还定金。

[1] 刘保玉主编：《担保法原理精要与实务指南》，人民法院出版社2008年版，第722页。

[2] 郭明瑞、房绍坤、张平华编著：《担保法》（第五版），中国人民大学出版社2017年版，第198页。

不过不宜认可交付定金之后交付方即可当即要求返还，否则成约定金的交付就徒具形式意义。因此，可以考虑将返还时间确定为交付定金方履行合同义务之后。在此时点，倘若收受定金方的义务业已履行完毕，则目标合同关系即告消灭，收受定金方保留定金没有任何实际意义。如果交付定金方的义务履行完毕，而收受定金方的义务尚未履行完毕，保留定金只会给交付定金方带来不利，从而也应加以返还。倘若交付定金后交付方或收受方违约，应根据合同是否解除、如果解除有无双方返还问题等因素确定成约定金应如何处理。

第三节 解约定金的效力

一、定金罚则的适用条件

关于定金罚则的适用条件，有学者认为，解约定金不同于违约定金，当事人一方违反合同义务，不构成处罚解约定金的条件。只有当一方当事人违约并构成法定解除合同的原因，对方当事人根据法律规定解除合同时，才可以处罚解约定金。比如，在房屋租赁合同中，承租人交付给出租人的押金，约定作为承租人或出租人不提前解除租赁合同的担保。该押金具有解约定金的性质。如果租赁合同不解除，即使承租人未按期支付租金，出租人也不能扣收押金。当承租人不按期支付租金构成出租人解除合同的原因时，出租人必须先解除合同，才有权扣收押金作为赔偿。换言之，出租人不能两全其美，既维持租赁合同效力，又扣收押金（解约定金）。[1]

本书对该见解不完全赞同。当事人创设解约定金法律关系旨在赋予

---

[1] 曹士兵：《中国担保制度与担保方法》（第四版），中国法制出版社2017年版，第415页。

双方当事人以解除权，而解除合同的代价是承担定金罚则的适用带来的不利影响。因此，在解除权未丧失的情况下，双方均可以无条件地主张解除权。以遭受定金罚则的制裁为代价解除合同与行使因对方根本违约而发生的解除权是两个层面的问题，不能混为一谈。就前述租赁合同例来说，履行期届满则基于解约定金的解除权丧失，进而发生的问题是定金应折抵交付定金方的履行还是加以返还。如果承租人未按期交付租金构成重大违约，出租人可以解除（确切而言是终止）租赁合同，之后会有能否以定金折抵损害赔偿的问题（详见下文相关论述）。这种情况下涉及的法律问题并非出租人因对方根本违约行使基于解约定金的解除权，进而保留定金不予返还。

倘若交付定金方决定解除合同，由于交付定金，其只需以单方需受领的意思表示通知对方解除合同即可。如系收受定金方解除合同，值得探讨的问题是，其仅在双倍返还定金的情况下才能解除合同，还是其以单方需受领的意思表示通知交付定金方解除合同即可。在后一种情况下，收受定金方应在解除合同后双倍返还定金，如不双倍返还，交付定金方可行使请求权。有学者认为，收取定金的人（一般是出卖人）必须提供定金的双倍金额。因为这样符合法条文字的“双倍返还”，也符合公平的原则。[1]该说有利于交付定金方的保护，在双方间做到了对等，可予参考。

二、解除权的时间限制

在创设解约定金法律关系的情况下，当事人约定了无条件而有代价的解除权，但这种意定的解除权须有时间限制。原因在于，一方愿意行使解除权是因为解除合同给其带来的利益大于定金不利益，但相对人或

[1] ［日］我妻荣：《债权各论》（中卷一），徐进、李又又译，中国法制出版社2008年版，第44页。

许希望维系合同关系。在维系合同关系的情况下，其所作的履行准备不会因此而落空，而且其也可以通过获得前者的履行而享有利益。因此，在双方的利益诉求不一致的情况下，不能片面地支持一方以遭受定金不利益为代价解除合同的主张。如果基于解约定金的解除权能够长期存续，合同关系即会长期地处于不确定状态，当事人对于是否进行履行准备，是否为受领对方的履行而做准备，会犹疑不定。另外，在法定解除权，解除权的行使也有合理期限。法定解除权的发生事由是对方根本违约，可见根本违约方会因为解除权有行使期间而受到保护。比较而言，基于定金的解除权更应有时间限制。关于基于解约定金的解除权应于何时消灭，有不同的立法例及学术见解。

（一）相对人着手履行时说

《日本民法典》第557条第1款规定："买受人已向出卖人支付定金时，买受人可以通过放弃其定金，出卖人可以通过加倍返还定金，解除契约。但是，相对人着手契约的履行后，不在此限。"依该规定，一方仅能在相对人着手履行契约前解除合同。关于该规定，日本学者我妻荣阐述称，契约的履行是指因契约而承担的债务的履行。着手履行不是履行的准备，应该是着手于履行行为本身。但是，实际上其区别并不一定十分明确。[1]对于出卖人而言，不仅是标的物的交付或登记，还有其他按照契约的意思关于标的物应该做的（例如标的物的修理、准备、包装等），都应该算是履行的一部分。对于买受人而言，一般来说不能认为只准备了价金就是着手履行。但是，当履行期过后，准备好价金催促相对应的履行时，可以成为着手履行。即便是出卖人负有先履行义务，如果买受人作出了出卖人履行后立即可以取得价金的特别行为，也可以认定为着手履行。例如，对于约定了出卖人先采伐木材搬运到货车装载场，

---

[1] ［日］我妻荣：《债权各论》（中卷一），徐进、李又又译，中国法制出版社2008年版，第44页。

而买受人按照收到的装载货车依次进行支付的契约，买受人带着价金出发到当地并准备货车视为着手履行。[1]我国台湾地区也有学者认为，基于解约定金的解除须于相对人着手履行前为之，相对人已着于履行时，则不得再为此项解除权之行使（1983年“台上字第八五号判例”）。[2]

（二）其他解除权发生前说

有学者认为，解约定金的约定并不影响当事人因其他原因而取得的合同解除权的正常行使。解约定金之下，当事人解除合同，只要以丧失定金利益为代价即可，不需要其他理由，但如果当事人因其他原因（根据法律规定或者其他约定）而取得合同解除权，其解除合同并未利用定金条款，自也不应适用定金规则。[3]举例如下：其一，甲与乙订立了一买卖合同，约定甲交付定金2万元，甲可以以丧失所交付的2万元为代价解除合同，乙则可以以向甲交付4万元为条件解除合同。合同进入履行阶段，乙拒不履行合同主要义务并且经催告后在合理的期限内仍未履行。这样甲可能根据《合同法》第94条（《民法典》第562条）的规定解除合同。此时，甲仍可以请求返还所交付的定金2万元，并可以请求乙承担违约责任。[4]其二，同上例，但甲、乙在合同中还约定，如果在履行期之前通往乙处的高速公路还未开通，乙可以解除合同。后通往乙处的高速迟迟未通，乙根据《合同法》第93条的规定，解除了合同。此时，乙仅需将甲所交付的2万元定金返还给甲即可，无须双倍返还定金即4万元给甲。[5]

---

[1] ［日］我妻荣：《债权各论》（中卷一），徐进、李又又译，中国法制出版社2008年版，第44页。

[2] 郑玉波：《民法债编总论》（修订二版），中国政法大学出版社2004年版，第313页。

[3] 叶金强：《担保法原理》，科学出版社2002年版，第263页。

[4] 叶金强：《担保法原理》，科学出版社2002年版，第263页。

[5] 叶金强：《担保法原理》，科学出版社2002年版，第263页。

（三）本书见解

基于定金的解除权，其丧失时间，大致有以下备选项：主张解除方着手履行时、主张解除方提供履行时、相对人着手履行时、相对人提供履行时、期前违约时、履行期届满时、根本违约时（法定解除权发生时）、其他约定的解除权发生时。[1]这些准据点是否适宜被确定为解除权丧失的时间点可逐一考察。

1. 主张解除方着手履行时。如果一方当事人在提供履行前需加以准备，则其着手履行不会给相对人带来合理信赖，并且相对人通常也不清楚对方是否已着手履行，从而应无从论及为了保护相对人，一方已着手履行即丧失解除权。而从已着手履行的一方的角度来说，其如果着手履行后倾向于解除合同，这意味着其也愿意自己承担因着手履行而支出的费用，法律不应否定已着手履行方的解除决定。因此，主张解除方着手履行时不应被确定为解除权的丧失时间。

2. 主张解除方提供履行时。倘若一方于提供履行后转而主张以遭受定金不利益为代价解除合同，其主张不应被认可。原因在于：该方已提供履行表明其在该时间节点上愿意维系合同关系，而其嗣后又出于自身的利益考虑主张解除合同，可谓构成前后矛盾的行为，与诚实信用原则的要求相悖；一方的履行和相对人的受领使得相对人能够合理地认为合同关系终局地具有拘束力，从而与已履行方的解除利益相比，相对人对于合同关系维系的利益更值得保护；一方提供履行再加以解除，相对人

---

[1] 论述丧失基于解约定金的解除权的时间的资料不多，就观点来说，笔者所见到的只有相对人着手履行时、其他解除权发生时这两种观点。为确定哪个时间点丧失基于解约定金的解除权较为合理，本书对八个可能的备选项（包括前文已提及的两个时间点在内）都进行了探讨。笔者认为，这样所做的探讨较为全面。排列时大体上按各时间点的先后，对于着手履行时、提供履行时又区分主张解除合同的一方与相对人，如此就论述了四个时间点，之后对违约的时间点的排列又分期前违约与现实违约之序。最后一个备选项则不是以时间点的先后为序，而是涉及基于其他原因发生解除权的情形。

即应返还已经受领的履行，如此会给相对人带来不便或者成本的支出。故此，一方提供履行时可以被确定为其解除权丧失的时间。

3. 相对人着手履行时。相对人着手履行后会支出相应的成本，如果另一方的解除权因此丧失，会有利于保护相对人的利益，但另一方对于相对人着手履行可能并不知晓，另外双方约定了解约定金，则相对人应承担着手履行准备但嗣后合同被解除的风险。相对人着手履行后也可能出于自身的利益考虑愿意解除合同，其不因为已着手履行而丧失解除权，基于对等考虑，相对人着手履行合同也不应使另一方丧失解除权。如此，相对人着手履行时不应被确认为解除权丧失的时间点。

4. 相对人提供履行时。相对人提供履行的情况表明其已经完成了准备工作，为此而付出了准备履行的成本以及履行成本，这些成本未必能被定金利益完全填补，相对人的履行与另一方的受领也使前者对合同关系终局地具有拘束力的信赖值得保护。有鉴于此，相对人提供履行时可以被确定为一方丧失解除权的时间点。

5. 期前违约时。期前违约包括一方于履行期到来之前拒绝履行，或者出现了履行不能、将来会不可避免地提供瑕疵履行、将来会不可避免地出现迟延履行等情况。一方于履行期到来之前拒绝履行应被定性为其行使解除权，合同因而被解除，不存在解除权丧失进而合同确定地具有拘束力的问题。其他期前违约的情形与一方的履行能力出现问题有关，该方不应因欠缺履行能力而丧失解除权，从而可以向相对人表示解除合同。如系相对人方面发生期前违约，鉴于期前违约制度旨在保护非违约方，该方的解除权不应因此而丧失。因此，无论合同哪一方发生期前违约，双方的解除权均不丧失。

6. 履行期届满时。此时债务人可能提供了履行，也可能没有提供履行。如果债务人提供了履行，则根据上文就“一方提供履行时”所做的分析，双方的解除权均告丧失。如果履行期届满而债务人没有提供履行，则其违反了合同约定，不应再认可其可以行使基于解约定金合同的解除权来摆脱违约责任。就相对人来说，其主张前者承担违约责任而不是行使基于解约定金的解除权于己更为有利，从而也应以相对人也丧失了解除权为宜。由此，履行期届满时可以被确定为解除权丧失的时间。

7.根本违约时。根本违约包括期前根本违约与现实违约情况下的根本违约。前一种情形不应导致解除权丧失，已如上述。后一种根本违约与履行期届满时相比有一定的差异：第一，根本违约时标准不能涵盖履行期届满时债务人提供了履行的情形。如前所述，后一时点宜被确定为解除权丧失的时点。第二，就到期后债务人未提供履行来说，根本违约时标准也比到期不履行时标准涵盖的情形要少，并且时间点可能晚于履行期届满时。如果履行期到来而一方不能履行（无论是否系不可抗力所致），或者系争合同为定期行为，则到期不履行即构成根本违约，进而以履行期届满时为标准与以根本违约时为标准并无差异。如果履行期到来后债务人虽未提供履行或未适当履行，但履行仍为可能，并且履行时间对于债权人不具有特别重要的意义，则不成立根本违约，经债权人催告仍未在合理期间内履行才构成根本违约。可见，如果仅在根本违约时基于定金的解除权才丧失，则此前已经违约的债务人仍能以遭受定金不利为代价解除合同，进而不再承担违约责任。这种安排不利于保护债权人的利益，对于债务人的保护则超过了合理限度。

综上所述，主张解除方或相对人着手履行时、期前违约时、根本违约时均不宜被确定为解除权丧失的时间。主张解除方或相对人提供履行时、履行期届满时均可以被确定为解除权丧失的时间，但提供履行时与履行期届满时不应被单独确定为丧失解除权的时间标准，而是应结合起来。在履行期为期间的情况下，如果在该期间内一方提供了履行，无论履行是否适当，解除权即告丧失，如果在该期间内并未履行，则在期间届满之日丧失解除权。在履行期为期日的情况下，在该日债务人无论提供了履行，还是未提供履行，解除权均丧失。如果采此标准，行使基于解约定金的解除权解除合同与承担违约责任不会发生交集。倘若债务人于期间内或期日当天提供了履行，如系适当履行，解除权消灭，另无违约问题，如其不适当履行，在要件具备的情况下应承担违约责任，由于解除权丧失，无从再解除合同以规避违约责任。倘若债务人未于期间内或期日当天提供履行，则解除权丧失，其进而应就履行迟延承担责任。当事人也可以约定在履行期届满后解除权仍然存在。在这种情况下，如果一方于履行期届满后行使基于解约定金的解除权，其也不应再承担违约责任，因为当事人的意思可以理解为适用定金罚则而非违约责任。如果当事人的意思可以被理解为仅排除了实际履行，则在适用定金罚则之外，债权人尚可主张违约责任。

8.最后需要探讨的是其他约定的解除权发生时。基于解约定金的解除权本身也是约定的解除权。除此之外，当事人也能约定其他解除权发生事由。倘若在基于定金的解除权丧失前基于其他约定的事由也发生了解除权，两种约定的解除权的关系须加辨析。当事人所约定的其他的解除权发生事由既可以是外在因素，也可以是自身因素。前一种情况如，买卖双方约定，卖方如无法置备用于生产买方所购买的货物的原料即可解除合同。后一种情况如，买卖双方约定，如果买方营业状况发生变化，其可以解除合同，不再要求卖方提供货物。无论是着眼于外在因素还是内在因素来约定解除权发生事由，通常都是约定事由发生后一方或双方可以无代价地解除合同。如果当事人另外约定的也是有代价的解除权，该代价与定金的数额可能并不相同。因此，应认可因约定的事由发生而无代价地享有解除权或者以较低的代价享有解除权的一方行使该解除权，而不行使基于解约定金的解除权。不享有其他约定解除权的一方只能以遭受定金不利益为代价解除合同。

三、解除相对人能否请求损害赔偿

（一）肯定说

1.相关规定及见解

《担保法解释》第117条规定，“对解除主合同后责任的处理，适用《中华人民共和国合同法》的规定”。依该规定，一方行使基于解约定金的解除权后，相对人可以请求解除方承担包括损害赔偿在内的违约责任。对该规定，李国光等从两方面进行了阐述：第一，合同中约定了解约定金的，当事人以承担定金损失为代价要求解除合同的，对该合同不能强制实际履行。另一方当事人如果申请人民法院强制实际履行合同的，人民法院应当予以驳回。正确的处理是，当事人以承担定金损失为代价要求解除合同的，应当允许合同解除，并裁判当事人以承担定金处罚代替履行合同。[1]第二，合同解除后，虽然适用了定金处罚，主张解除合同的当事人承担了定金损失，但不排除有损失的一方要求对方损害赔偿。定金处罚不排除损害赔偿，在守约的当事人损失大于定金的收益的情况下，承担了定金处罚的当事人仍然应承担损害赔偿的责任。合同解除后对损害赔偿的确定，适用《合同法》第97条的规定。对此，担保法和司法解释不作另行规定。[2]

有些学者也认为，解除相对人可以请求解除方承担违约责任。其中有学者认为，解约定金仅使当事人拥有解除主合同的权利，进而不必继续履行主合同，但其并不当然具有损害赔偿预定的功能，解约定金与损害赔偿金不可混为一谈，且在解约方解除主合同时，合同一般正处于履行状态，解除行为必定会给非解约方造成损失。因此，当事人解除主合同后，非解约方所受之损失与不利益超过定金数额时的赔偿责任处理，应适用《合同法》的相关规定。[3]另有学者认为，在解约定金的场合，合同法规定合同解除不影响当事人承担损害赔偿责任，因此，从理论上和法律规定上，解约定金与损害赔偿可以并罚。不过，解约定金本身就

[1] 李国光等：《〈关于适用《中华人民共和国担保法》若干问题的解释〉理解与适用》，吉林人民出版社2000年版，第400页。

[2] 李国光等：《〈关于适用《中华人民共和国担保法》若干问题的解释〉理解与适用》，吉林人民出版社2000年版，第400页。

[3] 孙鹏主编：《最高人民法院担保法司法解释精释精解》，中国法制出版社2016年版，第444页。

被视为对解除合同损失赔偿额的预定，定金被处罚后，当事人要证明自己的损失大于预定的赔偿额，也比较困难。[1]

2. 本书见解

由上述可见，主张解除相对人可以请求损害赔偿的主要理由是，解约定金约定为排除实际履行的约定。该见解对解约定金的含义与功能有误解。解约定金的意义在于以遭受适用定金罚则带来的不利益为代价使双方当事人均享有解除合同之权。解约定金约定使得合同关系松动，解除相对人获得的报偿为定金利益。此外，将解约定金约定理解为排除实际履行约定有两方面缺陷：首先，这种约定难以给解除方带来实际利益，实际存在的可能性不大。法律关于实际履行已有排除规定，根据《民法典》第580条，在法律上或事实上不能履行、债务的标的不适于强制履行或者履行费用过高、债权人在合理期限内未要求履行等情况下，对方不能要求实际履行。就法律未规定排除实际履行的情形，以及法律虽有规定但对债务人的抗辩是否成立的判断有较大弹性的情形而言，假设债务人为了能够排除实际履行或者便于排除实际履行和对方约定以遭受定金罚则制裁为代价解除合同，解除的后果只是不再实际履行，倘若债权人因债务人不履行遭受的损失数额大于定金利益，可就差额部分请求赔偿，则对于债务人来说，仅在不实际履行带来的利益大于赔偿对方的期待利益的数额的情况下，"解约定金"约定才是有意义的。由于债权人的期待利益的计算以替代交易价格或市场价格为依归，应当说判定债务人不实际履行带来的利益大于赔偿额的概率不高，可以设想的情形是，债务人遇到了愿意支付远高于市场价格的价钱从债务人处获得给付标的物的第三人。倘若标的物具有独一无二性，则可能会有这种第三人。倘若标的物并不具备独一无二性，则实际存在这种不理性的第三人的可能性不大。即使债务人与债权人做了以遭受定金罚则制裁为代价的约定，

[1] 曹士兵：《中国担保制度与担保方法》（第四版），中国法制出版社2017年版，第420页。

这种约定也不是解约定金合同，而是有代价的排除实际履行请求权的约定。其次，解约定金的作用机制具有双向性，双方当事人均得以遭受定金不利益为代价解除合同。假设当事人约定的仅为排除实际履行，在多数双务合同中，一方当事人为金钱债务人，对其而言，不存在排除实际履行的问题，在被理解为排除实际履行约定的情况下，该约定只有单向性而无双向性可言。

另外，认为解约定金并不当然具有损害赔偿预定的功能，与损害赔偿金不可混为一谈，从而在损失大于定金利益的情况下，相对人可以请求赔偿，这一论证是片面的。解约定金的确不是对损害赔偿的预定，但它是当事人约定的无条件解除合同进而不受合同关系拘束的代价。不受合同关系的拘束既指不受原给付义务的拘束，也指不受损害赔偿这一次给付义务的拘束。

上述合同法规定合同解除不影响当事人承担损害赔偿责任这一理由也是不成立的。《合同法》第97条规定："合同解除后，尚未履行的，终止履行；已经履行的，根据履行情况和合同性质，当事人可以要求恢复原状、采取其他补救措施，并有权要求赔偿损失。"该规定针对的是债权人行使法定解除权的情形，法定解除权的发生事由主要是债务人根本违约，从而债权人解除合同后请求债务人承担违约责任是可行的。但基于定金的解除权是意定的仅以定金不利益为代价的解除权，行使解除权者无承担违约责任可言，解除合同后不再履行是因为合同关系已经没有拘束力，从而不构成违约。

（二）否定说

1.不同角度的论证

有些学者对解除相对人请求损害赔偿持反对意见。例如，叶金强教授从五方面详细论述了不能再请求损害赔偿的理由：其一，根据当事人的意思，解约人合同解除权的取得，是以丧失定金为代价的，并且其代价也应仅限于定金。在定金之外再承担其他赔偿责任，与当事人意思不合。其二,《合同法》第97条规定的赔偿损失责任在此不能适用。第97条规定主要解决的是合同解除后当事人之间关系的后续处理。其中赔偿责任的规定，意在强调解除合同并不当然意味着赔偿责任的消灭。但是，如果当事人对合同解除之赔偿已有所安排，则应按照当事人的约定处理。其三，损失大于定金的，应当赔偿差额，那么如果损失小于定金的，解约人是否可以索回差额呢？如果不可以，何谈公平？如果可以，则解约定金之约定演变成了何种模样？其四，解约代价以定金为限，使得解约定金之约定成为解约关系之简洁有效的处理方式。当事人双方在确定定金数额时，均有自己独立的计算，考虑了解约导致的损失。当事人在决定是否行使合同解除权时，也有其相应的计算，会比较解约的收益与解约需付出的代价。解约代价数额的刚性，便于当事人计算的进行。而使当事人可以有更准确的计算的规则，相对而言也更有效率。其五，在当事人约定了合同解除权发生条件的情况下，当约定的发生解除权条件成就，解除权人解除合同时，除当事人另有约定以外，解除合同之人并不承担赔偿对方损失的责任。在解约定金的情况中，当事人解除合同，其之付出当然也只应以约定的定金额为限。[1]

除此之外，还有学者从其他角度阐述何以在一方行使基于定金的解除权的情况下，相对人不得再请求损害赔偿：

第一，非债务不履行说。有学者认为，对于解约定金而言，由于合同的解除并不是基于债务不履行，而是基于定金的设定，因而解约定金实际上是解约所生的预定额。即使当事人一方因对方解除合同而受到更大的损害，解约方除丧失定金或双倍还返定金外，也不再负赔偿责任。[2]

第二，利益得失无法判断说。有学者认为，倘若解约方在遭受定金不利益之外尚须赔偿对方的损失,(解约定金)这一砝码就变成一个难以估计且令人生畏的变数，从而使当事人无法从容、准确地预见和判断

---

[1] 叶金强:《担保法原理》，科学出版社2002年版，第262页。

[2] 徐武生:《担保法理论与实践》，工商出版社1999年版，第579页。

利益得失，使解约定金的意义和功能丧失殆尽。[1]

第三，也有学者认为，相对人不得请求损害赔偿的原因是解约定金兼具惩罚性及单纯损害赔偿预定性。当事人以抛弃定金或双倍返还定金为代价解除合同，对方如无损害，或虽有损害但损害数额小于定金数额时，均可保留定金之全部，而无义务返还超过其损失的数额，由此可见，解约定金具有惩罚性。而当定金收受人所受损害与不利益之总额超过定金数额时，定金收受人也仅能保有该定金，不得另外请求损害赔偿。由此可见，解约定金具有单纯损害赔偿预定的效力。如果允许定金收受人仍得另外请求损害赔偿，将使得定金给付人抛弃解约定金以避免履约不利益的目的无法达成，解约定金的规范功能于焉尽失。[2]

2.本书见解

本书认为，前述叶金强教授关于解除相对人不能请求损害赔偿的五点理由中，第一点、第二点、第五点综合起来，实际上也是非债务不履行说。该说是解除相对人不得再请求赔偿的最为根本、直接的理由。解约定金的功能在于赋予双方当事人无条件而有代价的解除权。无条件是指一方当事人在丧失基于解约定金的解除权之前可以随意解除合同而不需要给出理由，有代价是指解除合同方遭受定金不利益。当事人约定仅以定金不利益为代价而不再承担进一步的损害赔偿对于其解除合同才是有意义的。在这种情况下，意图以承受不利益为代价解除合同的一方可以衡量解除合同是否经济，其衡量主要包括两个方面：其一，或者由于缔约时思虑不周，或者由于缔约后情事发生变化，不履行合同或者不再获得原拟取得的合同标的更为合算。其二，由于缔约时信息不完备或者缔约后情事发生变化，一方当事人与第三人缔约，将原拟向相对人提供的履行改为向第三人履行，或者从第三人处获得合同标的更为划算。在

---

[1] 付吉元、徐红新：《解约定金制度研究》，载《河北科技大学学报》（社会科学版）2008年第3期，第44页。

[2] 高圣平：《担保法论》，法律出版社2009年版，第615页。

确定不再履行是否于己更为有利时，定金不利益已被计算在内。倘若在定金不利益之外，行使解除权的一方还要赔偿额外的损失，则其利益计算即无法进行。在约定了解约定金的情况下，愿意遭受定金不利益的一方行使解除权，使合同丧失拘束力，进而其不再有履行义务，相应地也就没有不履行及违约责任可言。

比较而言，其一，叶金强教授论述的相对人可请求赔偿而解除方不得请求减少定金数额不公平、解约代价仅以定金为限是更有效率的处理方式这两点，对于相对人不得请求赔偿具有附带性的说明作用。其二，利益得失无法判断说指出了解约定金的意义所在。倘若在遭受定金不利益之外尚须赔偿损失，则解约定金制度有何价值？当事人如何对定金不利益与解约利益进行权衡，进而决定是否解除合同？不过，与非债务不履行说相比，该说对于解约方不应另行赔偿损失进行的说明并不直接。其三，认为解约定金兼具惩罚性及单纯损害赔偿预定性的见解，则未尽妥当。在约定解约定金的数额时，当事人的着眼点未必是一方在对方不履行合同的情况下可能遭受的损失额的大小。在约定解约定金的情况下，合同的拘束力被松动，从而当事人对于从该合同中能够获得的利益的预期已经降低。如果一方当事人希望在对方解除合同的情况下，仍能够如同合同得到了履行一样，可以采取防范措施，比如安排替代措施等，从而可以以采取防范措施的成本为解约定金数额的底线。如果一方当事人有把握进行大量的类似交易，其一般不会在意对方是否解除合同，获得定金利益本身就是划算的，从而就不会坚持约定较高的数额。

我妻荣指出，在约定解约定金的情况下，当事人有时会在约定交付一定的金额作为定金后，进一步约定不履行时的损害赔偿金额——另外的，通常是更多的金额，或以履行时的时价为标准。这时，毋庸置疑，因为同时存在定金与损害赔偿金额的预定，所以分别发生其效力。[1]这

[1] ［日］我妻荣：《债权各论》（中卷一），徐进、李又又译，中国法制出版社2008年版，第45页。

种场合下的定金罚则与意定的违约损害金的合并使用以当事人作了约定为基础。如果当事人仅约定了解约定金，则在解除合同的情况下，解除方付出的代价仅为定金数额。

四、合同未解除情况下定金的处理

如上所述，基于定金的解除权有时间限制，在诸多可以作为参照的时间点中，以期间届满与提供履行为标准最为妥当。据此，对于合同未解除情况下定金应如何处理，可以作类型化的整理。

设交付定金方的履行时间早于收受定金方的履行时间，履行期到来前交付定金方未解除合同，在履行期到来后，其可能履行合同义务，也可能不履行合同义务。

1. 如果交付定金方履行合同义务，那么，分两种情况：其一，倘若其给付标的物与定金一致，则可以仅提供剩余部分的履行。在这种情况下，定金即成为履行的一部分，收受定金方不再加以返还。其二，倘若其给付标的物与定金不一致，收受定金方应返还定金。

2. 如果到期后交付定金方违约，则基于定金的解除权丧失，此时定金应如何处理视对方是否解除合同而定。其一，如果交付定金方的违约成立根本违约，对方可解除合同并主张损害赔偿。倘若定金为金钱，收受定金方可以保留相当于损害的部分作为赔偿，如有差额，收受定金方可另外请求赔偿。倘若定金为其他可替代物，收受定金方可就与损害相应的部分主张抗辩，至交付定金方支付赔偿额时才加以返还。其二，如果交付定金方的违约不构成根本违约，或者构成根本违约但收受定金方不解除合同，则就所造成的损害，收受定金方可以扣留相应的金钱定金当作损害赔偿金，或者扣留相应的非金钱定金主张抗辩。

设收受定金方的履行时间早于交付定金方的履行时间，倘若收受定金方已经履行，基于定金的解除权消灭。交付定金方可以请求返还定金。如果双方另有约定，可以将定金充作交付定金方的部分履行。如果收受定金方违约，基于定金的解除权亦告消灭。无论该违约是否构成根本违约，或者在构成根本违约的情况下交付定金方是否解除合同，交付定金方均可以请求返还定金，至于其与收受定金方之间的次给付义务的处理，与定金无涉。解约定金并无同时充当交付定金方的损害赔偿担保金的性质，从而在负有先履行义务的收受定金方违约但合同关系存续的情况下，交付定金方可以请求返还，而不是等到自己履行完毕后才可要求返还。

第四节　本章小结

就立约定金来说，其最为重要的问题是罚则的适用条件。关于该问题，《商品房买卖合同司法解释》规定，“出卖人通过认购、订购、预订等方式向买受人收受定金作为订立商品房买卖合同担保的，如果因当事人一方原因未能订立商品房买卖合同，应当按照法律关于定金的规定处理”。该款规定的立约定金并非典型的立约定金。典型的立约定金赋予双方当事人决定不订立本约的权利，代价是遭受定金不利益，从而定金罚则的适用条件只是一方当事人决定不缔约。与立约定金、违约定金、解约定金这三种定金不同，成约定金效力的发挥凭借的只是交付，而非在通过交付创设定金法律关系的情况下可以适用定金罚则。成约定金不交付，则目标合同无法有效成立，但可以以履行加以补正。在解约定金，定金罚则的适用条件是一方当事人决定解除合同。履行期内提供了履行或者履行期届满时，基于解约定金的解除权丧失。在解除权丧失前，如基于其他解除权约定一方或双方也享有解除权，享有解除权者可以选择行使基于解约定金的解除权抑或基于其他约定的解除权。在行使基于解约定金的解除权的情况下，解除方只遭受定金不利益，不承担违约损害赔偿责任。由于立约定金、成约定金、解约定金功能不同，交付时间不同，在不适用定金罚则（就成约定金来说则是交付之后）的情况下，定金的处理也不相同，处理的依据是，如不返还定金，收受定金方是否会取得没有正当根据的利益。

第五章 定金的效力（二）：违约定金

第一节　不适用定金罚则时的处理

一、相关规定

《经济合同法》第14条规定，“经济合同履行后，定金应当收回，或者抵作价款”。《民法通则》第89条规定，“债务人履行债务后，定金应当抵作价款或者收回”。在《民法通则》之后，《担保法》第89条、《合同法》第115条均保持了“债务人履行债务后，定金应当抵作价款或者收回”这一表述方式。《民法典》第587条改动了一个字，称“债务人履行债务的，定金应当抵作价款或者收回”。有学者认为，《民法通则》和《担保法》的表述与《经济合同法》的规定相比有两点不同：一是“债务人履行债务后”和“经济合同履行后”；二是“定金应当抵作价款或者收回”和“定金应当收回，或者抵作价款”。前一个区别，立法着重强调债务人履行债务后，实际上是强调给付定金的一方当事人履行债务后。这种立法意图是积极的、有益的，只是这样表述还不够清楚，因为在双务合同中，双方当事人都是债务人，不如直接表述为“给付定金的一方当事人”。后一个区别，体现了立法者对于先考虑抵作价款还是先考虑返还的选择。对此，国外的做法也不一样。有的规定，定金应算入付定金的当事人负担的给付；如不能算入，应于契约履行时返还之。有的规定，定金在契约履行时，应予返还或抵作价款。[1]本书认为，对前一个区别的解说是成立的，确认定金应当返还抑或收回的时间，的确应当是交付定金方履行债务后。对后一个区别的解说，即“收回”或“抵作价款”的排序体现了适用中的优先、次后关系，则不应得到支持。“或

---

[1]　郭明瑞、杨立新：《担保法新论》，吉林人民出版社1996年版，第332页。

者”是表示选择的连词，位于“或者”之前的项目并不比位于“或者”之后的项目优先。但在法律适用上，的确应明确究竟是以抵作价款还是收回为选项。

需要注意的是，“抵作价款”与“收回”二词，均非十分妥当的用词。就抵作价款来说，一则，价款只能指涉买卖合同中的买方交付定金等情形，而实际上“抵作付款”的规定应适用于交付定金方的原给付义务为支付金钱、提供实物给付的各种情形。二则，“抵作”也有可能使人认为定金的标的物并非金钱而系其他可替代物，实际上，倘若交付的标的物为金钱，也有能否“抵作”原给付义务的一部分的问题。三则，“抵作”蕴含在债务履行完毕后方确定所交付的定金是折抵还是返还之意，但在定金与交付方的给付标的物一致的情况下，实际上从交付之时即可确定定金应作为给付的一部分，并因而可能兼为预付款。“收回”一词，如学者所说，容易使人误解为定金支付后其所有权仍保留在给付方手中，接受方只有占有权而无使用权、所有权，这与金钱作为流通手段的性质和职能作用不符。[1]确切而言，不是履行债务后“收回”定金，而是收受定金方交付相同数额的金钱或相同数量的种类相同、质量相同的物给交付定金方。附言之，受领定金方违约时，严格来说也不是双倍“返还”，而是双倍交付。“抵作价款”“收回”“双倍返还”等表述在我国的定金法律规定中使用已久，从而没有必要为精确起见再作改动，在论及定金制度时明确它们的确切含义即可。

二、适用条件与具体措施

（一）适用条件

折抵或收回的基本适用条件是交付定金方适当履行了合同，或者虽

---

[1] 高圣平：《担保法新问题与判解研究》，人民法院出版社2001年版，第698页。

不成立适当履行合同但不构成根本违约（关于根本违约时才适用定金罚则见本章第二节）。为明确适用的具体场景，可以双方履行时间的先后为准加以分析：第一，收受定金方的履行时间晚于交付定金方。在交付定金方已履行义务的情况下，不必等收受定金方履行完毕才可主张返还或折抵，而是履行后即可主张，否则交付定金方会遭受不利。嗣后如果收受定金方违约并且定金罚则的适用条件具备，其再次交付同样数额的标的物给交付定金方即可。第二，收受定金方的履行时间早于交付定金方。如果收受定金方未违约或虽违约但不构成根本违约，其不受定金罚则制裁，待交付方履行合同后才有折抵或返还问题。倘若收受方根本违约，交付方因此解除了合同，交付定金方可请求双倍返还定金。如交付方不解除合同，可请求返还定金，具体来说，收受定金方本应双倍返还定金，但交付定金方的履行时间还未到，其履行亦须以定金担保，从而收受定金方只交付等额的定金，此与返还并无差异。第三，倘若双方的履行时间相同，如果双方均不违约或不成立根本违约，交付定金方履行后可主张折抵或收回。如果收受定金方成立根本违约，交付定金方进而解除合同，可主张双倍返还，如不解除合同，因交付定金方已履行完毕，结果也是要求双倍返还，或者在双倍返还中扣除折抵为履行的部分。

（二）具体措施

关于适用要件具备后究竟应以折抵还是收回为措施，论者见解不同。

1.优先抵作价款说

有学者认为，给付定金的一方当事人履行债务以后，还是将定金抵作价款更为简洁、适当，这实际上等于以定金抵销价款，因而德国法关于定金应算入给付定金的当事人负担的给付的表述更为确切，体现了定金具有预先给付的功能要求。如果不能抵作价款的，则由给付定金的当事人在履行了债务之后予以收回。[1]另有学者认为，在双方当

[1] 郭明瑞、杨立新：《担保法新论》，吉林人民出版社1996年版，第332页。

事人发生争议的情况下，应当根据主合同债务的种类来确定：如果主合同债务为金钱债务，支付定金一方的当事人对主合同债权人承担金钱给付义务，在此情况下，可以采用抵作价款的方法，以简化债的履行手续；如果主合同债务为非金钱债务，由于定金与主债务非同一种类，无法冲抵，在此情况下，支付定金的当事人一方在履行了主合同债务后，有权收回定金。[1]

2. 交付定金方决定说

有学者认为，设置定金的目的是担保债务的履行，但是债务履行后，定金的担保功能就丧失了，定金仅具有预先给付的效力，应当抵作价款或者收回。至于定金是抵作价款还是收回，应由双方当事人协商决定；协商不成的，取决于交付定金一方的意思。[2]关于何以应由交付定金方决定，有学者进行了说明。其认为，定金合同产生的权利是债权，当定金交付之后，收受定金的一方当事人不履行合同，交付定金的一方只享有定金的双倍返还请求权；而收受定金的一方对定金拥有所有权，当对方不履行义务时，可以直接没收定金。所以，虽然定金的担保作用具有双向性、对等性，但定金对于交付定金一方担保作用较弱，为公平起见，当事人履行合同后定金是抵作价款还是收回，应由交付定金的一方决定。[3]

3. 本书的见解

本书认为，在当事人无相关约定的情况下，如果定金与交付方的给付标的物相同，应构成部分履行。如果定金与给付标的物不一致，则是否折抵由双方协商决定，如果达不成协议则应返还。标的物一致时应构成部分履行的理由是：第一，倘若定金不构成部分履行，则在履行期到

---

[1] 陈本寒：《担保法通论》，武汉大学出版社1998年版，第124页。

[2] 余延满：《合同法原论》，武汉大学出版社1999年版，第406页。

[3] 刘保玉、吕文江主编：《债权担保制度研究》，中国民主法制出版社2000年版，第232页。

来后交付定金方须全部提供与定金相同的给付，而收受方须加以返还，收受方的返还与交付方接受返还可能都会伴随成本支出，即使无经济意义上的成本支出，单纯为返还与受领返还也给双方增添了不便。第二，如果构成部分履行，则在履行期到来后，交付定金方只需要再交付差额部分，不需要再筹措并交付相当于原已交付的部分，如此会缓解交付方的压力。第三，定金交付后，因此而产生的利息和孳息归属于收受定金方，如果不构成部分履行，则在交付方全部履行义务后，受领方才加以返还，至交付方受领后才能再将所受领的标的物用于获得利息或孳息。反之，如果定金构成部分履行，则交付方履行义务时只需要再交付差额部分，其不必再交付的相当于定金数额的那部分，自己便可以使用从而获得利息或孳息。第四，根据法律规定，交付方履行债务后可以主张抵作价款或者收回，履行债务早于折抵或收回，但二者并无明显的时间间隔，履行之后立即可以主张，从而交付方在履行时主张抵销相当于定金数额的部分，只履行差额部分，并非不能成立。反之，收受方也可以主张抵销，只要求交付方履行差额部分。既然如此，则以直接明确已交付的定金构成部分履行为妥。

严格来说，交付定金构成部分履行意味着交付之后违约定金法律关系得以创设，进而在要件具备的情况下可以适用定金罚则，同时交付定金本身也是部分履行，并非在履行期到来后再确认已经交付的定金抵作价款。有学者认为，即使定金和给付标的物均为金钱，折抵时也有计算问题。例如，定金交付时和履行债务时，货币的通胀率不同，如何折抵债务，可能出现较大的利益差异。如果定金交付与债务履行时，合同标的额没有变化，应以1:1折抵。如果通胀率过高，债务履行时债务标的额已随通胀率作过更改，则应实事求是地折价抵销。[1]本书认为，如果认可在与给付标的物一致的情况下定金同时也兼为部分履行，则就已经交付的部分来说，不存在是否应因嗣后发生通胀或价格波动作调整的问

[1] 郭明瑞、杨立新：《担保法新论》，吉林人民出版社1996年版，第332页。

题。倘若交付剩余部分时金钱的购买力由于发生通胀而下降，一般由金钱债权人承担风险，除非当事人另有约定或者构成了情事变更。只在定金与给付标的物不一致时才会有计算问题，并且在这种情况下折抵是在履行期到来后双方达成合意时才发生的。如果当事人仅就折抵达成了协议但就折抵的数额未作约定或约定不明，应根据履行地的市场价格加以确定。

第二节　定金罚则的适用

一、适用条件概述

违约定金罚则的适用须具备以下三方面要件：

第一，主合同有效成立。违约定金法律关系是意定的法律关系，违约定金合同是被担保的合同的从合同，如果主合同未能有效成立，比如当事人未能实际达成合意，主合同因有瑕疵而自始无效，未被追认而无效或被撤销后溯及既往地无效，作为从合同的定金合同旨在担保的对象即不存在，不存在有拘束力的债务，无违约责任可言，进而也无从论及定金罚则的适用。

第二，违约定金法律关系有效创设。如第三章所述，创设定金法律关系须存在有效的定金合同以及实际交付了定金。就定金合同来说，当事人应达成了合意，并且未因某种瑕疵而归于无效。需要强调的是，根据《民法典》的规定，定金合同为要物合同，从而不交付定金，则定金合同不成立。定金的交付不但使定金合同成立，而且本身是创设定金法律关系的一个要件。退一步讲，如果定金合同不被规定为要物合同，创设定金法律关系仍以交付了定金为前提。

第三，违约责任成立。违约定金既是一种违约责任形式，又是一种担保手段。对于违约定金罚则的适用条件，可以从违约责任形式与担保手段两个角度加以分析。自违约责任形式的角度言，违约定金罚则的适用应以违约责任成立为前提。自担保手段的角度言，违约定金担保的是债务人适当履行，但这并不意味着一旦发生不履行即应适用定金罚则，而是仍以违约责任成立为前提。因此，无论作为责任形式还是担保手段，违约定金罚则的适用均以成立违约责任为前提。违约责任的成立要件大致可分为三个层面：（1）狭义的构成要件。狭义的构成要件通常包括三方面因素，即债务人不履行、债权人遭受了损害、不履行与损害之间有因果关系。广义的“不履行”一词涵盖了各种违约行为形态。各种不履行均能引起定金罚则的适用，抑或仅有根本违约才能引起定金罚则的适用，是适用条件中的重要问题。与违约损害赔偿不同，定金罚则的适用不以债务人遭受了损害为前提，相应地，也无不履行与损害之间有因果关系的要求。（2）不履行具有不法性。违约行为通常均具有不法性，但存在抗辩事由时则否。比如，债务人行使不安抗辩权，拒绝按期履行合同义务，此时其不履行具有正当性，不会引发违约责任，进而也不应适用定金罚则。（3）不存在免责事由。此为归责原则层面的问题。如果采纳的是过错责任原则，则仅在债务人有过错的情况下才会引发违约责任。如果采纳的是严格责任原则，则过错不是责任要件，债务人如欲免予承担违约责任，须证明存在不可抗力。

二、适用定金罚则的违约行为形态

（一）法律规定

关于违约定金应适用于何种违约行为形态，《经济合同法》《民法通则》《担保法》《合同法》规定的均为“不履行”。具体来说，《经济合同法》第14条的措词是“给付定金的一方不履行合同的”“接受定金的一方不履行合同的”，《民法通则》第89条第3项的措词是“给付定金的一方不履行债务的”“接受定金的一方不履行债务的”，《担保法》第

89条称“给付定金的一方不履行约定的债务的”“收受定金的一方不履行约定的债务的”,《合同法》第115条的表述与《担保法》相同。这些法律规定中的“不履行”是指广义的不履行还是指未作任何履行，易引起争议。

《担保法解释》颁布之前，有行政法规、司法解释规定不完全履行也可适用定金罚则。比如，1984年的《农副产品购销合同条例》第17条规定，供方“不履行或不完全履行预购合同的，应加倍偿还不履行部分的预付定金”，第18条规定，需方“不履行或不完全履行预购合同的，无权收回未履行部分的预付定金”。1987年的《适用〈经济合同法〉解答》第8条第3项进而规定，“《农副产品购销合同条例》第十七条第六款和第十八条第六款规定，供方不完全履行预购合同的，应加倍偿还不履行部分的预付定金；需方不完全履行预购合同的，无权收回未履行部分的预付定金。其他允许给付定金的各类经济合同不完全履行的，也可以照此办理”。根据这两个法律文件的规定，不完全履行时也可适用定金罚则，但在适用时是否应作限制未加以明确，迟延履行等违约行为形态也未涉及。《担保法解释》对于何种违约行为形态可引发定金罚则的适用作了细化规定。其第120条为：“因当事人一方迟延履行或者其他违约行为，致使合同目的不能实现，可以适用定金罚则。但法律另有规定或者当事人另有约定的除外。当事人一方不完全履行合同的，应当按照未履行部分所占合同约定内容的比例，适用定金罚则。”该规定的特点是，明确了仅在根本违约的情况下方可适用定金罚则。

《民法典》第587条规定，“给付定金的一方不履行债务或者履行债务不符合约定，致使不能实现合同目的的，无权请求返还定金；收受定金的一方不履行债务或者履行债务不符合约定，致使不能实现合同目的的，应当双倍返还定金”。至此，仅在根本违约的情况下才适用定金罚则的立场在我国民事基本法中得到了明确。

（二）相关见解

1. 狭义的不履行说

有学者认为，只有在合同不能履行的情况下才发生丧失或加倍偿还定金的问题。完全不能履行的，全部丧失或加倍返还定金；部分不能履行的，部分丧失或部分加倍偿还定金；其它违约情况，不发生丧失或加倍返还定金的问题。[1]"不履行合同"不包括迟延或提前履行、瑕疵履行等违约情况。如果一旦迟延交货，就要加倍返还定金，一时有瑕疵，即使消除了也要加倍返还定金，就违背了商品货币关系的客观要求，也违背了定金担保的特殊性。商品货币关系要求平等、等价有偿，财产受到了损失，应该给予公平补偿。定金担保的作用在于防止不履行合同，即防止合同目的落空。迟延履行、提前履行、瑕疵履行并不绝对导致合同目的落空。这也正是定金担保和违约金担保的不同之处。违约金担保能对所有违约行为都做出反应，定金则不同，它预先交付，是一个确定数额，没有违约金那样的灵活性。[2]另有学者认为，"不履行约定的债务"，是指由于收受定金一方当事人的原因而引起的履行不能，或者收受定金的一方当事人故意拒绝履行债务，通常情况下履行迟延和不完全履行不含在"不履行约定的债务"之中，当然，当事人可以约定不履行的样态，如果有约定，那么约定优先。[3]

2. 根本违约说

《担保法解释》第120条规定，迟延履行或其他违约行为致使合同目的不能实现时也适用定金罚则，采纳的是根本违约说的立场。李国光等认为，"合同理论通说认为根本违约是适用定金处罚的条件"，但是对于

---

[1] 史文清、刘晓海：《有关定金的几个问题》，载《政治与法律》1986年第2期，第20页。

[2] 史文清、刘晓海：《有关定金的几个问题》，载《政治与法律》1986年第2期，第21页。

[3] 《中华人民共和国合同法精解》，中国政法大学出版社1999年版，第96页。

为何采根本违约说未多加说明。[1]有学者认为，既然定金责任应该适用于不履行行为，那么也应适用于不完全履行合同行为。但是对于不完全履行行为来说，只有在这些违约行为构成根本违约，使当事人缔约目的不能达到的情况下，才能适用定金责任。其理由是，定金罚则体现了对违约一方当事人的制裁。由于适用这种制裁会给违约一方经济上带来极为不利的后果，特别是这种制裁也可与违约金、实际履行等补救方式并用，因此必须将定金罚则的适用限定在特定的范围。如果认为任何违约，哪怕是轻微的违约，都要适用定金罚则，那么将会使定金罚则的适用变成一种“赌博”。一方出现轻微违约就适用定金罚则，给违约一方强加极为沉重的经济负担，也不利于其继续履行合同，并且与法律上的诚实信用原则相悖。[2]

3.广义的不履行说

有学者认为，从设立定金本意出发，定金应当以全部定金数额作用于任何不履行合同义务的情况，这样定金才能真正起到间接强制债务人履行债务的作用。但是法律另有规定，当事人另有约定的除外。[3]该见解自定金功能发挥的角度为定金罚则应适用于各种不履行合同义务的情形立论。另有学者认为，合同义务的“不履行”在解释上应当与“违约”同义，包括拒绝履行、不完全履行、迟延履行、不能履行等多种违约形式。定金具有双向担保的作用，根本目的并不在于惩罚违约行为，而在于担保或者督促合同当事人依照诚实信用的原则履行合同义务，当事人的任何违约行为，均构成对设定定金担保的目的之违反。在这个意义上，

---

[1] 李国光等:《〈关于适用《中华人民共和国担保法》若干问题的解释〉理解与适用》，吉林人民出版社2000年版，第408页。

[2] 王利明:《合同法研究》(第二卷)(第三版)，中国人民大学出版社2015年版，第735页。

[3] 陈瓯平:《定金性质纵横谈》，载《法学与实践》1990年第4期。转引自徐武生:《担保法理论与实践》，工商出版社1999年版，第595页。

定金担保没有必要和严重违约行为挂钩。[1]该见解自任何违约行为均构成对设定定金担保目的违反的角度为定金罚则应适用于各种违约行为提供论据。

（三）本书见解

依本书观点，上述见解有各自的道理，但狭义的不履行说与广义的不履行说均有不足，采根本违约说更为适当。

1.狭义的不履行说的不足

对于违约定金的担保手段以及违约责任形式的性质，狭义的不履行说在理解上有偏差，从而其结论不能完全令人信服：

第一，该说将适用定金罚则的违约行为形态限定于履行不能与拒绝履行，可以说对于违约定金的担保功能理解得过于狭隘，亦即只是避免发生履行不能以及避免违反忠实义务。实际上，既然违约定金在法律上得到了规定，为了使该制度能够发挥更大的作用，就不应将其功能局限于促使债务人避免发生履行不能以及不违反忠实义务，而是可以将促使债务人不为其他形态的违约行为涵盖在内。

第二，除了借助定金罚则的适用引导债务人不违约之外，违约定金尚有使债权人获得救济以填补因债务人违约而遭受的不利的功能。债权人因对方违约而遭受不利不仅在履行不能和拒绝履行的情况下会发生，在其他违约行为形态下也会发生。前述持狭义的不履行说的学者认为填补遭受的损失是违约金制度的功能，定金担保的作用在于防止不履行，忽略了违约定金填补债权人遭受的损失的一面。

2.广义的不履行说的不足

广义的不履行说与狭义的不履行说观点相反，但其亦有理由不充分的缺陷：

---

[1] 邹海林、常敏：《债权担保的理论与实务》，社会科学文献出版社2005年版，第390页。

第一，无法单纯根据“不履行”一词的语义即确认定金罚则应适用于各种违约行为。广义的不履行一词的确可以涵盖各种违约行为，但是就该词在我国立法上的使用情况来说，有时也仅指未为任何履行。《民法典》第577条规定：“当事人一方不履行合同义务或者履行合同义务不符合约定的，应当承担继续履行、采取补救措施或者赔偿损失等违约责任。”在这一规定中，不履行合同义务与履行合同义务不符合约定并称，不履行所指的应仅为未为任何履行。由于不履行一词的多义性，不宜不作论证即选取某一种含义。

第二，该说认为，从设定定金的本意出发，定金应当以全部定金数额作用于任何不履行合同义务的情况，这样定金才能真正起到间接强制债务人履行债务的作用。其所说的设定定金的本意如果是指法律规定违约定金的本意，则不能推论出立法者打算将定金罚则适用于各种违约行为形态，如果是指当事人设定定金的本意，则以当事人自己约定为妥，而不宜在当事人未作约定的情况下将其约定的违约定金理解为适用于各种违约行为形态。

第三，该说认为定金具有双向担保作用，根本目的并不在于惩罚违约行为，而在于担保或者督促合同当事人依照诚实信用原则履行合同义务，当事人的任何违约行为均构成对设定定金担保的目的之违反。该见解难以成立。违约定金的确具有惩罚性，其能担保或督促合同当事人依照诚实信用原则履行合同义务在很大程度上依赖的就是惩罚性，亦即适用定金罚则给债务人造成的不利可能大于债权人实际遭受的损失。基于违约定金的惩罚性，需要对适用定金罚则的违约行为施以限制。

第四，违约定金也有填补债权人遭受的损失、使债权得到实现的功能。定金罚则的适用不以债权人实际遭受了损失为前提，如果不考虑违约行为是否严重，只要发生违约即一概适用定金罚则，会给债务人带来过重的负担。因此以作适当的限制为宜。

3.采纳根本违约说的理由

本书认为，违约定金罚则的适用应以债务人方面成立根本违约为前提，理由有以下几点：

第一，定金罚则具有惩罚性，其适用不以债权人实际遭受了损失为前提，并且在定金数额高于实际发生的损失的情况下，债务人也无从请求减少。如果对适用定金罚则的违约行为形态进行筛选，而不是认可一旦发生违约，无论是何种形态，债权人均可主张适用定金罚则，可以在一定程度上降低违约定金的惩罚性。申言之，如果在任何违约行为发生时都可以适用定金罚则，那么在违约程度较低时，债权人可能并未遭受损失，或者遭受的损失不大，从而违约定金实际上具有惩罚性的可能性就增加了。就违约定金的制度设计来说，以减少适用定金罚则的概率为宜，以免非根本违约场合的债务人承受过大的不利后果。反之，如果仅认可在发生根本违约的情况下债权人才能主张适用定金罚则，此时债权人遭受损失的可能性较大并且损失的数额可能也较大，从而以债务人根本违约为适用定金罚则的条件使得违约定金的惩罚性有所弱化，补偿性则有所增强，能够在一定程度上减少未遭受损失或遭受的损失不大的债权人因适用定金罚则获得较大利益这种不公平的情况。

第二，确认在根本违约的情况下才适用定金罚则不会对违约定金的担保功能造成负面影响。违约定金是意定的债权担保方式，当事人在订立定金时可以约定适用定金罚则的具体情形，包括约定即使不成立根本违约也适用定金罚则。

第三，在以债务人根本违约为定金罚则适用条件的情况下，非根本违约场合下的债权人的利益未被忽略。违约损害赔偿请求权的发生不以债务人的行为构成根本违约为前提，从而即使债务人的违约行为不构成根本违约，债权人无法主张适用定金罚则，其也可以请求债务人赔偿其所遭受的损失。

第四，如果确认违约定金罚则的适用以债务人成立根本违约为前提，该根本违约的判断标准应当与作为法定解除权发生事由的根本违约一致。如此一来，既没有增加法律概念，也可以借助在合同解除的语境中已经得到较多讨论的根本违约的认定标准处理适用定金罚则的违约定金案件。《担保法解释》第120条第1款规定："因当事人一方迟延履行或者其他违约行为，致使合同目的不能实现，可以适用定金罚则。但法律另有规定或者当事人另有约定的除外。"关于该规定，《担保法司法解释理解与适用》指出，"但法律另有规定或者当事人另有约定的除外"是将其他性质的定金从违约定金中排除。因为本条是针对违约定金的处罚而言，本条中的定金处罚条件也是针对违约定金来说的。对于其他性质的定金，如解约定金、立约定金等，均有其自己的定金处罚条件，不适用本条第1款的解释内容。[1]就解约定金等定金类型来说，定金罚则的适用自然各有其条件（详见本书第四章的相关论述），但即使就违约定金来说，当事人亦可约定定金罚则的适用不以债务人根本违约为限。

（四）根本违约的认定

1. 合同目的不能实现标准

《担保法解释》第120条规定，"因当事人一方迟延履行或者其他违约行为，致使合同目的不能实现，可以适用定金罚则"。该规定将根本违约的判断与合同目的不能实现结合起来。就合同目的不能实现，有观点阐述称，迟延履行属于违约行为，因此可以说当事人有违约行为是适用定金处罚的条件。但仅有违约行为还不够，还必须有违约行为致使合同目的落空的结果。在适用定金处罚上，违约行为和合同目的落空两个条件缺一不可。所谓合同目的落空，指当事人缔结合同的主要目的因违约行为而不能实现。合同目的指的是主合同的目的，当事人订立主合同的目的可能有主要目的，也可能有次要目的，有直接目的，也有间接目的。作为有法律意义的合同目的则仅指合同的直接目的和主要目的。致使合同的直接目的和主要目的落空的违约在合同理论上被称为根本违

[1] 李国光等：《〈关于适用《中华人民共和国担保法》若干问题的解释〉理解与适用》，吉林人民出版社2000年版，第409页。

约。[1]可以导致合同目的落空、构成根本违约的违约行为很多，司法解释列举的迟延履行是一种，瑕疵履行、不完全履行、权利上瑕疵履行都可能导致根本违约，关键是看违约行为是否导致合同目的落空。在虽有违约行为但合同目的可以实现或主要目的可以实现时，根本违约就难以构成，也就不能适用定金处罚或不能全部处罚。[2]

《民法典》第587条明确地将“致使不能实现合同目的”当作定金罚则的适用条件。而如何认定不能实现合同目的，《民法典》中无明确规定，但“合同编”第一分编“通则”及第二分编“典型合同”有些条文提及了不能实现合同目的，其中最重要的是第563条。该条第1款规定：“有下列情形之一的，当事人可以解除合同：（一）因不可抗力致使不能实现合同目的；（二）在履行期限届满前，当事人一方明确表示或者以自己的行为表明不履行主要债务；（三）当事人一方迟延履行主要债务，经催告后在合理期限内仍未履行；（四）当事人一方迟延履行债务或者有其他违约行为致使不能实现合同目的；（五）法律规定的其他情形。”该条规定的四种法定解除权发生事由，有两种以不能实现合同目的作为构成根本违约的判断标准。就未提及合同目的的两种情形（第2项、第3项）来说，其也属于根本违约，并且也应引起定金罚则的适用。倘若将根本违约与不能实现合同目的当作同义词，这两种情形也是不能实现合同目的的具体情形。

概括而言，合同目的不能实现标准具有较强的主观性，是否宜于被当作根本违约的认定标准容有疑问。

2. 以义务类型为基础的多元标准

在判断某个违约行为是否构成根本违约时，宜根据债务人违反的义

[1] 李国光等：《〈关于适用《中华人民共和国担保法》若干问题的解释〉理解与适用》，吉林人民出版社2000年版，第408页。

[2] 李国光等：《〈关于适用《中华人民共和国担保法》若干问题的解释〉理解与适用》，吉林人民出版社2000年版，第408页。

务的类型确立体系化的多元标准。大体上，违反债务可分为违反给付义务、违反忠实义务、违反保护义务。债务人方面是否成立根本违约可以根据违反这三类义务的具体情形加以判断。在三种情况下，债务人违反给付义务会构成根本违约：第一，债务人履行不能。《民法典》第563条第1款第1项规定，因不可抗力致使不能实现合同目的，当事人可以解除合同。实际上，不可抗力使得债务人不能履行，基于双务合同中给付与对待给付义务的牵连性，债务人不能履行就应使得债权人享有解除权，根本不必再去考虑不能实现合同目的的因素。另外，除不可抗力外，其他原因包括债务人自身的原因导致不能履行的，债权人也应享有解除权。第二，当事人订立的合同为绝对定期行为或相对定期行为。绝对定期行为是指根据合同的内容可以判断在履行期到来之后再提供履行无法实现债权人的利益，比如，某人与租车经营者订立合同，约定在某法定假日租车外出，但该法定假日结束后债务人方能够提供车辆。相对定期行为是指单凭合同内容无法判断迟延履行不再对债权人有意义，但债权人在缔约时已强调了严守履行时间的重要性。在定期行为场合，债务人到期不履行合同，债权人即可解除合同，可以说原因在于债权人订立合同的目的无法实现。第三，债务人不履行合同债务本身不构成根本违约，经催告后在合理期间内仍未履行的，债权人可以解除。《民法典》第563条第1款第3项规定的“当事人一方迟延履行主要债务，经催告后在合理期限内仍未履行”就属于这种情形。这种情形下债权人享有解除权的理由是，债权人设定的合理期间经过而债务人未适当履行，表明债务人的履行意愿、履行能力存有问题，进而不能苛求债权人再给债务人以机会，债务人方面成立根本违约。

在违反忠实义务的情况下，一则合同关系本身的拘束力就应因此松动，二则也不应再要求非违约方固守合同，从而债权人应享有解除权。关于违反忠实义务引发解除权，《民法典》第563条第1款第2项规定了“在履行期限届满之前，当事人一方明确表示或者以自己的行为表明不履行主要债务”。该项为关于预期违约的一种情形，亦即期前拒绝履行的规定，涵盖面较为狭窄。债务人于履行期到来后明确表示或者以自己的行为表明不履行主要债务的，债权人也应享有解约权。除拒绝履行外，债务人故意或无所顾忌地违约也应包含在内。[1]这方面的国外立法例，如《欧洲示范民法典草案》第Ⅲ.–3：502条［因为根本不履行而解除］第2款b项的规定。依该规定，如果债务不履行是故意的或轻率的，并且给了债权人理由认为不能信赖债务人未来的履行，则不履行具有根本性。关于这一规定，该草案的官方评论指出，第2款b项中明确规定，即使债务不履行并没有根本剥夺债权人所可能期待的利益，但如果是故意或者无所顾忌地不履行并因此使债权人有理由相信无法信赖债务人将来的履行时，债权人就可以将这种不履行视为根本不履行。相关示例为：A与B订立合同，作为B的独家经销商销售B的产品，并承诺不销售与B的产品有竞争关系的产品，但A又与C签订合同销售C的产品，该产品与B的产品具有竞争关系。尽管A销售C的产品情况非常不好，也没有影响他销售B的产品，B仍可将A的行为视为根本不履行。[2]

关于保护义务的违反，《德国民法典》第324条的规定具有代表性。该条为："合同在双务合同的情形下，债务人违反第241条第2款所规定的义务，且对债权人来说，对合同的维持是不再能合理地期待的，债权

[1] 《欧洲示范民法典草案》第Ⅲ.–3：502条［因为根本不履行而解除］规定："（1）如果债务人不履行合同债务具有根本性，债权人可以解除合同。（2）不履行合同债务具有根本性，如果：（a）它实质性地剥夺了债权人根据合同能够期待从合同的全部或相关部分的履行中得到的利益，除非缔约时债务人没有预见并且不能被合理地期待预见该结果；（b）它是故意的或轻率的，并且给了债权人理由认为不能信赖债务人未来的履行。"第Ⅲ.–3：503条［以通知规定履行宽限期后的解除］规定："（1）债务人迟延履行合同债务本身不具有根本性的，如果债权人发出了为履行规定了长度合理的额外期间的通知，在该期间内债务未履行的，债权人可以解除合同。（2）如果规定的期间不合理的短，在通知后经过合理时间债权人才能解除。"

[2] ［德］巴尔、［英］克莱夫主编：《欧洲私法的原则、定义与示范规则：欧洲示范民法典草案（全译本）》（第一卷、第二卷、第三卷），高圣平等译，法律出版社2014年版，第741页。

人可以解除合同。”[1]

概括而言，债务人违反给付义务、忠实义务、保护义务均可能构成根本违约。需要借助能否实现合同目的标准来判断是否构成根本违约的情形主要是定期行为，体现不能实现合同目的这一解除权发生事由判断标准的也主要是定期行为。因此，将根本违约的认定与能否实现合同目的联系起来既没有全面地反映各种解除权发生事由的根据，也增加了认定的难度。比较而言，采以违反的义务类型为依托的多元判断标准为佳。

三、部分履行时的定金罚则适用

（一）不同的见解

1. 不适用说

《担保法解释》颁布之前，有学者主张，定金罚则不适用于部分不履行合同债务的场合。理由是，《担保法》《经济合同法》《民法通则》关于定金效力的规定，都只提不履行合同，而未提部分不履行合同债务的也应适用定金罚则。《农副产品购销合同条例》只是单独的行政法规，不具有普遍的适用效力。合同只要履行，虽然是部分履行，定金也起到了担保的作用，因而就不再适用定金罚则。[2]

2. 按比例适用说

《担保法解释》颁布之前，也有学者认为，当事人一方不完全履行合同债务，应当根据未履行部分占整个合同的比例计算未履行部分的定金额，然后适用定金罚则。其依据是，《农副产品购销合同条例》第17条第6项、第18条第6项分别规定：供方“不履行或不完全履行预购合同的，应加倍偿还不履行部分的预付定金”；需方“不履行或不完全履

[1] 《德国民法典》第241条第2款规定：“债务关系可以依其内容使任何一方负有顾及另一方的权利、法益和利益的义务。”

[2] 参见郭明瑞、杨立新：《担保法新论》，吉林人民出版社1996年版，第338页。

行预购合同的，无权收回未履行部分的预付定金”。针对该规定仅适用于农副产品预购合同这一反对意见，采按比例适用说的学者指出，只要法律没有另行规定，其他可以适用给付定金的合同，都可以照此办理。因为这样做比较公平，如果全部未履行合同的适用定金罚则，80%未履行只履行20%的就不适用定金罚则，既不公平，又不合理。[1]

3. 根本违约时按比例适用说

《担保法解释》第120条第2款规定：“当事人一方不完全履行合同的，应当按照未履行部分所占合同约定内容的比例，适用定金罚则。”关于按比例适用，最高人民法院在《〈关于适用《中华人民共和国担保法》若干问题的解释〉的说明》中指出，不适当履行无论是迟延履行，还是不完全履行，只要构成根本违约，便可适用定金罚则。在合同部分不能履行时，订立合同的部分目的没有达到，应按未履行部分的比例适用定金罚则。合同部分履行时，对未履行部分应当以占合同标的总额的比例，作为丧失或者双倍返还的计算比例。合同标的的性质决定合同不能部分履行的，应以全部定金适用定金罚则。[2]李国光等也指出，主合同部分得到履行，部分没有履行也可能构成合同目的的落空，可以适用定金处罚。虽然在定金处罚问题上一般分歧不大，但司法实践中也发现合同部分已履行时当事人实际损失的判断存在一定的难度。考虑到如果全部定金被罚的话，当事人的利益难以平衡，可能造成新的不公，所以，司法解释单独解释认为“当事人一方不完全履行合同的，应按未履行部分所占合同的比例，适用定金罚则”。[3]这两处说明均认为在部分不

---

[1] 吴合振：《定金罚则在审判实践中的适用》，载杨立新主编：《民事审判诸问题释疑》，吉林人民出版社1993年版，第128页。转引自郭明瑞、杨立新：《担保法新论》，吉林人民出版社1996年版，第337页。

[2] 李国光等：《〈关于适用《中华人民共和国担保法》若干问题的解释〉理解与适用》，吉林人民出版社2000年版，第42页。

[3] 李国光等：《〈关于适用《中华人民共和国担保法》若干问题的解释〉理解与适用》，吉林人民出版社2000年版，第409页。

履行构成根本违约时应按比例适用定金罚则。比较而言，前一处说明明确地指出，“在合同部分不能履行时，订立合同的部分目的没有达到”，从而其系以部分目的落空或部分根本违约为按比例适用定金罚则的理由。后一处说明采用的表述是“主合同部分得到履行，部分没有履行也可能构成合同目的的落空”，其所指的是部分不履行导致构成部分的根本违约，基于公平考虑应按比例适用定金罚则。

（二）本书的观点

《民法典》第587条关于违约定金罚则适用的规定未提及部分履行，但在部分履行的情况下定金罚则应如何适用，可根据该条关于根本违约的规定以及法理加以推导：

第一，部分履行也应适用定金罚则。违约定金的担保功能旨在促使债务人于履行期到来时适当履行合同义务，部分履行也与违约定金的担保功能相悖，从而部分履行不排除定金的适用。违约定金也有使债权人通过定金利益填补其因债务人违约而遭受的损失的功能，部分履行也可能给债权人造成损失，从而借助定金罚则维护自己的利益在部分履行的情况下也是成立的。

第二，在部分履行的情况下，债务人提供了部分给付，则违约定金促使债务人适当履行的功能可以说部分地得到发挥，部分地没有发挥。就违约定金使债权人获得救济的功能而言，在部分履行的情况下债权人遭受的损失通常会小于全部不履行情况下的损失。鉴于这两点因素，在部分履行的情况下全部适用定金罚则对债务人可能有失严苛，而债权人可能会因此获得偏高的利益，从而按不履行占全部给付标的的比例适用定金罚则较为合理。

第三，在部分履行的情况下，部分适用定金罚则须与根本违约的判断挂钩。倘若履行期到来后债务人提供了部分履行而债权人加以受领，只有在剩余部分的履行对于债权人来说构成根本违约时方可部分适用定金罚则。构成部分根本违约的情形如：剩余的部分对于债务人来说已经构成履行不能；按期全部履行对于债权人来说具有重大意义，从而在履行期到来时债务人仅提供了部分履行，则剩余部分对于债权人来说即失去了意义；履行时间对于债权人来说原本并不特别重要，但经催告后债务人仍未在合理的时间内提供剩余部分的履行。另外，在部分履行的情况下，无论债权人是否已经接受了该部分履行，债务人的行为可能构成全部的根本违约，在此种情况下，债权人已经拒绝受领部分履行的，可以主张全部适用定金罚则，已经受领部分履行的，可以就全部的合同主张解除，进而返还其已受领的给付，然后主张全部适用定金罚则。部分履行在何种情况下构成整个合同的根本违约，取决于部分履行对于债权人来说是否有实际意义。如果已提供的部分与未提供的部分具有功能上的关联，可以认定债权人受领该部分的履行并无实际意义，从而可以拒绝受领或者在受领后解除合同，进而主张全部适用定金罚则。需要注意的是，部分履行与其他违约行为形态有所差异：其他形态的违约行为如构成根本违约，债权人享有解除合同的权利，无论其是否主张解除合同，均可以主张全部适用定金罚则。在部分履行的情况下，是否构成全部根本违约的判断标准就是债务人所做的部分履行对债权人是否有意义，如果债权人愿意保留部分履行而不解除合同，则不得主张全部适用定金罚则。

四、归责原则

（一）归责原则探讨

1. 过错责任说

《合同法》颁布之前，学者对于定金责任的归责原则就有探讨。有学者认为，如果主合同未能履行，则要审查未履行合同的一方对造成合同未能履行是否有过错。定金罚则具有制裁性，其目的是制裁违约行为，防止不履行合同行为的发生。只有当一方当事人因故意或过失造成合同不能履行时，才能适用定金罚则。如果是由于不可抗力或者无法防止的外因造成合同不能履行的，不适用定金罚则。[1]在《合同法》之前，我国的违约责任归责原则为过错责任原则，从而将定金责任的归责原则解释为过错责任原则可以说是解释论路径的观点。[2]《合同法》颁行后，仍有学者主张定金责任为过错责任。据其见解，定金具有惩罚性，制裁违约人需坚持过错原则。当事人过错违约的，应履行定金罚则。当事人违约但没有过错，不承担定金责任，即使法律规定承担无过错责任，也不适用定金罚则。[3]另有学者对适用定金罚则时过错原则的体现进行了阐述：第一，如果合同不能履行非因当事人的过错，而是因为不可抗力、意外事件或其他免责原因导致当事人不履行合同的，则不能适用定金罚则。第二，无论是当事人自己还是第三人的过错致使主合同不能履行的，违约方都应按定金罚则承担责任，然后就其所受的损失向有过错的第三人追偿。[4]第三，由于双方过错导致合同不能履行的，则不能适用定金罚则，收受定金方应当将定金返还给给付定金方。当然，如果一方的违约行为构成根本违约，而另一方的违约行为属于轻微违约，则应根据具体

---

[1] 吴合振：《定金罚则在审判实践中的适用》，载杨立新主编：《民事审判诸问题释疑》，吉林人民出版社1993年版，第128页。转引自郭明瑞、杨立新：《担保法新论》，吉林人民出版社1996年版，第335页。

[2] 《经济合同法》第32条第1款规定："由于当事人一方的过错，造成经济合同不能履行或者不能完全履行，由有过错的一方承担违约责任；如属双方的过错，根据实际情况，由双方分别承担各自应负的违约责任。"该条规定违约责任采过错责任原则。《民法通则》第106条第1款规定："公民、法人违反合同或者不履行其他义务的，应当承担民事责任。"第111条规定："当事人一方不履行合同义务或者履行合同义务不符合约定条件的，另一方有权要求履行或者采取补救措施，并有权要求赔偿损失。"这两个条款的规定没有采用过错一词，不过有学者认为《民法通则》对于违约责任仍采过错责任原则，在认定过错时采过错推定。关于《合同法》颁布前我国违约责任的归责原则，见韩世远：《合同法总论》(第四版)，法律出版社2018年版，第746页以下。

[3] 河山、肖水：《合同法概要》，中国标准出版社1999年版，第84页。

[4] 刘保玉主编：《担保法原理精要与实务指南》，人民法院出版社2008年版，第746页。

案情判定轻微违约是否影响对方履行主要义务，如果不影响，则应对根本违约方适用定金罚则。[1]

2.严格责任说

《担保法》第89条规定："当事人可以约定一方向对方给付定金作为债权的担保。债务人履行债务后，定金应当抵作价款或者收回。给付定金的一方不履行约定的债务的，无权要求返还定金；收受定金的一方不履行约定的债务的，应当双倍返还定金。"《合同法》第115条规定："当事人可以依照《中华人民共和国担保法》约定一方向对方给付定金作为债权的担保。债务人履行债务后，定金应当抵作价款或者收回。给付定金的一方不履行约定的债务的，无权要求返还定金；收受定金的一方不履行约定的债务的，应当双倍返还定金。"这两个法律条文均称，"给付定金的一方不履行约定的债务的，无权要求返还定金；收受定金的一方不履行约定的债务的，应当双倍返还定金"。单就文义解释来说，只要不履行，即应适用定金罚则。但这两个法条并非完全法条，从而不能片面地根据文义得出定金责任的归责原则为严格责任甚至绝对责任的结论。对于违约责任，《合同法》采纳的是以严格责任为一般，以过错责任为例外的做法。[2]申言之，《合同法》第107条规定："当事人一方不履行合同义务或者履行合同义务不符合约定的，应当承担继续履行、采取补救措施或者赔偿损失等违约责任。"《合同法》第117条第1款规定："因不可抗力不能履行合同的，根据不可抗力的影响，部分或者全部免除责任，但法律另有规定的除外。

[1] 刘保玉主编：《担保法原理精要与实务指南》，人民法院出版社2008年版，第747页。

[2] 在我国法上，承租人、承揽人、保管人、仓储保管人等的保管责任，承运人对运输过程中旅客自带物品毁损灭失的责任，有偿委托合同中的受托人的责任为过错责任，赠与人等无偿行为人则仅就故意和重大过失负责。在法律另无规定以及当事人别无约定的情况下，违约责任为严格责任。因此，我国法上的违约责任归责原则是以严格责任为一般，以过错责任为例外。

当事人迟延履行后发生不可抗力的，不能免除责任。”据此二条作体系解释，《合同法》上的违约责任归责原则为严格责任原则，违约责任的承担不需要债务人有过错，但不可抗力可以全部或部分免责。有学者即基于体系解释，认为定金责任的归责原则应当是严格责任。依其见解，根据《合同法》第107条的规定，“对违约责任采取严格责任原则，只有不可抗力可以免责”。据此，既然违约责任并非过错责任，违约定金作为一种民事责任形式，自然亦非过错责任，因而定金罚则的适用，应严格遵守《担保法》的规定，只以一方当事人不履行合同义务为条件。当然，合同的不履行如果是由于不可抗力所致，则不应适用定金罚则，当事人一方交付的定金应当予以返还。[1]《民法典》第587条也未就定金责任的归责原则专作规定，根据体系解释，也应适用违约责任的通常归责原则。根据《民法典》第577条关于违约责任的一般规定以及第590条关于不可抗力的规定，违约责任亦系以严格责任为一般，以过错责任为例外，从而单就体系解释而言，违约定金责任为严格责任。

3.放松的严格责任说

《担保法解释》第122条规定：“因不可抗力、意外事件致使主合同不能履行的，不适用定金罚则。因合同关系以外第三人的过错，致使主合同不能履行的，适用定金罚则。受定金处罚的一方当事人，可以依法向第三人追偿。”关于何以意外事件致使主合同不能履行时不适用定金罚则，有观点认为，意外事件可以免责在一些国家有规定，如法国。我国法律没有规定意外事件可以免责，但也没有在立法中加以排除。司法实践中倾向于认为意外事件可以作为免责的一个原因。本条司法解释规

---

[1] 徐武生：《担保法理论与实践》，工商出版社1999年版，第599页。同样的观点，见高圣平：《担保法论》，法律出版社2009年版，第609页。

定意外事件可以免除定金处罚就是以司法实践为基础的。[1]有学者认为，《担保法解释》第122条规定定金责任采过错责任原则。依其见解，如果违约行为是因意外事故而发生的，则说明违约方在主观上没有过错。违约定金罚则具有惩罚性，只能对有过错的违约行为才能处罚。因此，如果合同不履行是由意外事故造成的，则违约定金罚则不应适用。当然，违约定金罚则所适用的过错责任原则，应属于推定过错。也就是说，主张适用违约定金罚则的一方当事人只需证明对方不履行债务的事实，而不履行债务的一方则负有证明自己对不履行债务不存在过错的举证责任。若不履行债务的一方能够证明其不履行债务合同是因不可抗力、意外事故造成的，则因主观上并无过错而不适用定金罚则。[2]本书认为，《担保法解释》第122条并未将定金责任规定为过错责任，而是规定了介于严格责任与过错责任之间的归责原则，可以称放松的严格责任。其与严格责任的差异在于，在严格责任原则下，只有不可抗力才能导致免责，但根据第122条的规定，意外事件也能导致免责。其与通常的过错责任的差异在于，依通常的过错责任，只要债务人没有过错就能免责，而依第122条的规定，只是不可抗力和意外事件能够导致免责，其他没有过错的情形仍然应承担责任。

4. 评价

《合同法》对于违约责任明确地采纳了以严格责任为一般的做法，《民法典》延续了这一做法。该举措具有充分的合理性：违约责任与侵权责任不同，涉及的不是加害人的行为自由与受害人的权益保护的衡量，而是当事人所约定的原给付义务转化的次给付义务的履行，从而规定即使没有过错债务人也承担责任是成立的；在严格责任的背景下，无须就债务人有过

---

[1] 李国光等：《〈关于适用《中华人民共和国担保法》若干问题的解释〉理解与适用》，吉林人民出版社2000年版，第414页。

[2] 郭明瑞、房绍坤、张平华编著：《担保法》（第五版），中国人民大学出版社2017年版，第201—202页。

错进行举证，债务人如不欲承担责任，须就存在不可抗力加以举证；债务人可以通过举证不可抗力导致了不履行得以免责，情事变更制度也使债务人不至于负担过重，从而严格责任也无对债务人过于苛刻之嫌。《担保法解释》规定意外事件引起违约时亦可排除定金罚则的适用，没有固守严格责任原则，但该举措有其合理性。申言之，确定违约责任归责原则时实际上是以违约损害赔偿作为预设的责任形式，违约损害赔偿具有补偿性，而违约定金具有一定的惩罚性，从而对违约定金责任采弱化一些的归责原则有助于减少定金罚则得以适用的频率，适度地减轻债务人的压力。《民法典》颁布之后，可将违约责任归责原则的规定解释为其仅针对违约损害赔偿及违约金，[1]进而对于违约定金适用放松的严格责任。

（二）归责原则的适用

如果定金责任采严格原则，则其适用较为简单，债权人只需要举证债务人的不履行构成根本违约。不履行的违法性是推定的，债务人如不愿承担责任，须举证不可抗力导致了不履行。如果采有限度的过错责任，则债务人举证不可抗力、意外事件导致了不履行可阻却定金责任的成立。值得探讨的问题是，意外事件应如何认定。另外，第三人引起违约时是否适用定金罚则也须注意。

1.意外事件

根据《担保法解释》第122条规定，意外事件致主合同不能履行的

---

[1] 通常称违约责任的归责原则，实则实际履行、减价两种责任形式与归责原则没有关系，违约损害赔偿、违约定金、违约金作为违约责任形式才有归责原则问题。违约损害赔偿是最为重要（至少与实际履行同等重要）并且最为复杂的责任形式，在解释上可以确定法律关于违约责任归责原则的规定首先是针对违约损害赔偿的。如基于违约定金的惩罚性认可其归责原则不同于违约损害赔偿，类似的问题是，违约金也具有一定的惩罚性，是否也应采不同于违约损害赔偿的归责原则？本书认为，根据我国法律规定，违约金有酌减机制，从而惩罚性得到了抑制，与违约损害赔偿一样采严格责任原则是成立的。

不适用定金罚则。关于何为意外事件，李国光等认为，意外事件是相对复杂的一个概念，我国法律没有规定意外事件的定义和范围。理论上认为对意外事件有客观说、主观说、折衷说三种理解。客观说认为意外事件是与当事人有特殊内在联系的情况，即事件与当事人的行为存在一定程度上的因果关系；主观说认为意外事件是特定当事人主观上不能预见和不能防止的情况；折衷说认为应当结合主观说和客观说，从主客观因素出发确定意外事件。从司法实践来看，现行的理论无法提供区分不可抗力和意外事件的可行方法。[1]依其见解，认定意外事件应当结合不可抗力和第三人原因。凡是不属于不可抗力又没有第三人原因的情况，致使合同不能履行的，即属于意外事件。不可抗力在我国法律规定中是有定义和范围的。《民法通则》和《合同法》均规定不可抗力是"不能预见、不能避免并不能克服的客观情况"，范围一般限于自然灾害、战争、社会动乱、政府行为等，范围较窄。结合不可抗力的范围，意外事件的定义应当是"不能预见、不能克服、不能避免但又不属于不可抗力的客观情况"，比如桥梁坍塌、空难等。[2]由该论述可见，其所说的意外事件就后果来说是指导致履行不能的情况，就具体事件来说，既非第三人引起的违约，也不是构成不可抗力的自然事件、重大社会事件、政府行为，而是不具有宏观性质的外在于债务人的客观情事。

2. 因第三人的原因造成违约

关于债务人是否应当对第三人原因引起的违约负责，法律有专门规定。《合同法》第121条规定："当事人一方因第三人的原因造成违约的，应当向对方承担违约责任。当事人一方和第三人之间的纠纷，依照法律规定或者按照约定解决。"关于该规定，《合同法释义》指出，因第三人

[1] 李国光等：《〈关于适用《中华人民共和国担保法》若干问题的解释〉理解与适用》，吉林人民出版社2000年版，第414页。

[2] 李国光等：《〈关于适用《中华人民共和国担保法》若干问题的解释〉理解与适用》，吉林人民出版社2000年版，第414页。

原因造成一方当事人违约的，如第三人迟延交货造成一方当事人迟延履行的，该当事人应当承担违约责任。该当事人承担违约责任后，应当向第三人追偿。第三人原因构成意外事故致使一方当事人违约，且第三人无力赔偿的，损失由双方当事人分担。法律规定因第三人原因造成违约第三人直接承担责任的，第三人应当直接承担责任。例如，依照《消费者权益保护法》，消费者因商品缺陷造成人身、财产损害的，可以向出售商品的销售者请求赔偿，也可以向制造商品的生产者请求赔偿，受损害的消费者直接请求生产者赔偿的，生产者应当赔偿。[1]《担保法解释》也就第三人过错引起违约情况下的定金罚则适用进行了规制。其第122条规定，“因合同关系以外第三人的过错，致使主合同不能履行的，适用定金罚则。受定金处罚的一方当事人，可以依法向第三人追偿”。关于为何针对因第三人的过错致使主合同不能履行的情形作出规定，李国光等指出，第三人原因所致的违约既不属于不可抗力，又不属于意外事件，应当单独处理。[2]至于为何在这种情况下应适用定金罚则，该书的说明是，第三人原因或因第三人过错致使合同不能履行或出现其他违约的，法律通常不规定免责。我国《合同法》第121条规定：“当事人一方因第三人的原因造成违约的，应当向对方承担违约责任。当事人一方和第三人之间的纠纷，依照法律规定或者按照约定解决。”既然第三人原因不能免予承担违约责任，自然就谈不上免予承担定金处罚。两者一脉相承。[3]针对第三人过错引起的违约的适用，该书也强调，外表像意外事件，但背后有第三人原因的，均不能看作意外事件。比如上游水库不通知下游而突然放水，导致下游出现无法预知的情况致使违约发生的。

---

[1] 全国人民代表大会常务委员会法制工作委员会编：《中华人民共和国合同法释义》（第3版），法律出版社2013年版，第213页。

[2] 李国光等：《〈关于适用《中华人民共和国担保法》若干问题的解释〉理解与适用》，吉林人民出版社2000年版，第414页。

[3] 李国光等：《〈关于适用《中华人民共和国担保法》若干问题的解释〉理解与适用》，吉林人民出版社2000年版，第415页。

凡有第三人原因的，第三人属于责任追偿对象。[1]

需要注意的是，《民法典》第593条关于因第三人的原因造成违约的规定与《合同法》第121条有所不同。前者规定："当事人一方因第三人的原因造成违约的，应当依法向对方承担违约责任。当事人一方和第三人之间的纠纷，依照法律规定或者按照约定处理。"《民法典合同编释义》指出，实践中当事人一方因第三人原因造成违约的情况较为复杂，一概要求当事人一方承担违约责任，可能对其过于严苛。例如，演员甲按照约定赶赴剧场演出途中，被第三人驾车撞成重伤而无法演出，经事故认定，该第三人负全责，此时让甲承担责任似乎是不妥当的。因此，在《合同法》规则的基础上，《民法典》对因第三人原因造成违约所应承担的违约责任作了适当限缩，给司法实践留下空间，将《合同法》第121条中"应当向对方承担违约责任"修改为"应当依法向对方承担违约责任"。[2]由此可见，《民法典》第593条所做的调整旨在对债务人的责任作适当限制。《民法典》生效之后，如果根据个案中的情况可以认定债务人不承担因第三人的原因造成违约的风险，则不应适用定金罚则。

第三节　违约定金与其他违约责任形式的关系

一、违约定金与实际履行的关系

（一）相关观点

1. 肯定说

我国的主流见解认为违约定金与实际履行可得并用，但理由有所

[1] 李国光等：《〈关于适用《中华人民共和国担保法》若干问题的解释〉理解与适用》，吉林人民出版社2000年版，第414页。

[2] 黄薇主编：《中华人民共和国民法典合同编释义》，法律出版社2020年版，第307页。

差异：

第一，违约定金不同于解约定金说。有学者认为，如系违约定金，定金罚则的适用并不导致合同的当然解除，除非因当事人违约使合同继续履行不可能，或者非违约方不要求实际履行合同，否则，违约方在承担定金责任后仍应继续履行合同，因此，违约定金可与实际履行并用。但如果当事人在合同中明确定金性质为解约定金，则违约方承受定金罚则后可解除合同，免除其继续履行合同的义务，而无须取得非违约方的同意。[1]另有学者认为，如果当事人约定的是违约定金而非解约定金，债务人不能以抛弃定金为条件而解除合同，免除其继续履行的义务，因此债务人应在承担定金责任之后继续履行合同。当然，如果合同明确规定定金为解约定金，则可以以丧失定金为代价而解除合同。因此，违约定金责任可以和实际履行并用。当然，是否要求实际履行的权利在非违约方，如果非违约方不要求实际履行，则可以免除对方的实际履行责任。[2]

第二，惩罚不能抵销损失弥补说。持此说者认为，除双方约定的是解约定金外，在承担定金责任后仍应当继续履行，因为定金责任只是对其违约行为的惩罚，并不能抵销其应对守约方损失的弥补，只有要求继续履行才能实现守约方的最大利益，因此在合同能够继续履行时，可以要求违约方继续履行。违约定金与实际履行并用规则符合定金制度的价值取向。[3]

2. 否定说

有些学者认为，违约定金与实际履行无法并用，理由则有所不同：

第一，有学者提出的理由是，违约定金针对的违约形态是不履行合

---

[1] 毛亚敏：《担保法论》，中国法制出版社1997年版，第262页。

[2] 王利明：《合同法研究》（第二卷）（第三版），中国人民大学出版社2015年版，第740页。

[3] 张忠野：《论私法自治下定金罚则的有限适用》，载《政治与法律》2012年第9期，第131页。

同，而实际履行是履行合同，二者不能并用。如果一方当事人因对方不履行合同要求适用定金罚则，则表明其认为对方不履行合同，也就不能再要求继续履行合同。如果一方当事人选择要求继续履行，那么就不存在违约方不履行合同的问题，因而不能以不履行合同为由要求适用定金罚则。[1]

第二，有学者认为，根据《民法典》第587条的规定，定金罚则适用的前提是“一方不履行债务或者履行债务不符合约定，致使不能实现合同目的”，即以当事人根本违约为前提条件。在买卖合同中，如果一方当事人未按合同约定支付价款或者交付标的物，相对方主张继续履行，说明合同暂时处于迟延履行状态而合同目的仍然可能实现，尚未达到履行不能的程度。此时，守约方可就其所受损失要求违约方予以赔偿，但不宜适用定金罚则。[2]

3. 区分情形说

有学者认为，违约定金与实际履行能否并用应区分情形而论。如果当事人在合同中并未明确定金责任相应的违约形态或者笼统地约定“一方不按合同约定履行的”，应当认定定金适用于所有的违约形态，当然须以违约方有过错并构成根本违约为条件。如果一方违约，未于约定期限履行合同义务，非违约方诉至法院请求适用定金罚则并继续履行合同的，应予支持。这种情况下，由于违约方在立案前仍未履行合同，非违约方有权请求继续履行合同，而违约定金所针对的违约形态可以认定为是对违约方迟延履行的制裁，对非违约方接受迟延履行所受损失的补

---

[1] 刘保玉主编：《担保法原理精要与实务指南》，人民法院出版社2008年版，第760页。

[2] 最高人民法院民法典贯彻实施工作领导小组主编：《中华人民共和国民法典合同编理解与适用》（二），人民法院出版社2020年版，第801页。相同的观点见江必新主编：《民法典重点修改及新条文解读》（上册），中国法制出版社2020年版，第263页；隋彭生：《合同法要义》（第五版），中国人民大学出版社2018年版，第239页。

偿。[1]如果定金合同中已经明确约定了定金所适用的具体的违约形态，那么就应当注意不能使非违约方要求承担的多种违约责任形式之间互相矛盾。如果定金合同明确约定一方拒绝履行时适用定金罚则，那么非违约方就应当在请求适用定金罚则和继续履行合同之间进行适当选择。[2]

（二）本书见解

以上观点中，前两种均有不足：第一，持肯定说的学者中，有的从违约定金不同于解约定金的角度论证违约定金可以和实际履行并用。如果是解约定金，只有在一方解除合同的情况下才会适用定金罚则。本书认为，如果是违约定金，在构成根本违约的情况下，债权人因而享有解除权，也可以解除合同。假如有充分理由，法律也可以规定仅在行使解除权的情况下债权人方可主张适用定金罚则。因此，以解约定金仅在解除合同时才适用罚则为由主张违约定金和实际履行可以并用，实际上并未阐明理由。惩罚不能抵销损失弥补说的不足则在于，一方面，违约定金未必一定具有惩罚性，其也有填补债权人因对方违约而遭受的损失的功能；另一方面，债权人期待利益的实现未必只能凭借债务人实际履行，违约损害赔偿也可以使其利益得到满足。

第二，持否定说的学者有的认为，如果双方继续履行合同，就不能称其为不履行了，而只能认为是不适当履行。由此可见，该学者以不履行为违约定金罚则的适用条件，并且对不履行作狭义的理解，亦即到期未作任何履行。如前所述，将违约定金罚则的适用局限于狭义的不履行本来就没有充分的理由，从而也不足以为违约定金罚则仅在解除合同的情况下适用提供支撑。另有持否定说的学者认为，违约定金仅适用于不

---

[1] 刘保玉主编：《担保法原理精要与实务指南》，人民法院出版社2008年版，第761页。

[2] 刘保玉主编：《担保法原理精要与实务指南》，人民法院出版社2008年版，第761页。

能实现合同目的的场合。在实际履行的情况下，债权人的合同目的实现了，从而不能适用定金罚则。该观点对不能实现合同目的的理解不准确。不能实现合同目的是针对根本违约所做的表述，旨在说明违约程度重大，并非指债务人不实际履行才会使债权人不能实现合同目的。

本书认为，区分情形说是成立的，但其以拒绝履行为例并不妥当。即使当事人约定拒绝履行时适用定金罚则，债权人也可以要求实际履行，从而不能认为在拒绝履行的情况下只能解除合同，然后才能适用定金罚则。在当事人另无约定以及当事人约定的适用违约定金的情形与实际履行不矛盾的情况下，定金罚则与实际履行可以并用，理由有二：首先，如果认可将适用违约定金罚则的情形局限于根本违约，则理由当在于，鉴于违约定金可能具有的惩罚性对其适用作适当的约束，避免因定金罚则的适用使违约方遭受严重不利。倘若已经构成根本违约进而引发了解除权，则非违约方是否解除合同都不会反过来使违约行为的根本性受到影响。其次，就违约定金使非违约方获得救济的功能来说，在根本违约的情况下，无论非违约方是否行使解除权，其都可能因对方的根本违约遭受损失，从而借助定金罚则获得填补并无不妥。

需要注意的是，有学者认为，违约定金责任和实际履行可以并用，是否要求实际履行的权利在非违约方，如果非违约方不要求实际履行，则可以免除对方的实际履行责任。不过，如果守约方要求违约方在支付定金的同时赔偿其损失，则不能再要求违约方继续履行合同。因为如果要求违约方赔偿合同价格与违约时的市场差价，这就意味着要使非违约方通过赔偿获得在合同严格履行情况下的利益，显然是以赔偿代替了实际履行，如果要求赔偿上述损失，则不能要求实际履行。[1]该见解并不准确。在债务人根本违约的情况下，可以适用定金罚则，债权人也因此而享有解除权，从而在主张定金责任之外是否还有实际履行问题的确是

[1] 吴庆宝主编：《物权担保裁判原理与实务》，人民法院出版社2007年版，第614页。

由债权人决定的，但是不能一概地认为，如果守约方要求违约方在支付定金的同时赔偿其损失，则不能再要求违约方继续履行合同。债权人可以要求适用定金罚则，与此同时要求实际履行，另外对于因迟延履行而造成的损失也可以要求加以赔偿。只是债权人所主张的损害赔偿的性质为解除情况下的损害赔偿时，才应认定排除了实际履行，而解除情况下的损害赔偿包括转售利润损失、以替代交易规则或者市场价格规则计算的损失等类型。

二、违约定金与违约损害赔偿的关系

（一）两者的差异

违约定金与违约损害赔偿主要有三方面差异。

首先，发生根据不同。违约定金为约定的违约责任形式，如当事人未作约定，在一方违约的情况下，无从论及适用定金罚则。违约损害赔偿为法定的违约责任形式，在一方违约时，只要适用条件具备，对方即可主张违约损害赔偿，不需要当事人事先就损害赔偿作约定。

其次，指向不同。违约定金的宗旨不在于使债权人遭受的损失能够获得填补：它一方面以定金罚则为引导手段，促使双方当事人适当履行合同，另一方面通过定金的交付或双倍返还使债权人获得救济，能够部分或完全地填补债权人因债务人违约而遭受的损失。在债权人未因债务人违约而遭受损失以及遭受的损失小于定金罚则带来的利益的情况下，违约定金是具有惩罚性的违约责任形式，而不是具有补偿性的责任形式。违约损害赔偿旨在使债权人就因债务人违约而遭受的损失获得填补，是矫正正义在违约责任领域的体现。相应地，违约损害赔偿遵循的是补偿性原则，债权人能够获得的赔偿与其遭受的损失相等，既不会因为能够请求的赔偿少于实际遭受的损失而蒙受不利，也不应获得高于实际遭受的损失的赔偿。

最后，适用条件不同。以违约责任的三阶层结构为分析框架，违约定金的适用条件是，在狭义的构成要件层面只需要债务人违反了合同义务，不需要债权人实际遭受了损失，相应地也无违约行为与损失间的因果关系要件。在违法性层面上，倘若债务人不履行合同有正当理由，则不适用定金罚则。在可责性层面上，我国现行法采纳的是以严格责任为一般，以过错责任为例外的做法，但《担保法解释》规定的归责原则实际上是放松的严格责任。债务人不对所有过错负责，仅对意外事故之外的通常事变负责。就违约损害赔偿来说，在狭义的构成要件层面，需具备违约行为、损害、违约行为与损害间有因果关系三要素。在违法性层面上，违约损害赔偿与违约定金没有差异。在可责性层面上，现行法规定以严格责任为一般，以过错责任为例外，从而与《担保法解释》所规定的归责原则有别。

（二）能否合并适用

由于违约定金与违约损害赔偿的适用条件有别，互有缓严，从而有可能在违约发生后，仅具备定金罚则的适用条件或者仅具备违约损害赔偿的适用条件。但在很多情况下，违约定金与违约损害赔偿的条件均具备，从而会产生违约定金与违约损害赔偿能否合并适用的问题。

1.不可并用说

该说认为，违约定金与违约损害赔偿不能并用。其观点具体又可分为两种：

第一，仅适用违约定金说。史尚宽认为，契约因可归责于付定金当事人之事由致不能履行时，（违约）定金为损害赔偿额之预定，除当事人另有约定外，定金收受人只没收定金，不得更请求损害赔偿。受领人只须证明因可归责于定金交付当事人之事由而致履行不能，无须证明其损害额。契约因可归责于受定金当事人之事由致不能履行时，该当事人应加倍返还其所受之定金。此时加倍返还为损害赔偿性质，可认为法定之赔偿预定额，其他方面与契约因可归责于付定金当事人之事由致不能履行相同。[1]

第二，选择适用说。我国台湾地区学者郑健才认为，没收定金原则上为损害赔偿预定性质，故不得于没收定金之外，另行请求其他损害赔偿。但不能履行由于故意或重大过失所至，而损害大于定金者，应得于请求赔偿及没收定金二者，择一行之。[2]

本书认为，排除违约定金与违约损害赔偿的并用会忽略当事人的意思、弱化定金作为独立责任形式的意义，并且不利于债权人保护，从而不应支持。就仅适用违约定金说而言，本书第二章已论及，违约定金并非损害赔偿额的预定。违约定金兼有担保手段与违约责任形式的性质。作为担保手段，其既可促使债务人履行义务，也可借助定金罚则使债权人获得利益。但违约定金的约定不应给债权人带来不利，倘若债权人只能请求适用定金罚则，在实际损失高于定金数额的情况下，此种结果不仅不合理，也与当事人的意思相悖。相比较而言，选择适用说更为合理，能够使债权人获得的救济不低于实际发生的损失，但也有不足：第一，在债权人遭受的损失高于定金罚则带来的利益的情况下，债权人就全部损失获得赔偿与主张适用定金罚则并且主张就未被适用定金罚则所填补的损失获得赔偿并无差异，也就是说，仅适用损害赔偿与适用定金罚则并赔偿未被填补的损失并无差异，从而主张选择适用并无实际意义。第二，选择适用说也有忽略债权人的利益之弊。持该说者认可选择是有条件的，亦即不能履行是由故意或重大过失所致。实际上，违约定金并非以使债权人遭受的损害获得填补为指向，在实际发生的损害高于依定金罚则带来的利益的情况下，允许违约定金与违约损害赔偿并用，并且在例外情况下不以实际损害数额为限更有利于债权人，另外也能更好地发挥促使债务人适当履行合同的功能。

---

[1] 史尚宽：《债法总论》，中国政法大学出版社2000年版，第515页。

[2] 蔡永民：《比较担保法》，北京大学出版社2004年版，第350页。

2. 可以并用说

我国的通说认为，违约定金与违约损害赔偿可以并用，但具体观点又有差异：

第一，任意并用说。少数采可以并用说的学者认为，定金具有非补偿性，其适用不以违约方的行为是否给相对方造成了经济损失为前提，只要发生不履行合同的违约事实，即可适用定金。[1]依此观点，定金的适用和违约损害赔偿相互独立，互不影响。只要有不履行合同的违约行为，守约方就取得定金担保利益；若违约方的行为造成守约方损失的，应当同时承担违约损害赔偿责任。[2]

第二，有限并用说。多数采可以并用说的学者认为违约定金与违约损害赔偿的并用应受一定的限制，具体又分两种见解。

（1）不得超出损失说

主张对违约定金与违约损害赔偿的并用施加限制者多以实际发生的损失额为债权人可以请求的限度。该立场也被2012年《买卖合同司法解释》所采。其第28条规定："买卖合同约定的定金不足以弥补一方违约造成的损失，对方请求赔偿超过定金部分的损失的，人民法院可以并处，但定金和损失赔偿的数额总和不应高于因违约造成的损失。"[3]对该规定，最高人民法院民二庭编著的理解与适用（以下称《买卖合同司法解释理解与适用》）指出，定金罚则的运用不以实际发生损失为前提，如果允许以定金罚则替代损害赔偿，则可能不足以弥补守约方的损失；如果不允许以定金罚则替代损害赔偿，则违约行为的后果难以预料，定金罚则的作用会在一定程度上被限缩。本条规定即以厘清上述争议为目

---

[1] 牟瑞瑾：《定金性质新探》，载《福建论坛》1993年第7期。转引自高圣平：《担保法论》，法律出版社2009年版，第617页。

[2] 高圣平：《担保法论》，法律出版社2009年版，第617页。

[3] 如前所述，2020年修改后的《买卖合同司法解释》第28条虽已被删除，但其为《民法典》第588条第2款之先导，并且该条还明文规定定金和损失赔偿的合计数额不得高于损失额，对其加以探讨仍有必要。

的，所采取的基本立场是：在合同约定的定金不足以弥补守约方实际损失的情况下，二者应当可以并用，但定金和损失赔偿的数额总和不应高于因违约方违约造成的损失。[1]《民法典》第588条第2款规定："定金不足以弥补一方违约造成的损失的，对方可以请求赔偿超过定金数额的损失。"该款关于违约定金与违约损害赔偿的关系的规定与《买卖合同司法解释》第28条态度相同，不过没有明确规定定金和损失赔偿的数额总和不应高于因违约造成的损失，但通过解释可以得出这一结论。

此外，有学者从三个方面阐述了不得超出损失说的理由：首先，当守约方所受之损失高于定金数额时，若适用定金罚则后再允许守约方全额请求违约方赔偿其所受之损失，则必定会反过来对违约方造成新的损失，使违约方在经济形势中处于"万劫不复"之地位（在定金数额和损失数额都很高的情况下更是如此）。其次，在现代市场经济中，理性的经济人有权根据经济形势的变化来决定是否按照约定或法律规定履行合同，即存在违约行为是正常的，不应对违约行为作太多的道德评价。最后，在适用定金罚则后，若不加限制地适用损害赔偿责任必定会使守约方过多获利甚至是不当得利，这不符合民法的公平原则。[2]

（2）不得超出价金总额或损失额说

有的学者主张违约定金和违约损害赔偿的并用原则上不能超过合同标的价金总额或者全部的损失额。[3]其认为，在某些情况下，以合同标的价金总额来限制定金和损害赔偿的并用是必要的。然而在另一些情况下，合同标的价金总额并不是太高，但违约以后造成的实际损失是很高的，或者损失超过了合同标的价金总额，在此情况下，应当以全部的损

---

[1] 最高人民法院民事审判第二庭编著：《最高人民法院关于买卖合同司法解释理解与适用》，人民法院出版社2012年版，第440页。

[2] 孙鹏主编：《最高人民法院担保法司法解释精释精解》，中国法制出版社2016年版，第454页。

[3] 王利明：《合同法研究》（第二卷）（第三版），中国人民大学出版社2015年版，第738页。

失总额来对定金和损害赔偿的并用作出限制。[1]例如，一方交付的电视机爆炸，使受害人遭受人身伤害和财产损失，受害人所遭受的损失远远超过了电视机本身的价值，这些损失如果依据合同法可以补救，受害人也可以请求违约损害赔偿。但定金与损害赔偿并用时，在一般情况下不应当超过损害赔偿的总额，否则将使定金具有较强的惩罚性，从而使受害人也获得了其不应当获得的额外的收入。关于具体应以何者为限度，持该说的学者指出，从保护受害人利益考虑，应当选择较高者适用。[2]

3.原则上不得超出损失及例外情形

本书认为，违约定金与违约损害赔偿应当可以并用，基本理由是，它们作为违约责任的不同形式有不同的功能与指向。在当事人约定了违约定金的情况下，如果不允许二者并用，其结果是，或者适用违约定金，或者适用违约损害赔偿。如果适用违约定金，虽能够发挥其促使债务人履行以及使债权人获得定金罚则带来利益的功能，但在发生的损失超出定金利益的情况下，债权人的损失无法被充分填补，从而在法律上不应采纳此种立场。如果适用违约损害赔偿，虽能够实现矫正正义，完全地填补债权人遭受的损失，但当事人关于定金的约定即被弃置不用。因此，在二者的要件均具备的前提下，两者可以并用。在并用时应有所限制，而不能任意并用。之所以不能任意并用，是因为违约定金与违约损害赔偿的功能毕竟还有重叠之处，亦即定金罚则的适用实际上也能使债权人遭受的损失全部或部分地得到填补。如果不加限制，即有损失双重填补的弊端，并且会在双方间造成利益显著失衡的局面。如采有限并用说，应以债权人遭受的损失额为上限，而不应以价金总额为上限。原因在于，二者的并用之所以施加上限，是因为定金利益有使债权人遭受

[1] 王利明：《合同法研究》（第二卷）（第三版），中国人民大学出版社2015年版，第738页。

[2] 王利明：《合同法研究》（第二卷）（第三版），中国人民大学出版社2015年版，第739页。

的损失得到填补的作用，损失的填补应以等量为原则，如果以价金总额为上限，可以说限制的目标是不明确的。

在例外情况下，违约定金与违约损害赔偿的并用不以实际发生的损失额为限，而所谓例外情形可以概括为三种：第一，当事人约定违约定金与违约损害赔偿并用且不受限制。法律对于当事人的惩罚性约定进行适度干预而不是一概否定。如果当事人约定违约定金与违约损害赔偿并用且分别清算，则二者的并用即不再以实际发生的损失额为限。如果否认此类约定的效力，则违约定金的惩罚性只在两种情况下是成立的：其一，债权人未因债务人违约遭受损失；其二，实际发生的损失额小于定金数额。这种干预对当事人的自我决定约束过大。第二，当事人约定的违约定金的指向与引起损害的违约行为形态不同。在这种情况下，违约定金与违约损害赔偿有不同的功能，从而应分别清算。比如，当事人约定倘若一方拒绝履行即应受定金罚则制裁，嗣后一方拒绝履行，债权人进而解除合同并进行了替代交易，其所进行的替代交易与原合同条款相比不利于债权人，债权人因而遭受了损失。在这种情况下，违约定金与违约损害赔偿即应分别清算。第三，当事人遭受的损害为完整利益损失。就违约定金填补损失的一面来说，其指向的是履行利益，从而定金罚则的适用与完整利益损失的赔偿不会发生重叠，进而自然不应以实际发生的损失额为二者合并适用的限度。

（三）定金罚则的适用有无优先性

前已述及，《买卖合同司法解释》第28条就违约定金和违约损害赔偿的并用作了规定。此外，关于违约定金与违约损害赔偿在适用中的先后顺序，《买卖合同司法解释理解与适用》认为，买卖合同约定了定金条款的，应首先适用定金条款；如果损失超过定金数额，权利人提出请求，人民法院亦应支持，但赔偿总额以不超过权利人的损失为限，防止权利人因赔偿而获得额外利益。[1]有学者也对违约定金与违约损害赔偿

---

[1] 最高人民法院民事审判第二庭编著：《最高人民法院关于买卖合同司法解释理解与适用》，人民法院出版社2012年版，第440页。

的适用顺序作了探讨。其认为,《合同法》第112条[1]规定也可用于决定定金罚则与损害赔偿责任的请求顺序，即如果一方不履行约定的债务给对方造成了损失，在承担了定金罚则后，对方还有损失的，违约方应承担损害赔偿责任，这符合民法中责任承担顺序的内在逻辑。当定金罚则与损害赔偿责任并用时，应首先按照当事人的约定适用定金罚则；当定金数额不足以救济守约方所受之损失时，则应允许其请求违约方承担损害赔偿责任。[2]

本书认为，违约定金与违约损害赔偿的适用并无先后顺序可言，对此可从以下三方面理解：首先，定金为意定的担保手段及违约责任形式，基于民事权利的处分性质，不应强求在发生违约的情况下优先适用违约定金，债权人完全可以只请求违约损害赔偿而根本不主张适用定金罚则。当然，债权人也可以只主张适用定金罚则而不请求赔偿损失。其次，就有限的并用来说，优先适用违约定金既无实益，也与不优先适用没有差异。如果优先适用违约定金，债权人需要举证双方间创设了违约定金法律关系、违约定金的适用条件具备，此外债权人还应举证违约损害赔偿请求权成立，在举证遭受损失这一要件时还要说明损失大于定金数额。相反，如不优先适用定金，债权人可以仅主张违约损害赔偿。在这种情况下，其只需要举证违约损害赔偿请求权成立。因此优先适用违约定金并无实益。而且，先适用定金再主张就差额部分获得赔偿与只请求赔偿损失在结果上并无差异，数额是相同的。最后，如属于违约定金与违约损害赔偿并用而不加限制的例外情形，违约定金与违约损害赔偿是分别清算的，无优先适用违约定金可言。当然，在这类情形中，债权人也可以只主张适用一种违约责任形式。

---

[1] 《合同法》第112条规定："当事人一方不履行合同义务或者履行合同义务不符合约定的，在履行义务或者采取补救措施后，对方还有其他损失的，应当赔偿损失。"《民法典》第583条承继了这一规定，未作修改。

[2] 孙鹏主编:《最高人民法院担保法司法解释精释精解》，中国法制出版社2016年版，第454页。

三、违约定金与违约金的关系

（一）不可并用说与可以并用说

1.不可并用说

《民法典》第588条第1款承继了《合同法》第116条："当事人既约定违约金，又约定定金的，一方违约时，对方可以选择适用违约金或者定金条款。"《民法典合同编释义》阐述道：一般说来，选择适用违约金条款或定金条款，就可以达到弥补因违约受到损失的目的。违约金相当于一方因对方违约所造成的损失，而且根据本法第585条第2款的规定，约定的违约金低于造成的损失的，人民法院或者仲裁机构可以根据当事人的请求予以增加；约定的违约金过分高于造成的损失的，人民法院或者仲裁机构可以根据当事人的请求予以适当减少。这样，守约方根据违约金条款，就可以补偿自己因对方违约所造成的损失。当然，在定金条款对守约方有利时，守约方也可以适用定金条款，按照定金罚则弥补自己的损失。赋予守约方适用选择权，能够起到保障其合同利益，补救其违约损失的作用。但如果允许守约方并用违约金和定金条款，其一是对补偿守约方遭受的损失并无必要，其二是违约金与定金并用，两者指向的是同一损失，其数额可能远远高于因违约所造成的损失，既加重了对违约方的惩罚，也可能使守约方获得的补偿高于其所受的损失，这与合同的公平原则相悖。[1]

学界也对违约定金与违约金不得并用的理由进行了探讨。其中，有的观点与《民法典合同编释义》的见解是一致的。比如，有学者认为，违约定金和违约金一样，都要针对违约行为而适用，适用其中一种，便可以达到补偿受害人损失的作用。如果两者并用，其数额可能会远远超过因违约所造成的实际损失，这就加重了违约的惩罚，也会使非违约方

---

[1] 黄薇主编：《中华人民共和国民法典合同编释义》，法律出版社2020年版，第297页。

获得双重的补救，特别是可能获得过度高于其实际损失的补偿，因此两者不宜并用。[1]也有学者认为，定金与违约金，既然都具有担保功能，即担保债权实现的功能，则二者具有类似的性质功能，故二者不可同时适用。[2]本书认为，上述反对违约定金和违约金并用的三种理由均有片面之处。第一个理由，亦即债权人仅凭违约定金或违约金就可以使损失得到填补，虽然所说的是实际情况，但忽略了无论是违约定金还是违约金均非单纯以填补债权人遭受的损失为宗旨。第二个理由的不足之处在于，违约定金与违约金未必均具有惩罚性，并且即使在二者均具有惩罚性的情况下合并适用，也未必会超出应当允许的限度，从而应给二者的并用保留空间。第三个理由仅看到违约定金与违约金的功能有类似之处，而没有注意到二者针对的违约行为形态可能是不同的。

2.可以并用说

（1）性质不同说

《适用〈经济合同法〉解答》第8条第4款规定，“定金与违约金的性质不同。定金是一种担保方式，而违约金是对违约的一种制裁和补偿手段。所以合同的一方可以在对方违约时既要求对方偿付违约金，又要求按定金罚则处理定金问题，只要法律和法规没有相反规定，就应当予以保护，但并用的结果应以不超过合同标的价金总额为限”。依该规定，违约定金与违约金可以并用，理由是二者性质不同，违约定金是一种担保方式，而违约金是对违约的一种制裁和补偿手段。

（2）不同指向说

有学者认为，违约金与定金能否并罚，取决于定金的种类和性质，也受制于违约金的性质和完全赔偿原则。如果定金属于违约定金，由于

[1] 王利明：《合同法研究》（第二卷）（第三版），中国人民大学出版社2015年版，第742页。

[2] 中国审判理论研究会民事专业委员会编著：《民法典合同编条文理解与司法适用》，法律出版社2020年版，第225页。

违约定金具有预付违约金的性质，该定金与违约金在目的、性质、功能方面相同，那么两者一般不能并罚，其道理如同违约责任与侵权责任竞合时不能双重请求一样。但是如果当事人明确约定定金以拒绝履行、不能履行为罚则的生效条件，而违约金则属于迟延履行或不完全履行的违约金时，那么当迟延履行导致不能履行时，或不完全履行导致不能履行时，定金和违约金的目的和功能已有所不同，因而两者可以并罚。在拒绝履行导致迟延履行时，基于同样的道理，违约金和定金也可以并罚。[1]另有观点认为，违约定金与违约金能否并用取决于违约定金和违约金的设定（目的）指向。如果违约定金和违约金均指向同一种违约行为，那么不能并罚，因为一种违约行为不应当招致两种重复处罚。如果违约定金与违约金指向不同的违约行为，则并罚并非不可想象。例如，当事人在合同中约定在一方迟延履行合同时适用定金处罚，在瑕疵履行时按照总货款的5%计算违约金。如果当事人一方既迟延履行又瑕疵履行，则定金处罚和违约金处罚可以并罚。[2]这两种观点结论相同，但是论证有些差异。前一种观点认为违约定金与违约金指向相同，类似于责任竞合，从而只能适用其一。后一种观点则认为违约定金与违约金均具有惩罚性，而一种违约行为不应招致重复处罚，从而二者不可并用。

（3）区分惩罚性与赔偿性违约定金说

有学者除主张指向不同的违约定金与违约金可以并用外，还进而指出对于指向相同的违约定金与违约金可根据违约定金的性质判断二者能否并用。其认为，违约定金可分为两类：一种是与违约罚具有相同的性质，依此种定金的趣旨，当事人一方因债务不履行而发生的损害赔偿的请求，并不因定金的丧失或双倍返还而受影响，而得与之一并行使。另一种是与损害赔偿额的预定具有相同性质的情形，依其趣旨，丧失或双

[1] 崔建远：《合同法》（第三版），北京大学出版社2016年版，第414—415页。

[2] 李国光等：《〈关于适用《中华人民共和国担保法》若干问题的解释〉理解与适用》，吉林人民出版社2000年版，第416页。

倍返还的定金是对于债务不履行之损害赔偿额的预定，因而不许另外再请求损害赔偿。前者可称作“惩罚性违约定金”，后者可称作“赔偿性违约定金”。[1]惩罚性违约定金由于是作为对违约的惩罚，对于违约责任不生任何影响，故可与违约金（不论惩罚性还是赔偿性的）并用。如合同中约定的属于惩罚性违约金，由于此种违约金并不妨碍另外主张损害赔偿，因而，赔偿性违约定金与惩罚性违约金并不冲突，可以并用。[2]

（4）区分赔偿性与惩罚性违约金说

有学者认为，惩罚性违约金系并行于法定违约责任尤其是损害赔偿责任的类型，赔偿性违约金则是对损害赔偿总额的预估，《合同法》第116条中与违约定金互斥的，乃主要发挥损害赔偿功能的赔偿性违约金，并不包括惩罚性违约金。[3]违约定金和惩罚性违约金系债务履行的双重担保，既然法律允许对同一债务之履行同时附加保证、担保物权等多种担保手段，自没有否定同时约定违约定金和惩罚性违约金的理由；更重要的是，在违约之后，违约定金系对违约所造成履行利益损害的最低赔偿额预定，惩罚性违约金则是附加于履行利益赔偿之外的独立给付负担，二者利益指向不同，亦非无并行适用的正当性。[4]

有的学者的观点则刚好相反。其认为，违约定金具有担保功能，其所能替代的应当是惩罚性违约金。当事人既约定惩罚性违约金，又约定违约定金的，一方违约时，对方可以选择适用违约金或者定金条款。因为两者都以担保债权实现为主要功能，其效果是重复的。赔偿性违约金属于损害赔偿额的预定，其并不具有担保债权实现的功能，如果要求当事人只能在违约定金和损害赔偿额的预定之间选择适用，无疑会导致违约定金自始不可能具有担保债权实现的功能，因此，违约定金和赔偿性

[1] 韩世远：《合同法总论》（第四版），法律出版社2018年版，第838页。

[2] 韩世远：《合同法总论》（第四版），法律出版社2018年版，第839页。

[3] 姚明斌：《论定金与违约金的适用关系——以〈合同法〉第116条的实务疑点为中心》，载《法学》2015年第10期，第37页。

[4] 姚明斌：《违约金论》，中国法律出版社2018年版，第243页。

违约金可以并存，由受损害方同时主张。[1]

（5）本书的观点

就可以并用说的上述不同观点，其一，本书不赞同性质不同说。违约定金兼有担保手段和违约责任形式的性质，从而如主张违约定金与违约金两种责任形式并用，尚须提供其他理由。其二，不同指向说是合理的。在当事人约定违约定金与违约金的使用针对的是不同的违约行为的情况下，二者的功能有所差异。如果不允许并用，则违约定金与违约金的功能就无法都得到发挥。其三，区分惩罚性与赔偿性违约定金说有其不足。如前所述，在当事人有明确约定的情况下，应当认可违约定金的适用与违约损害赔偿完全脱钩，债权人可以一方面主张完全赔偿，另一方面主张适用定金罚则。如果惩罚性违约定金与违约金可以并用，则其数额有很大的概率超出惩罚性违约定金与违约损害赔偿的并用。对于违约方来说，这种结果过于严苛。赔偿性违约定金与惩罚性违约金的并用也有会导致数额偏高之虞。其四，违约定金与赔偿性违约金不可并用、与惩罚性违约金可以并用的见解理由不够充分。所谓惩罚性违约金的特征在于与违约损害赔偿并行，并非当事人约定了与违约定金并行，在当事人无明确约定的情况下认可二者并用易于导致数额远高于实际发生的损失。认为违约定金与赔偿性违约定金不可并用则已经预设了违约定金是预定的损害赔偿，也未臻准确。另一方面，违约定金与惩罚性违约金不可并用、与赔偿性违约金可以并用的观点，说服力也不够充足。该见解认为违约定金与惩罚性违约金功能相同，忽略了二者的差异。即使是赔偿性违约金，其指向也可能与违约定金是相同的，一概认为二者可以并用会使双方利益失衡。

总之，指向不同的违约定金与违约金可得并用。如果违约定金与违约金指向相同，在当事人无并用约定的情况下只应认可选择其一加以主

[1] 王利明主编：《中国民法典释评·合同编通则》，中国人民大学出版社2020年版，第623页。

张，如此便于司法机关处理案件，债权人的利益也能得到全面保护。

3. 享有选择权的主体

《民法典》第588条第1款规定，“一方违约时，对方可以选择适用违约金或者定金条款”。可见在违约金与违约定金条款只能择一适用的情况下，享有选择权的是非违约方而不是违约方。值得探讨的问题是，法院能否替代非违约方进行选择。有观点认为，诉讼中守约方往往为图周全而并行主张违约金和适用定金罚则，对此法院应予以释明，而不能直接代为选择。[1]另有观点则认为，如个案中的当事人同时主张适用违约金条款和定金条款，法院或仲裁机构可以向该方当事人予以释明，进而由其明确诉请，也可以按照有利于守约方的原则选择适用其一。[2]有学者经过案例检索后发现，上海市高级人民法院的观点是，法院应当释明，释明后当事人仍然不做出选择，或者即使做出选择但表示不放弃另一项主张的，法院经过审理，按照有利于守约方权利实现的诉请进行处理。该学者认为，上海高院的观点与立法宗旨相符。[3]

本书认为，比较而言，后一种观点更为合理。违约金和违约定金的选择适用首先应由非违约方自行决定，如果其提出了并用请求，法院应依职权释明。经过释明之后，非违约方若认为其情形属于可以并用而非不得并用的情形，会不加以选择，而是继续主张并用，此时若法院进而判决其败诉，则非违约方的利益就被忽略了。在非违约方不进行选择的情况下，法院应以何者数额较高为标准选择判决违约方支付违约金或者承担违约定金责任。法院的这种做法不构成对当事人的法律关系的过度干预，具有可行性。

---

[1] 姚明斌：《论定金与违约金的适用关系——以〈合同法〉第116条的实务疑点为中心》，载《法学》2015年第10期，第38页。

[2] 中国审判理论研究会民事专业委员会编著：《民法典合同编条文理解与司法适用》，法律出版社2020年版，第225页。

[3] 朱广新、谢鸿飞主编：《民法典评注：合同编　通则》（第2册），中国法制出版社2020年版，第445页。

（二）并用约定的效力

有学者认为，定金和违约金，二者只能选择其一的根本原因是，避免非违约方获得过高的损害赔偿。《民法典》第588条第1款规范的内容是任意性规范，如果当事人在合同中明确约定，违约金和定金并列适用，这就意味着当事人的意思在于用定金和违约金共同担保，私人自治应当得到尊重。[1]也有观点认为，违约金或者定金条款的选择适用规定仍然是任意性的而不是强制性的规定，从而如果当事人在合同中明确规定可以并用，只要在数额上不是过高，也是有效的。[2]这两种观点的差异是，第二种观点以数额不过高作为并用的前提。

本书赞同在当事人有约定时违约定金与违约金可以并用的观点。有约定时能够并用尤其适用于违约定金与违约金指向相同的情形。倘若指向不同，借助功能的差异性就足以为并用立论，而不必以当事人有约定为前提。《合同法解释（二）》第29条规定："当事人主张约定的违约金过高请求予以适当减少的，人民法院应当以实际损失为基础，兼顾合同的履行情况、当事人的过错程度以及预期利益等综合因素，根据公平原则和诚实信用原则予以衡量，并作出裁决。当事人约定的违约金超过造成损失的百分之三十的，一般可以认定为合同法第一百一十四条第二款规定的'过分高于造成的损失'。"依该规定，违约金超过损失的30%，则构成"过分高于造成的损失"，经债务人请求，法院予以适当减少。在约定定金数额时，当事人大体上以是否足以引导债务人的行为为指标，另外也会考虑债务人违约会给债权人带来的损失。在约定违约金时，当事人大体上会以违约会实际造成的损失为参照。但他们的约定未必能够准确地体现损失的情况，违约定金与违约金并用时可能也不超过实际

---

[1] 朱广新、谢鸿飞主编：《民法典评注：合同编　通则》（第2册），中国法制出版社2020年版，第448页。

[2] 吴庆宝主编：《物权担保裁判原理与实务》，人民法院出版社2007年版，第612页。

损失的30%，从而在当事人有明确约定的情况下允许并用既可以增强对债务人的行为的指引作用，也不会使债务人负担过重。值得注意的是，前述第二个观点认为在当事人约定并用的情况下，数额也不能过高。该见解的取向是正确的，不过不够具体。关于违约定金与违约金并用时的限制，可从两方面加以明确：第一，对并用的限制不应由法院依职权调整，而应由债务人提出请求。《民法典》第585条第2款规定，“约定的违约金过分高于造成的损失的，人民法院或者仲裁机构可以根据当事人的请求予以适当减少”。该款就违约金数额的减少确定的并非依职权调整，而是由当事人请求，该立场也应适用于违约定金与违约金并用时的限制。第二，可借鉴《合同法解释（二）》第29条的规定明确违约定金与违约金并用的限度。在当事人约定违约定金与违约金均加以适用的情况下，如果合并的数额超过损失的30%，经债务人请求，司法机关应酌情予以减少。

四、违约定金与减价的关系

（一）关于减价的规定

《民法典》第582条规定：“履行不符合约定的，应当按照当事人的约定承担违约责任。对违约责任没有约定或者约定不明确，依据本法第五百一十条的规定仍不能确定的，受损害方根据标的的性质以及损失的大小，可以合理选择请求对方承担修理、重作、更换、退货、减少价款或者报酬等违约责任。”该条规定在履行不符合约定的情况下，减少价款或者报酬是一种违约责任形式。《买卖合同司法解释》第17条规定：“标的物质量不符合约定，买受人依照民法典第五百八十二条的规定要求减少价款的，人民法院应予支持。当事人主张以符合约定的标的物和实际交付的标的物按交付时的市场价值计算差价的，人民法院应予支持。价款已经支付，买受人主张返还减价后多出部分价款的，人民法院应予支持。”该条规定了减价的具体方法，亦即以符合约定的标的物和实际交付标的物按交付时的市场价值计算差价。由此可见，其所规定的减价实际上是违约损害赔偿的一种形式，亦即价值损害赔偿。作为独立的责任形式的减价是指在履行不符合约定的情况下，以有瑕疵的履行与无瑕疵的履行的价值比例为依托计算应减少的价款或报酬的数额，减少后的价款或报酬与约定的价款或报酬的比例与之相同。

（二）违约定金与减价的关系

与违约定金和其他违约责任形式的关系相比，违约定金与减价的关系较为简单，原因在于减价的适用条件有明显的违约行为形态特征。减价的适用情况是债务人提供了不完全履行，包括量的不完全与质的不完全。在违约定金所针对的违约行为形态是不完全履行的情况下，倘若违约定金的其他适用条件也具备，债权人可以主张适用定金罚则，与此同时，债权人可以主张减价。此时减价与违约定金的并用不会造成双方的利益失衡，因为减价的特点在于对债权人的对待给付义务作相应的减少，不涉及债权人就其遭受的损失是否获得过高填补的问题。具体来说，违约定金与减价的关系应结合以下情形加以确定：第一，当事人明确约定违约定金旨在避免债务人不完全履行，则在发生不完全履行的情况下，债权人可以主张减价，另外在违约定金适用条件具备的情况下，可以主张全部适用定金罚则。第二，倘若当事人在订立定金合同时指向的是不完全履行之外的其他违约行为，则在发生不完全履行并且成立部分根本违约的情况下，债权人可以主张减价。至于违约定金是否适用，则视是否另外发生了违约定金所指向的违约行为而定。倘若实际发生了当事人所欲避免的违约行为并且违约定金的适用条件具备，则违约定金与减价可以并用。第三，当事人未约定违约定金针对的违约行为形态，则违约定金应适用于各种违约行为，倘若债务人不完全履行并且不履行的部分构成部分根本违约而不构成全部根本违约，则债权人应接受并保留部分履行，另外对自己的对待给付作相应减少，除此之外，可以主张按比例适用定金罚则。

第四节　本章小结

违约定金法律关系创设后，有两种可能的结果。一种是，如果双方均不违约或虽有违约行为但不构成根本违约，不适用定金罚则，所交付的定金进而应予折抵或者返还。倘若定金与交付方的给付标的物相同，在当事人另无约定的情况下，应构成履行的一部分。倘若定金与交付方的给付标的物不同，如双方无法就折抵达成协议，收受方应予返还。另一种是，适用定金罚则。定金罚则的适用应包括三个方面的要件，即主合同有效成立，违约定金法律关系已经创设，违约定金责任成立。其中，违约定金责任成立的要件可分为三个层次：第一，债务人的不履行构成根本违约，但不需要债权人遭受了损害，进而也无从论及不履行与损害间有因果关系。第二，不履行具有违法性，亦即债务人不享有履行拒绝权。第三，在可责性层面上，我国对于违约责任采以严格责任为一般，以过错责任为例外的做法。违约责任的归责原则实际上是以违约损害赔偿为指向而设计的，违约定金具有一定的惩罚性，从而在归责原则上可以不采严格责任，而是采介于严格责任与过错责任之间的立场。

违约定金与其他违约责任形式的关系是：其与实际履行可以并用，除非当事人另有约定。如果债权人遭受的损失大于定金数额，可以在适用定金罚则之外主张差额部分的赔偿。违约定金与违约损害赔偿的并用原则上以损失数额为限，除非存在例外情形。违约定金与违约金原则上不可以并用，除非二者指向不同或者当事人另有约定。在后一种情况下，应准用关于违约金数额过高时可以酌减的规定。减少价款或报酬与违约定金的适用关系，应根据定金的指向加以确定。

第六章 定金法律关系的消灭

定金制度具有多种功能，但法律并未要求在某种情况下必须创设定金法律关系，而是由当事人自己决定，从而定金法律关系的创设以当事人达成合意为前提。根据现行法律规定，定金合同是要物合同，从而即使当事人就定金达成了合意，倘若定金未交付，定金法律关系也不存在。在交付定金的情况下，定金合同有效成立，定金法律关系得以创设，定金罚则也处于可得适用的状态。如果定金合同不被规定为要物合同，当事人达成合意双方间即创设了定金法律关系，此时的状态为当事人可以要求交付定金。定金的交付不再有使定金合同生效的意义，但交付之后定金法律关系才处于定金罚则可得适用的状态。作为一种债务关系，定金法律关系亦有时间限制，不会长久存在。致使其消灭的原因可以概括为两方面，即基于自身原因而消灭以及受目标合同影响而消灭。

第一节　基于自身原因而消灭

一、适用定金罚则后消灭

当事人出于某种目的创设定金法律关系，而该目的的实现主要依赖于定金罚则的适用，从而在适用定金罚则后定金法律关系即消灭。就立约定金来说，如果一方无正当理由拒绝缔约，目标合同确定不订立，定金法律关系在适用定金罚则后归于消灭。就解约定金来说，如果一方决定解除合同，目标合同因而失去拘束力，适用定金罚则后解约定金法律关系即告消灭。就违约定金来说，在一方违约并且定金责任成立的情况下，违约方遭受定金罚则制裁，进而定金法律关系消灭。除适用定金罚则外，债权人也可能享有其他违约救济手段，比如其在获得定金利益之外还主张违约损害赔偿，或者在适用定金罚则的同时要求违约方实际履行。在适用多种违约责任形式的情况下，无论因适用其他违约责任形式引起的法律关系是否清理完毕，定金法律关系在适用罚则后即不复存在。

与以上三种定金不同，成约定金无适用罚则可言。如果将成约定金合同界定为要物合同，在不交付定金的情况下定金合同没有拘束力，定金法律关系未被创设。由于关于目标合同成立或生效的附加约款没有效力，目标合同应有效成立。倘若成约定金合同不被界定为要物合同，达成合意后成约定金约定即发生效力，当事人间即创设了成约定金法律关系。约定的交付定金方交付定金后，成约定金的目的随即达成，成约定金法律关系应归于消灭。定金被返还后，成约定金法律关系清理完毕。

二、不适用定金罚则而消灭

在创设定金法律关系后，如果要件不具备，定金罚则无从适用，定金法律关系也应消灭。在立约定金，如果双方订立了目标合同，则不适用定金罚则，收受定金方无权继续保留定金，应予以返还。在解约定金，如果在解除权丧失前双方均不愿以遭受定金罚则为代价解除合同，则目标合同关系维系，解约定金法律关系消灭。在交付定金方不违约的情况下，解约定金可以充作履行的一部分，否则对方应予返还。如果交付定金方违约，收受定金方可以扣留相应的金钱定金充当违约损害赔偿金，或者扣留相应的非金钱定金主张抗辩。在违约定金，如果目标合同正常进展，双方均不违约，定金罚则无从适用，定金进而充作交付定金方的部分履行，或者由收受定金方予以返还。需要注意的是，当事人也可以主张其他违约救济而不主张适用定金罚则，从而在适用其他违约救济措施使债权人的利益得到满足的情况下，虽然适用定金罚则的条件成就，但定金罚则并不适用，违约定金法律关系也因此归于消灭。

三、因时间经过而消灭

定金法律关系也会随时间的经过而消灭。就立约定金来说，目标合同的订立应有时间限制，而不能不受限制地保留缔约机会，进而使定金罚则的适用也没有时间限制，致使法律关系长期处于不稳定的状态。目标合同订立的时间由当事人自行约定，在未作约定或约定不明的情况下，应确定一个合理的时间。在时间经过之后，双方当事人既未订立目标合同，也没有哪一方表示拒绝订立目标合同，同时也不存在一方要求订立目标合同而对方加以拒绝的情形，则目标合同确定不会订立，双方当事人也均不受定金罚则制裁，立约定金法律关系因此消灭。

就成约定金来说，目标合同是否有效成立应有时间限制，不应无限制地给约定的交付定金方凭借交付定金使合同有效成立的权利。最晚交付时间由双方当事人自行约定。如果当事人未作约定，可根据目标合同的状况加以判断。倘若当事人在目标合同中约定该合同应在某时间点之前有效成立，成约定金最晚应于该时间点之前交付，过此时间点即构成目的不达。倘若目标合同中没有关于有效成立时间的约定，但是有关于履行时间的约定，履行时间应为最晚交付时间。如果约定的双方的履行时间不同，应以先履行方的履行时间为最晚交付时间。如无此类时间点可资判断，可以根据合同的性质确定交付的合理时间。在时间经过而约定的交付定金方未交付定金的情况下，目标合同无法有效成立（除非存在以履行补正瑕疵的情形），成约定金法律关系归于消灭。

就解约定金来说，解除权有时间限制，在诸多备选时间点中，以履行期届满加提供履行标准较为妥适。如果双方均未在解除权存续期间行使解除权，解约定金法律关系消灭，但此项消灭事由是前述不适用定金罚则而消灭的一种，而不是单纯因时间经过而消灭。

就违约定金来说，其作用的发挥无明确的时间限制。一方不履行并且要件具备时，对方可主张适用定金罚则，适用定金罚则后违约定金法律关系消灭。如果一方违约但不构成根本违约，或者双方均未发生违约，定金罚则不适用，此时是不适用定金罚则情况下的违约定金法律关系消灭。故此，违约定金法律关系不会单纯因时间经过而消灭。

四、基于当事人的意思而消灭

定金法律关系是意定的法律关系，以定金合同为根据。当事人可以合意创设定金法律关系，也可以合意消灭定金法律关系，亦即双方可以合意解除定金合同。在立约定金，交付定金后定金法律关系创设，此后可借助定金罚则促成双方当事人订立目标合同。倘若目标合同订立，则立约定金目的达成，定金法律关系消灭，当事人再解除定金合同没有实际意义。倘若一方当事人已经以遭受定金不利益为代价拒绝订立目标合同，在定金合同解除后，定金罚则的适用即无所依凭，从而原已发生的定金罚则适用的后果应发生回复。交付定金后、适用罚则的事由发生前，当事人也可以合意解除定金合同，立约定金法律关系因此消灭，收受定金方应返还定金。至于将来是否缔约，由双方当事人磋商决定。在成约定金，当事人在达成成约定金约定后可以约定解除该约定。这意味着取消目标合同的成立限制，成约定金合同因而消灭。在解约定金，解除解约定金合同后，双方即不再享有基于定金的解除权，主合同无从再因为行使该解除权而被解除。在违约定金，倘若双方当事人合意解除违约定金合同，定金法律关系消灭。如果嗣后发生违约，非违约方无从再主张适用定金罚则。实际上，一方根本违约进而适用定金罚则后，当事人协商解除违约定金合同在理论上也是成立的。在这种情况下，适用定金罚则后造成的结果应加以回复。

在定金合同被规定为要物合同的情况下，不交付则定金合同没有效力，从而无从论及约定的收受定金方因交付定金方不交付构成根本违约而解除定金合同。故此，通过解除定金合同消灭定金法律关系只有双方合意解除一种方式。值得探讨的问题是，一方当事人能否以其他方式通过自己的单方意思消灭定金法律关系。有学者认为，定金担保为债权性担保，当事人可以放弃或者抛弃依照定金合同所享有的权利或利益，合同当事人单方抛弃定金担保利益，定金的效力对抛弃定金担保利益的当事人终止。[1]该观点针对的是违约定金。就违约定金来说，在一方根本违约的情况下，另一方可以主张适用定金罚则，也可以放弃该权利。《合同法》第105条规定："债权人免除债务人部分或者全部债务的，合同的权利义务部分或者全部终止。"基于该条的文义解释，债务免除为单方行为。《民法典》第575条延续了这一立场，规定："债权人免除债务人部分或者全部债务的，债权债务部分或者全部终止，但是债务人在合理期限内拒绝的除外。"但同时赋予了债务人在合理期限内拒绝的权利。在债务免除被定性为单方行为的现实背景下，非违约方放弃适用定金罚则的性质即为免除债务，违约定金法律关系因此消灭。非违约方放弃适用定金罚则应以明示的意思表示为之。如果非违约方无明确的放弃基于违约定金的权利的意思，违约定金法律关系不消灭，但其权利会在时效期间经过后受到限制。定金罚则也适用于立约定金、解约定金，从而也有享有权利的一方未主张适用定金罚则能否导致定金法律关系消灭的问题。该问题的处理与违约定金场合相同。

第二节　受目标合同影响而消灭

一、具有从属性的定金法律关系的消灭

解约定金合同、违约定金合同相对于目标合同具有从属性，基于它们的定金法律关系是否以及如何受主合同消灭的影响，可以结合主合同解除等情形作系统的分析。

---

[1] 邹海林、常敏：《债权担保的理论与实务》，社会科学文献出版社2005年版，第396页。

（一）主合同解除

就解约定金来说，如果一方行使基于定金的解除权致使主合同被解除，定金法律关系也应随之消灭，但这种情况的性质是适用定金罚则使解约定金法律关系消灭，因此在探讨主合同解除对解约定金法律关系的影响时，所指的是主合同因其他原因而解除。基于解约定金的解除权会因时间经过而消灭，从而行使法定解除权解除主合同与解约定金法律关系不会发生交集。能够与解约定金发生交集的是行使其他的约定解除权，在这种情况下，解约定金法律关系失去依托，应归于消灭。

违约定金的从属性易于使人得出主合同解除时，违约定金法律关系也会消灭的结论。实际上应区分情形加以判断。主合同会基于不同的原因被解除，如果一方因为对方根本违约而享有法定解除权，进而解除了合同，此时应适用定金罚则，违约定金合同不会因主合同被解除而消灭。倘若主合同解除但无违约责任可言（比如不可抗力引发了解除权），违约定金适用罚则的条件不具备，进而也应归于消灭。

（二）主合同履行

基于解约定金的解除权因存续期间经过而消灭，从而主合同因履行而消灭，与解约定金法律关系的消灭没有关系。就违约定金来说，如果双方均不违约，不适用定金罚则。如果定金与交付定金方的给付标的物一致，应构成履行的一部分。在双方均已履行完毕的情况下，不会再适用定金罚则，定金法律关系因而消灭。但这种情形不宜被界定为违约定金法律关系因主合同履行而消灭，它实际上是因前述的不适用定金罚则而消灭。如果定金与交付定金方的给付标的物不一致，是否将定金折抵为交付定金方的部分履行由双方协商，倘若达不成一致，合同履行后，违约定金法律关系消灭，收受定金方应返还定金。

（三）主合同因抵销等原因而消灭

如果主合同因免除、混同而消灭并且消灭的时间早于存续期间经过，解约定金法律关系会因为无所依附而消灭。如果主合同因抵销、提存、免除、混同等原因而消灭，违约定金法律关系随即失去依托，应归于消灭。

由上述可见，违约定金法律关系通常会随主合同的消灭而消灭。解约定金法律关系的消灭也有一定的从属性。需要注意的是，基于从属性而消灭与基于从属性而不发生或无效含义不同，不能混为一谈。如果当事人实际上未就主合同达成合意或者主合同因有瑕疵而归于无效，则主合同不存在或没有效力，无论是解约定金合同还是违约定金合同均无所依附，解约定金法律关系与违约定金法律关系也因此没有被有效创设，而不是创设之后归于消灭。

二、不具有从属性的定金法律关系的消灭

立约定金合同、成约定金合同与目标合同间无主从关系，基于这两种合同的定金法律关系是否因受目标合同法律关系的影响归于消灭，可分别加以考察。

立约定金合同与目标合同之间不是从合同与主合同关系，而是预约与本约关系。如果订立了本约，当事人创设立约定金的目的即已达成，定金法律关系的存续不再有意义，进而应处置定金。立约定金的交付总是早于交付定金方在目标合同中的履行时间，在当事人未作约定的情况下，为免收受定金方因保有定金或提前获得履行而享有利益，无论定金与交付定金方的给付标的物是否一致，在订立目标合同后，收受定金方均应返还定金，定金法律关系也因此消灭。嗣后如果目标合同因解除、履行等原因归于消灭，立约定金法律关系已消灭在先，不会再受目标合同消灭的影响。

成约定金合同与目标合同之间是附加约款与主体合同的关系。如果成约定金合同被确定为要物合同，那么不交付则定金合同无效，定金法律关系未被创设，交付则定金法律关系创设，与此同时成约定金的目的实现，随即应确定定金应如何处理。倘若定金与交付定金方的给付标的物相同，应构成履行的一部分，定金法律关系因此消灭，嗣后如发生履行障碍，会有该标的物的折抵或返还问题，但这已经不是定金问题，而是已提供的部分履行的处理问题。故此，目标合同如因履行、解除等原因而消灭，成约定金法律关系与之无关，谈不上因受目标合同的影响而消灭。倘若定金与交付定金方的给付标的物不同，收受定金方应在交付定金方履行完毕后返还定金。如果目标合同因解除等原因消灭，定金返还，成约定金法律关系随即消灭。就这种情形来说，成约定金法律关系的消灭会受到目标合同消灭的影响。如果成约定金的返还时间不被确定为交付定金方履行义务后，则成约定金法律关系不会因目标合同的消灭而消灭。

由上述可见，立约定金法律关系、成约定金法律关系总体上不会因为目标合同法律关系的消灭而消灭，原因在于在订立目标合同或者目标合同有效成立的情况下，立约定金或成约定金因此目的达成，立约定金法律关系或成约定金法律关系即告消灭。嗣后目标合同因某个事由消灭不会再影响已经消灭的立约定金法律关系或成约定金法律关系。在成约定金的标的物与交付定金方的给付标的物不一致的情况下，如果将返还时间确定为交付定金方履行义务后，倘若之后目标合同解除，那么收受定金方应返还定金，成约定金法律关系由此得以清理。

第三节　本章小结

定金法律关系可基于自身因素而消灭，也可因受到目标合同的影响而消灭。基于自身因素消灭包括四种情形：第一，因适用定金罚则而消灭。就立约定金、解约定金与违约定金来说，当事人借助定金罚则促成订立目标合同、解除目标合同或担保债权的实现等目的，在适用定金罚则之后，定金法律关系不复存在。由于成约定金没有适用定金罚则问题，成约定金法律关系不会因适用定金罚则而消灭。第二，就立约定金、解约定金与违约定金来说，在不适用定金罚则的情况下，随着定金的折抵或返还，定金法律关系得到清理。第三，因时间经过而消灭。这一消灭事由适用于立约定金与成约定金。第四，基于当事人的意思而消灭。当事人可以合意解除定金合同，进而使定金法律关系消灭。就违约定金来说，如果将债务免除界定为单方行为，债权人单方免除债务人的定金责任也会使定金法律关系消灭。就立约定金、解约定金来说，也有适用定金罚则的问题。倘若适用定金罚则的条件具备而权利人单方面放弃权利，立约定金、解约定金法律关系会因此消灭。

因受目标合同影响而消灭是针对解约定金、违约定金而言的。解约定金合同、违约定金合同相对于目标合同具有从属性。在目标合同因为解除、履行、抵销等原因而消灭的情况下，解约定金法律关系、违约定金法律关系会随之消灭。立约定金合同、成约定金合同与目标合同是预约与本约、附加约款与主体合同的关系。总体而言，立约定金法律关系、成约定金法律关系不会受目标合同影响而消灭。

第七章 总结与建议

第一节　本书的主要观点

一、定金制度的研究意义

凭借金钱或其他物的交付，或者交付后在某种情况下交付方丧失标的物，收受方双倍返还标的物，可以促成多种目的的实现，故此，大陆法系民法制度中先后出现了立约定金、证约定金、违约定金、成约定金、解约定金等五种定金。近代以来大陆法系国家的民法典对定金均作了规定，但规定的类型不多，定金制度也不具有举足轻重的意义。现今在有的国家，定金制度已经很少得到采用。

我国关于定金的法律条文较多，定金的使用频率较高，相关法律纠纷也时有发生。此外，在定金制度的诸多问题点上存有争议，相关规定也有作调整的余地。因此，对定金制度做全面、系统的研究有重要的理论及实务意义。

二、制度史与比较法视角下的定金制度

最早出现的定金类型是立约定金，其源于闪米特法律圈，并通过腓尼基与希腊人的海上商业交易传入了希腊法。该制度的产生背景是在闪米特法律圈及希腊法中，将来履行义务的约定无拘束力，而借助定金罚则使约定得到遵守的概率提升。受希腊法影响，公元前3世纪，罗马的交易实践中也出现了定金。自前古典法至优士丁尼法，除立约定金外，还有证约定金与违约定金。在早期日耳曼法中，一方先为履行使对方负有立即为对待履行的义务。嗣后一方不必提供全部履行，对方在受领后也不必立即提供对待履行，成约定金制度因而产生。成约定金在日耳曼

法中的重要性降低后，定金的交付主要有证明作用，在社会观念层面上，也使得合同关系强化。在相反的方向上，定金也可以用于松动合同关系，此种定金即解约定金。我国古代有“定金”“定钱”之制，其兼有成约定金与预付款的性质。

鉴于定金制度具有多种功能，近代以来的民法典也对其作了规定。在具有代表性的立法例中，得到规定的定金类型并不全面：立约定金、成约定金均未被规定；多数立法例的定金规定以违约定金为主要规制对象；有些立法例规定缔约时交付的定金是合同订立的标志，也有立法例规定当事人为证明合同的签订可以交付定金；少数立法例（如《法国民法典》《日本民法典》）仅就解约定金作了规定。诸立法例在定金规定的体系位置、定金是否具有作用机制的双向性、定金制度的现实意义等方面也有差异。

新中国成立后，我国对于定金的规定始于1981年《经济合同法》。1995年《担保法》以三个条文规定了违约定金的效力，定金合同的要式性、要物性，定金的比例限制。1999年《合同法》在“违约责任”这一章以两个条文规定了违约定金。《民法典》在第三编“合同”第一分编“通则”第八章“违约责任”以三个条文（第586—588条）对违约定金法律关系的创设、法律效力以及其与违约金、违约损害赔偿的关系作了规定。此外，《担保法解释》以八个条文对定金作了规定，分别涉及立约定金、成约定金、解约定金、定金的认定、多交少交定金的处理、适用定金罚则的违约行为形态、约定的定金超出比例限制的处理、违约定金责任的归责原则。《商品房买卖合同司法解释》《买卖合同司法解释》就立约定金罚则的适用、违约定金与违约损害赔偿的关系等问题也作了规定。我国关于定金的法律条文数量较多，便于定金纠纷的处理，另外也有可作改进之处。

三、定金制度的基本问题

定金是指根据当事人的约定，为担保合同的履行等目的，一方按照合同标的额的比例交付给另一方的金钱或其他可替代物，交付通常应在目的达成前进行，目的的达成主要借助交付方丧失标的物或者收受方双倍返还标的物。定金制度适用范围广泛，具有功能多样性、意定性、一方向他方交付、预先交付性、以金钱或其他可替代物为标的物、比例限制性、作用机制的双向性等特征。有的特征仅传统的定金制度具备或者部分定金类型具备。

以功能的差异为标准可将定金分为立约定金、成约定金、解约定金与违约定金。证约定金不应该被当作定金的一个类型。自盖尤斯以来，所谓的证约定金是指基于否认当事人交付的定金为立约定金的考虑，确认以定金名义所为的交付只有证明当事人之间存在合同关系的作用。即使当事人约定通过交付定金证明合同关系，该定金也只具有证据法层面的意义，与立约定金等实体法意义上的定金有别。

定金与预付款、违约金、押金、保证金、订金等制度有相似性，从而须辨别其间的差异。总体上须注意两方面问题：第一，与预付款、违约金、押金有相似之处的是违约定金。与订金有相似之处的主要是成约定金。至于与这些制度没有多少相似性可言的其他定金类型与这些制度的关系，根据各自的特征、功能不难得出结论。第二，保证金、订金具有多种含义，从而在作比较时应先确定用作比较的是何种意义的保证金或订金，比如备用金类型的保证金抑或无双倍返还效力的保证金，订立合同的单向担保意义上的订金抑或单纯保留缔约机会的订金。

四、定金法律关系的创设

定金法律关系的创设可能产生的结果有：使得交易分“预约”与“本约”两步进行、给合同的有效成立施加交付要件、松动合同关系、使债务人承担可能具有惩罚性的定金责任。因此，虽然定金有多种功能，但是法律不宜规定在某种情况下应创设定金法律关系，而是应由当事人自己决定。故此，定金法律关系的创设需要当事人订立定金合同。定金对于当事人的利益具有重要影响，从而有必要对定金合同作特别对待。使定金合同不轻易发生效力的机制有二，即要式要求和要物要求。两种要求只规定其一即可，否则对于当事人的决定难免干预过度。比较而言，以施加要式要求为佳。如不具备形式要求，交付定金可以使定金合同得到补正。在被规定为要物合同的背景下，不交付定金则定金合同不成立，从而创设定金法律关系需要交付定金。如果不被规定为要物合同，不交付定金不影响定金合同的效力，但定金的交付仍然是适用定金罚则的前提。成约定金不同于其他定金类型，要式或要物要求不应适用于成约定金合同。与定金的交付相伴的有交付的模态（时间、地点与方式），多交少交定金的处理，交付后标的物的归属，交付后利息或其他孳息的归属等问题。交付的模态可根据当事人的约定、法律的任意性规定以及定金的性质确定。在交付的标的物多于约定数额的情况下，不应一般地视为变更了定金合同。如果定金合同非要物合同，在少交的情况下，对方可主张补交不足部分。定金交付后，标的物所有权发生移转，利息与其他孳息应归属于收受定金方。

五、立约定金、成约定金与解约定金的效力

（一）立约定金

在传统的立约定金，定金罚则的适用条件甚为简单，只需要一方无正当理由拒绝订立本约。当事人也可以约定，对于本约未能订立有原因力或有过错的一方遭受定金罚则制裁。这种定金合同不同于传统的定金合同。就这种定金合同来说，倘若系一方违反义务致使本约未能订立，相对人原本可以主张订立本约或者请求赔偿本约的期待利益。立约定金的特点是，当事人保留了以遭受定金不利益为代价拒绝订立合同的决定权，从而拒绝缔约者无不当行为可言，不应承担缔约过失责任。本约订立意味着立约定金目的达成。无论定金与交付定金方的给付标的物是否

相同，收受定金方均应返还定金，而不得主张定金构成了部分履行或者将定金折抵为部分履行或充作担保物，除非当事人另有约定。

（二）成约定金

订立成约定金合同时，当事人通常已就目标合同达成了合意，只是慎重起见，给目标合同的有效成立施加了交付定金的要求。因此，定金的交付是目标合同有效成立的充要条件。当事人也可以约定，就将来可能达成的合意交付成约定金。在这种情况下，定金的交付为目标合同有效成立的必要条件而非充要条件。倘若未交付定金，但一方已履行合同义务或者合同义务的主要部分，目标合同的瑕疵即被补正，因而有效成立。在当事人未作约定的情况下，不应认为成约定金另有违约定金或损害赔偿担保金的作用。成约定金约定旨在给目标合同的有效成立增添要求，倘若约定的交付方经过权衡决定不交付定金，其行为无不当性可言，不应因目标合同未有效成立承担缔约过失责任。交付之后成约定金目的达成，但若可以立即要求返还，会使定金的交付徒具形式意义，从而成约定金的处理有其独特性。

（三）解约定金

在创设解约定金法律关系的情况下，双方当事人均可无条件而有代价地解除合同。基于解约定金的解除权不应长期存续，否则主合同关系会长期处于不稳定的状态。任何一方的履行期届满或者履行期内提供了履行，解除权都应当消灭。履行期届满时，债务人或者履约或者违约。如果履约，嗣后又主张解除，与诚实信用原则的要求相悖；如果违约，主张解除合同即可规避违约责任。如果一方或双方享有其他约定的解除权，其可以选择行使基于解约定金的解除权抑或基于其他约定的解除权。行使基于解约定金的解除权是正当行为，行使解除权后合同失去拘束力，解除方无违约责任可言，解除相对人获得的仅有定金利益。在将解除权的消灭时间界定为履行期届满或提供履行时的情况下，解除权的行使发生在违约之前，从而无从论及解除方违约在先，解除合同在后。

六、违约定金的效力

（一）不适用罚则时违约定金的处理

在不适用罚则的情况下，违约定金的处理应以定金与交付定金方的给付标的物是否相同为根据，分别处理。如果定金与给付标的物不同，是否折抵由双方协商决定，倘若达不成协议，则应当返还。如果定金与给付标的物相同，应构成部分履行。这样处理的理由是：如果不构成部分履行，履行期到来后交付定金方须提供全部给付，收受方嗣后又返还定金，如此会给双方带来不必要的麻烦并增加成本；如果构成部分履行，履行期到来后，交付定金方只须交付差额部分，而不用筹措并交付相当于定金的部分，从而减轻了负担。另外，定金交付后利息和其他孳息归属于收受定金方。倘若交付定金方仍须提供全部履行，收受定金方嗣后再返还定金，交付定金方遭受的不利益会更大。

（二）定金罚则的适用

违约定金适用罚则的条件有三个：主合同有效成立；违约定金法律关系有效创设；违约定金责任成立。违约定金责任的成立又涉及三方面要件：第一，在狭义构成要件阶层，只有债务人违约一个要件，不要求债权人受有损失，进而也无从言及违约与损失间有因果关系。违约定金可能具有惩罚性，从而应仅在根本违约的情况下适用定金罚则。部分根本违约时，按比例适用定金罚则。第二，不履行具有违法性，亦即债务人非基于行使抗辩权而不履行。第三，归责原则阶层。我国在违约责任方面以严格责任为一般，以过错责任为例外。由于违约定金责任可能给债务人造成较大的不利影响，其归责原则宜介于严格责任原则与过错责任原则之间，亦即在不可抗力或意外事件导致违约的情况下不适用定金罚则。

（三）违约定金与其他违约责任形式的关系

在债务人根本违约的情况下，债权人是否解除合同不影响定金罚则的适用，从而实际履行与违约定金可以并用。如果违约定金责任、违约损害赔偿责任均成立，债权人通常不得主张合并适用。如果损失额大于定金数额，债权人可以主张适用定金罚则，并请求赔偿未被填补的损失，也可以仅请求赔偿损害。在当事人有约定、违约定金针对的违约行为与引起损害的违约行为不同以及债权人遭受完整利益损害等情况下，违约定金与违约损害赔偿的并用不以实际发生的损失额为上限。违约定金与违约金原则上不得并用，但应当认可例外情形，比如违约定金与违约金针对的是不同的违约行为，当事人约定合并适用。在当事人约定合并适用的情况下，合并适用的数额不能过分高于损失额。至于违约定金与减价能否并用，应以违约定金针对的违约行为形态为根据加以判断。

七、定金法律关系的消灭

定金法律关系的消灭可以概括为两个类别。一个类别是基于自身原因而消灭，具体包括四种情形：第一，适用定金罚则后消灭。适用定金罚则后消灭仅对立约定金、解约定金与违约定金是成立的，成约定金无适用罚则可言，从而没有因适用定金罚则而消灭的问题。第二，不适用定金罚则而消灭。在要件不具备的情况下无从适用定金罚则，定金法律关系也应消灭。需要注意的是，在违约定金，债权人可以仅主张其他违约救济而不主张适用定金罚则，从而虽然定金罚则可得适用但未被采用，违约定金法律关系也会消灭。第三，因时间经过而消灭。立约定金、成约定金法律关系会因为时间经过而消灭，解约定金、违约定金则无此问题。第四，基于当事人的意思而消灭。该情形主要是指双方合意解除定金合同。另外，倘若债务免除被界定为双方行为，双方可以合意免除定金债务。倘若债务免除被界定为单方行为，债权人可以免除定金债务。另一个类别是受目标合同影响而消灭。解约定金合同、违约定金合同具有从属性，从而解约定金法律关系、违约定金法律关系会因主合同消灭而消灭。立约定金合同、成约定金合同与目标合同不是从合同、主合同关系，总体而言，立约定金法律关系、成约定金法律关系不会因目标合同的影响而消灭。

第二节　对于定金立法的建议

我国关于定金的法律及司法解释条文较多，规定较为细致，从而有利于定金纠纷的处理。但另一方面，也存有可作增补、细化或调整之处。以本书的观点为基础，在此提出相应建议。为简明起见，以规则化的方式表述。定金约定的认定以及超出比例限制的约定的效力可根据意思表示解释规则、法律行为效力规则加以处理，故此处不涉及。

（一）定金的一般规则

1.［定金合同］：当事人可以约定为担保债权的实现等目的交付定金。定金合同应当以书面形式订立。

说明：定金制度具有多种功能，但法律不宜要求在某种情况下当事人必须创设定金法律关系，而是应由当事人自己决定。因此，创设定金法律关系需要当事人订立定金合同。当事人的目的的达成，或者凭借定金的交付（成约定金即是如此），或者凭借交付后可能适用定金罚则（立约定金、解约定金以及违约定金即是如此）。定金法律关系的创设对于当事人有重要影响，为免当事人未经慎重思考即创设定金法律关系，宜将定金合同规定为要式合同，但不宜同时将其规定为要物合同或者规定为要物合同而不是要式合同。如果未以书面形式订立定金合同，交付可以补正形式瑕疵。在定金合同不被规定为要物合同的情况下，定金合同生效后，约定的收受方可以请求交付定金。不交付定金不影响定金合同的效力，但不交付即无从适用定金罚则。

2.［定金的数额］：定金的数额由当事人约定，但不得超过主合同标的额的百分之二十。实际交付的金额多于约定数额的，多交的部分不是定金，实际交付的金额少于约定数额的，对方可以要求补交。

说明：立约定金、解约定金与违约定金发挥作用凭借的是适用定金罚则。如果适用定金罚则，交付方丧失定金，收受方须双倍返还定金。为避免遭受定金罚则制裁者损失过大，定金须有比例限制。《担保法》以来的百分之二十的比例限制是合理的。如果当事人约定的定金数额超出了比例限制，根据法律行为效力规则应部分无效。不应将多交、少交定金视为变更定金合同。多交的部分不应被认定为定金，除非能够认定当事人通过交付和受领变更了关于定金数额的约定。在少交的情况下，由于具备书面形式的定金合同有拘束力，收受定金方可以请求补交不足的部分，如其为要物合同则否。

（二）具体的定金类型

1.［立约定金］：当事人为将来订立本约约定交付定金的，无正当理由拒绝订立本约的一方丧失或者双倍返还定金。当事人也可以约定，如果因一方的原因未能订立本约，该方丧失或者双倍返还定金。

说明：立约定金的意义在于以定金不利益为引导手段促使当事人订立本约，同时也给当事人保留了以遭受定金不利益为代价拒绝订立本约的权利，从而适用定金罚则的条件仅为一方无正当理由拒绝订立本约。倘若一方拒绝订立本约，其行为无不正当性可言，进而也没有缔约过失责任问题。当事人也可以约定，如因一方的原因未能订立本约，该方受定金罚则制裁。这种约定在我国法律实务中存在并且在司法解释中得到了规定。其有别于传统的立约定金合同，但并不违法、悖俗，从而应认可其效力。实际上，在一方违反义务致使本约未能订立的情况下，对方本可请求订立本约或赔偿本约的期待利益，但订立本约可能有障碍，计算本约的期待利益可能有难度，从而当事人约定以定金利益为未订立本约时的救济有实际意义。就这种立约定金来说，适用定金罚则后也不应再认可信赖利益赔偿，因为此种定金有预定的期待利益数额的性质。

2.［解约定金］：当事人可以约定，交付定金后，交付方能够以丧失定金为代价，收受方能够以双倍返还定金为代价解除主合同。该解除权因一方履行期届满或者一方在履行期内提供了履行而消灭。解除合同后，解除方不承担违约责任。

说明：解约定金赋予了双方当事人无条件而有代价地解除合同的权利。基于解约定金的解除权丧失前，一方通知对方解除合同即应遭受定金不利益。解除权何时丧失有多个备选项，最为合理的是履行期届满加提供履行标准。行使基于解约定金合同的解除权无违法性可言。合同解除后，解除方也不再有义务履行。因此，解除方不应承担违约责任。如一方或双方当事人因其他原因另外享有解除权，其可以选择行使基于解约定金的解除权或者基于其他原因的解除权。如果选择行使其他解除权，不适用定金罚则。

3.（1）［违约定金的适用］：交付定金方根本违约，无权要求返还定金。收受定金方根本违约，应当双倍返还定金。一方当事人不完全履行合同的，按照未履行部分占全部履行的比例适用定金罚则。因不可抗力、意外事件致使合同不能履行的，不适用定金罚则。

如果定金与交付定金方的给付标的物相同，定金构成履行的一部分，交付定金方仅须提供剩余部分的履行。如果定金与交付定金方的给付标的物不同，双方可以约定以定金折抵履行，如无约定，交付定金方履行债务后对方应返还定金。

说明：违约定金适用罚则的条件是，主合同有效成立、违约定金合同有效成立、一方承担违约定金责任。就违约定金责任的成立来说，首先是狭义的构成要件阶层，在该阶层只要求债务人不履行，而不要求债权人遭受损失，进而也无不履行与损失之间有因果关系的要求。对于债务人不履行应做进一步的限制，即不履行构成根本违约。根本违约可根据法定的解除权发生事由的法理加以判断。其大体上分为三类：其一，债务人违反给付义务，实际性地剥夺了债权人可以从合同的履行中得到的利益，具体包括履行不能、双方间的合同为定期行为、经催告后债务人仍未在合理的时间内履行等情形；其二，债务人违反忠实义务，比如拒绝履行；其三，债务人违反保护义务，侵害了债权人的完整利益，在程度严重的情况下，不能再要求债权人固守合同。如果债务人的部分履行构成部分根本违约，应就不履行的部分所占的比例适用定金罚则。在归责原则层面上，由于违约定金可能具有惩罚性，以采介于严格责任与过错责任之间的归责原则为妥，亦即在不可抗力、意外事件致使合同不能履行的情况下，不适用定金罚则。第三人引起违约的情形根据违约责任的一般规定与法理处理。在未发生违约或不履行不构成根本违约的情况下，应以定金与交付定金方的给付标的物是否相同为标准确定定金应如何处理。

（2）［违约定金与其他违约责任形式的关系］：债权人可以请求赔偿超过定金部分的损失，定金和损失赔偿额之和不应高于违约造成的损失，除非违约定金针对的违约行为与引起损害的违约行为不同，债权人遭受的是完整利益损失，或者当事人约定并用不以损失额为限。

当事人既约定违约定金，又约定违约金的，一方违约时，对方可以选择适用违约定金或者违约金条款，除非违约定金与违约金针对的违约行为不同，或者当事人另有约定。根据约定合并适用违约定金与违约金时，如果数额过分高于造成的损失，债务人可以请求人民法院或者仲裁机构予以适当减少。

说明：在违约定金责任与违约损害赔偿责任均成立的情况下，债权人应选择一种适用。如果债权人主张适用定金罚则，并且其遭受的损失大于定金数额，可以请求赔偿差额部分。这种情形与债权人仅请求赔偿损害并无差异。例外情况下，违约定金与违约损害赔偿的并用不以实际发生的损失额为限。违约定金与违约金可能均具有惩罚性，从而二者通常不应合并适用。在二者针对的违约行为不一致的情况下，合并适用体现了当事人的意思。在当事人有约定的情况下，即使违约定金与违约金指向相同，也可以合并适用，但二者的数额之和过分高于造成的损失的，债务人可以请求人民法院或者仲裁机构予以适当减少。是否过高的判断可参考法律关于违约金的规定。

4. [成约定金]：当事人可以约定以定金的交付为目标合同的成立或生效要件，该约定不需要具备书面形式，定金的数额也不受比例限制。约定的交付方未交付定金，但目标合同已经履行或者已经履行主要部分的，目标合同仍然有效成立。

说明：成约定金是当事人给目标合同的成立或生效施加的额外条件。其与立约定金、解约定金、违约定金有很大的差异，功能的发挥凭借的是定金的交付而非适用定金罚则，从而应做不同处理。如果成约定金合同被当作要式合同，在不具备书面形式的情况下，目标合同的成立或生效即不受交付定金的影响，此与当事人慎重建立合同关系的意愿相违。因此，以不对成约定金合同提出要式要求为妥。要物要求亦复如此。另外，由于无适用定金罚则可言，不必担心当事人因成约定金数额较高遭受不利影响，从而比例限制规定不应适用于成约定金。与履行补正形式瑕疵相似，在未交付成约定金的情况下，如果一方已经履行或者已经履行主要部分，目标合同仍有效成立。

参考文献

一、中文文献

（一）著作

蔡永民:《比较担保法》，北京大学出版社2004年版。

曹士兵:《中国担保法诸问题的解决与展望》，中国法制出版社2001年版。

曹士兵:《中国担保制度与担保方法》，中国法制出版社2017年版。

陈本寒:《担保法通论》，武汉大学出版社1998年版。

陈瑾昆:《民法通义债编总论》，北平朝阳学院1933年版。

崔建远:《合同法总论》（中卷），中国人民大学出版社2012年版。

崔建远:《债法总论》，法律出版社2013年版。

崔建远:《合同法学》，法律出版社2015年版。

崔建远:《合同法》（第三版），北京大学出版社2016年版。

崔建远主编:《合同法》（第六版），法律出版社2016年版。

戴修瓒:《民法债编总论》（下），会文堂1933年版。

董开军:《债权担保》，黑龙江人民出版社1995年版。

董开军主编:《〈中华人民共和国担保法〉原理与条文释义》，中国计划出版社1995年版。

高圣平:《担保法新问题与判解研究》，人民法院出版社2001年版。

高圣平:《担保法论》，法律出版社2009年版。

郭明瑞、杨立新:《担保法新论》,吉林人民出版社1996年版。

郭明瑞、房绍坤:《担保法》(第三版),中国政法大学出版社2015年版。

郭明瑞、房绍坤、张平华编著:《担保法》(第五版),中国人民大学出版社2017年版。

郭明瑞:《合同法通义》,商务印书馆2020年版。

韩世远:《合同法总论》(第四版),法律出版社2018年版。

河山、肖水:《合同法概要》,中国标准出版社1999年版。

侯国跃主编:《最高人民法院商品房买卖合同司法解释精释精解》,中国法制出版社2016年版。

胡长清:《中国民法债编总论》,商务印书馆1935年版。

黄薇主编:《中华人民共和国民法典合同编释义》,法律出版社2020年版。

黄薇主编:《中华人民共和国民法典合同编解读》,中国法制出版社2020年版。

江必新、何东宁:《最高人民法院指导性案例裁判规则理解与适用·担保卷》,中国法制出版社2011年版。

江必新主编:《民法典重点修改及新条文解读》(上册),中国法制出版社2020年版。

孔祥俊:《担保法及其司法解释的理解与适用》,法律出版社2001年版。

孔祥俊主编:《担保法例解与适用》(新编本),人民法院出版社2001年版。

李国光等:《〈关于适用《中华人民共和国担保法》若干问题的解释〉理解与适用》,吉林人民出版社2000年版。

林诚二:《民法债编总论》,中国人民大学出版社2003年版。

林旭霞编著:《民法典合同编释论:条文缕析、法条关联与案例评议》,中国法制出版社2020年版。

刘保玉、吕文江主编:《债权担保制度研究》,中国民主法制出版社2000年版。

刘保玉主编:《担保法原理精要与实务指南》,人民法院出版社2008年版。

龙卫球主编:《中华人民共和国民法典合同编释义》(上册),中国法制出版社2020年版。

毛亚敏:《担保法论》,中国法制出版社1997年版。

覃有土、王亘:《债权法》,光明日报出版社1989年版。

戚兆岳、郝丽燕、孙犀铭编著:《〈中华人民共和国民法典·合同编〉释义》,人民出版社2020年版。

邱聪智:《新订民法债编通则》(下),中国人民大学出版社2004年版。

全国人民代表大会常务委员会法制工作委员会编:《中华人民共和国合同法释义》(第3版),法律出版社2013年版。

全国人大常委会法制工作委员会民法室编著:《中华人民共和国担保法释义》,法律出版社1995年版。

史尚宽:《债法总论》,中国政法大学出版社2000年版。

苏号朋:《合同法教程》(第三版),中国人民大学出版社2015年版。

苏惠祥:《中国当代合同法论》,吉林大学出版社1992年版。

隋彭生:《合同法要义》(第五版),中国人民大学出版社2018年版。

孙鹏、肖厚国:《担保法律制度研究》,法律出版社1998年版。

孙鹏主编:《担保法精要与依据指引》,北京大学出版社2011年版。

孙鹏主编:《最高人民法院担保法司法解释精释精解》,中国法制出版社2016年版。

孙森焱:《民法债编总论》(下册),法律出版社2006年版。

唐德华等编著:《最新担保法条文释义》,人民法院出版社1995年版。

田土城、宁金城主编:《担保制度比较研究》,河南大学出版社2001年版。

佟柔主编:《中国民法》，法律出版社1990年版。

王家福主编:《民法债权》，中国社会科学出版社2015年版。

王利明、郭明瑞、方流芳编著:《民法新论》(下册)，中国政法大学出版社1988年版。

王利明:《违约责任论》，中国政法大学出版社1996年版。

王利明:《合同法研究》(第二卷)(第三版)，中国人民大学出版社2015年版。

王利明主编:《中国民法典释评·合同编通则》，中国人民大学出版社2020年版。

王泽鉴:《债法原理》(第二版)，北京大学出版社2013年版。

吴庆宝主编:《物权担保裁判原理与实务》，人民法院出版社2007年版。

徐国栋:《优士丁尼〈法学阶梯〉评注》，北京大学出版社2011年版。

徐康平、熊英:《担保法》，人民法院出版社2000年版。

徐武生:《担保法理论与实践》，工商出版社1999年版。

杨立新主编:《中华人民共和国民法典释义与案例评注·合同编》(上)，中国法制出版社2020年版。

姚明斌:《违约金论》，中国法制出版社2018年版。

叶金强:《担保法原理》，科学出版社2002年版。

余延满:《合同法原论》，武汉大学出版社1999年版。

郑玉波:《民法债编总论》(修订二版)，中国政法大学出版社2004年版。

中国审判理论研究会民事专业委员会编著:《民法典合同编条文理解与司法适用》，法律出版社2020年版。

赵许明、杜文聪主编:《担保法通论》，中国检察出版社1996年版。

朱广新:《合同法总则研究》(下册)，中国人民大学出版社2018年版。

朱广新、谢鸿飞主编:《民法典评注：合同编　通则》(第2册)，中国法制出版社2020年版。

邹海林、常敏：《债权担保的方式和应用》，法律出版社1998年版。

邹海林、常敏：《债权担保的理论与实务》，社会科学文献出版社2005年版。

最高人民法院民法典贯彻实施工作领导小组主编：《中华人民共和国民法典合同编理解与适用》(二)，人民法院出版社2020年版。

最高人民法院民事审判第一庭编著：《最高人民法院关于审理商品房买卖合同纠纷案件司法解释的理解与适用》，人民法院出版社2003年版。

最高人民法院民事审判第二庭编著：《最高人民法院关于买卖合同司法解释理解与适用》，人民法院出版社2012年版。

[古罗马]盖尤斯：《法学阶梯》，黄风译，中国政法大学出版社1996年版。

[德]巴尔、[英]克莱夫主编：《欧洲私法的原则、定义与示范规则：欧洲示范民法典草案(全译本)》(第一卷、第二卷、第三卷)，高圣平等译，法律出版社2014年版。

[德]马克斯·卡泽尔、罗尔夫·克努特尔：《罗马私法》，田士永译，法律出版社2018年版。

[德]布洛克斯、瓦尔克：《德国民法总论》，张艳译，杨大可校，中国人民大学出版社2012年版。

[日]我妻荣：《债权各论》(中卷一)，徐进、李又又译，中国法制出版社2008年版。

[英]乔洛维茨、尼古拉斯：《罗马法研究历史导论》，薛军译，商务印书馆2013年版。

(二)论文

付吉元、徐红新：《解约定金制度研究》，载《河北科技大学学报》(社会科学版)2008年第3期。

李贝：《定金功能多样性与定金制度的立法选择》，载《法商研究》2019年第4期。

黎乃忠：《定金定性与所有权归属的理论批判》，载《上海交通大学学报》（哲学社会科学版）2015年第4期。

黎乃忠：《定金契约要物性的批判与重塑》，载《现代法学》2015年第6期。

柳世华：《也谈定金的所有权转移》，载《法学研究》1987年第4期。

穆英慧：《商品房认购书中定金罚则适用的困惑与反思》，载《广西政法管理干部学院学报》2003年第5期。

史文清、刘晓海：《有关定金的几个问题》，载《政治与法律》1986年第2期。

王利明：《预约合同若干问题研究——我国司法解释相关规定述评》，载《法商研究》2014年第1期。

吴颂明：《预约合同研究》，载梁慧星主编：《民商法论丛》（总第17卷），金桥文化出版（香港）有限公司2000年版。

肖龙、赵彬：《试论定金与预付款》，载《法学研究》1986年第4期。

姚明斌：《论定金与违约金的适用关系——以〈合同法〉第116条的实务疑点为中心》，载《法学》2015年第10期。

张忠野：《论私法自治下定金罚则的有限适用》，载《政治与法律》2012年第9期。

赵一平：《论立约定金罚则在商品房买卖合同纠纷中的适用》，载《法律适用》2004年第4期。

二、外文文献

（一）英文文献

1. 著作

Birks, *The Roman Law of Obligations*, Oxford University Press, 2014.

Buckland, *A Textbook of Roman Law from Augustus to Justinian*, 3rd ed., revised by Peter Stein, Cambridge University Press, 1966.

Crook, *Law and Life of Rome*, Cornell University Press, 1967.

Huebner, *A History of Germanic Private Law*, translated by Philbrick, Little Brown and Company, 1918.

Mousourakis, *Fundamentals of Roman Private Law*, Springer Verlag, 2012.

Thomas, *The Institutes of Justinian : Text, Translation and Commentary*, Juta & Company Limited, 1975.

Thomas, *Textbook of Roman Law*, North-Holland Publishing Company, 1976.

Watson, *Roman Law & Comparative Law*, The University of Georgia Press, 1991.

Watson, *The Law of Obligations in Later Roman Republic*, Oxford University Press, 1965.

Watson ed., *The Digest of Justinian*, Vol. 2, University of Pennsylvania University, 1998.

Zulueta, *The Roman Law of Sale*, Oxford University Press, 1945.

2. 论文

McAuley, One Thousand Years of Arra, *23 McGill Law Journal* (1977).

Thomas, Arra in Sale in Justinian's Law, *24 Tijdschrift voor Rechtsgeschidenis* (1956).

Thomson, Arra in Sale in Justinian's Law, *5 Irish Jurist* (1970).

（二）德文文献

Berger, Allgemeines Schuldrecht, 2. Aufl., Stämpfli Verlag, 2012.

Erler/Kaufmann (hrsg.), Handwörterbuch zur Deutschen

Rechtsgeschichte, Band Ⅳ，Erich Schmidt Verlag, 1990.

Esser/Schmidt，Schuldrecht，Band Ⅰ，Teilband 1，Allgemeiner Teil，8. Aufl.，C. F. Müller Verlag，1995.

Gauch u.a.，Schweizerisches Obligationenrecht: Allgemeiner Teil，Band 2，9. Aufl.，Schulthess，2008.

Knütel，Stipulatio poenae，Böhlau Verlag，1976.

Nelson/Manthe，Gai Institutiones Ⅲ 88–181，Dunker & Humblot，1999.

Otto u.a. hrsg.，Das Corpus Juris Civilis，Band 5，Verlag von Karl Focke，1832.

三、域外法汉译本

《奥地利普通民法典》，周友军、杨垠红译，清华大学出版社2013年版。

《奥地利普通民法典》，戴永盛译，中国政法大学出版社2016年版。

《德国民法典》（第4版），陈卫佐译，法律出版社2015年版。

《俄罗斯联邦民法典（全译本）》，黄道秀译，北京大学出版社2007年版。

《法国民法典》，罗结珍译，北京大学出版社2010年版。

《〈法国民法典：合同法、债法总则和债之证据〉法律条文及评注》，秦立崴等译注，载《北航法律评论》2016年第1辑。

《最新日本民法》，渠涛编译，法律出版社2006年版。

《日本民法典》，刘士国、牟宪魁、杨瑞贺译，中国法制出版社2018年版。

《瑞士债法典》，吴兆祥、石佳友、孙淑妍译，法律出版社2002年版。

《瑞士债务法》，戴永盛译，中国政法大学出版社2016年版。

《瑞士债法典》，于海涌、［瑞］唐伟玲译，赵希璇校，法律出版社

2018年版。

《苏俄民法典》，郑华译，法律出版社1956年版。

中国社会科学院法学研究所民法研究室编：《苏俄民法典》，中国社会科学出版社1980年版。

图书在版编目（CIP）数据

定金制度论 / 张金海著. —北京：中国法制出版社，2020.12
ISBN 978-7-5216-1505-0

Ⅰ. ①定…　Ⅱ. ①张…　Ⅲ. ①合同法－研究－中国
Ⅳ. ①D923.64

中国版本图书馆CIP数据核字（2020）第245990号

策划 / 责任编辑：靳晓婷　　封面设计：杨鑫宇

定金制度论
DINGJIN ZHIDU LUN
著者 / 张金海
经销 / 新华书店
印刷 / 北京虎彩文化传播有限公司
开本 / 880毫米 × 1230毫米　32开　　印张 / 9.75　字数 / 269千
版次 / 2020年12月第1版　　2020年12月第1次印刷

中国法制出版社出版
书号 ISBN 978-7-5216-1505-0　　定价：49.00元

值班电话：010-66026508
北京西单横二条2号　邮政编码 100031　　传真：010-66031119
网址：http://www.zgfzs.com　　编辑部电话：010-66034242
市场营销部电话：010-66033393　　邮购部电话：010-66033288
（如有印装质量问题，请与本社印务部联系调换。电话：010-66032926）